프로야구 크로니클

*이 책의 내용은 네이버캐스트(http://navercast.naver.com)에서 연재되었던 것을 수정·편집한 것입니다.

BASEBALL CHRONICLE

프로야구 크로니클

OB 베어스에서 NC 다이노스까지
프로야구 30년 위대한 역사

손윤 · 배지헌 지음 | 신명철 감수

RHK
알에이치코리아

목차

1 OB-두산 베어스 | 7
화수분 야구의 정점, 한국 프로야구 1호 팀

2 MBC 청룡-LG 트윈스 | 41
최고의 팬을 가진 서울의 터줏대감

3 해태-KIA 타이거즈 | 85
10전 10승의 한국시리즈 최강 구단

4 삼성 라이온즈 | 119
프로 원년부터 시작된 스타 구단의 역사

**5 삼미 슈퍼스타즈-청보 핀토스-
태평양 돌핀스-현대 유니콘스** | 157
프로야구 사상 가장 다이내믹한 역사의 구단

6 롯데 자이언츠 | **187**
가장 열정적인 팬을 가진 최고 흥행 구단

7 빙그레-한화 이글스 | **219**
전설을 만든 공포의 다이너마이트 타선

8 쌍방울 레이더스 | **253**
짧지만 강력했던 돌격대의 봄날

9 SK 와이번스 | **275**
2000년대 최강으로 발돋움한 신흥 명문

10 히어로즈(우리-서울-넥센) | **293**
새로운 구단 운영 패러다임의 등장

장외 NC 다이노스와 고양 원더스 | **305**

OB - 두산 베어스

화수분 야구의 정점, 프로야구 1호 팀

_1982년 01월 15일 창단
_1999년 01월 05일 변경

프로야구 원년 우승
최초 한 시즌 승률 7할(1982년, 0.700 역대 2위)
정규시즌 1위 3회(1982, 1984시즌 종합승률 1위, 1995)
한국시리즈 우승 3회(1982, 1995, 2001), 준우승 4회
역대 2번째 준플레이오프 팀 우승, 최저 승률 우승(2001, 0.504)
통산 총관중 3위(2011시즌, 누적 16,925,872명)
역대 3번째 3년 연속 100만 관중 돌파(2009~2011)

영구결번 54(1986년 김영신), 21(2002년 박철순)

BASEBALL CHRONICLE

통산 정규시즌
(PO=플레이오프, 준PO=준플레이오프)

연도	포스트시즌	정규시즌	경기	승	패	무	승률
1982	우승	전기 1위 후기 2위	80	56	24	0	0.700
1983		전기 6위 후기 5위	100	44	55	1	0.444
1984		전기 2위 후기 2위	100	58	41	1	0.586
1985		전기 2위 후기 5위	110	51	57	2	0.472
1986	PO 패	전기 5위 후기 1위	108	56	48	4	0.442
1987	PO 패	전기 2위 후기 4위	108	55	52	1	0.514
1988		전기 3위 후기 5위	108	54	52	2	0.509
1989		5위	120	54	63	3	0.463
1990		7위	120	35	80	5	0.313
1991		8위	126	51	73	2	0.413
1992		5위	126	56	66	4	0.460
1993		3위	126	66	55	5	0.544
1994		7위	126	53	72	1	0.425
1995	우승	1위	126	74	47	5	0.607
1996		8위	126	47	73	6	0.397
1997		5위	126	57	64	5	0.472

연도	포스트시즌	정규시즌	경기	승	패	무	승률
1998	준PO 패	4위	126	61	62	3	0.496
1999	PO 패	드림 1위 (통합 3위)	132	76	51	5	0.598
2000	준우승	드림 2위 (통합 2위)	133	76	57	0	0.571
2001	우승	3위	133	65	63	5	0.508
2002		5위	133	66	65	2	0.504
2003		7위	133	57	74	2	0.435
2004		3위	133	70	62	1	0.530
2005	준우승	2위	126	72	51	3	0.585
2006		5위	126	63	60	3	0.512
2007	준우승	2위	126	70	54	2	0.565
2008	준우승	2위	126	70	56	0	0.556
2009	PO 패	3위	133	71	60	2	0.534
2010	PO 패	3위	133	73	57	3	0.549
2011		5위	133	61	70	2	0.466
통산		30시즌	3662	1818	1764	80	0.482

통산 포스트시즌
98전 51승 46패 1무 (한국시리즈 41전 18승 22패 1무)

연도	최종 결과	라운드	상대	결과 승/패	승	패	무
1982	우승	한국시리즈	삼성 라이온즈	승	4	1	1
1986	PO 패	플레이오프	삼성 라이온즈	패	2	3	0
1987	PO 패	플레이오프	해태 타이거즈	패	2	3	0
1995	우승	한국시리즈	롯데 자이언츠	승	4	3	0
1998	준PO 패	준플레이오프	LG 트윈스	패	0	2	0
1999	PO 패	플레이오프	한화 이글스	패	0	4	0
2000	준우승	플레이오프	LG 트윈스	승	4	0	0
		한국시리즈	현대 유니콘스	패	3	4	0
2001	우승	준플레이오프	한화 이글스	승	2	0	0
		플레이오프	현대 유니콘스	승	3	1	0
		한국시리즈	삼성 라이온즈	승	4	2	0
2005	준우승	플레이오프	한화 이글스	승	3	0	0
		한국시리즈	삼성 라이온즈	패	0	4	0
2007	준우승	플레이오프	한화 이글스	승	3	0	0
		한국시리즈	SK 와이번스	패	2	4	0
2008	준우승	플레이오프	삼성 라이온즈	승	4	2	0
		한국시리즈	SK 와이번스	패	1	4	0
2009	PO 패	준플레이오프	롯데 자이언츠	승	3	1	0
		플레이오프	SK 와이번스	패	2	3	0
2010	PO 패	준플레이오프	롯데 자이언츠	승	3	2	0
		플레이오프	삼성 라이온즈	패	2	3	1

역대 감독
(대행 포함 10명)

성명	재임 기간	경기	승	패	무	승률
김영덕	1982.01.15~1983.10.14	180	100	79	1	0.559
김성근	1983.12.24~1988.09.08	534	274	250	10	0.522
이광환	1988.09.09~1990.06.19	166	69	93	4	0.426
이재우	1990.06.19~1991.07.11	153	45	103	5	0.304
윤동균	1991.07.12~1994.07.22	419	198	210	11	0.485
최주억(대행)	1994.09.14~1994.09.27	6	3	3	0	0.500
김인식	1994.09.28~2003.10.09	1168	579	556	33	0.510
김경문	2003.10.10~2011.06.13	960	512	432	16	0.542
김광수(대행)	2011.06.14~2011.10.08	76	38	38	0	0.500
김진욱	2011.10.09~					

연고지 이전을
약속받고…

●

1982년 1월 15일, 한국 프로야구 제1호 구단이 창단했다. 대전·충청을 연고지로 한 OB 베어스가 6개 구단 가운데 가장 먼저 창단식을 거행한 것이다.

일본 프로야구를 경험한 김영덕 감독, 김성근 투수코치, 이광환 타격코치로 한 코치진에 미국 마이너리그에서 활약한 박철순, 실업야구 홈런왕 김우열, 윤동균 등 선수 25명으로 구성됐다.

OB 베어스 창단 멤버

감 독	김영덕
코 치	김성근, 이광환
투 수	박철순, 강철원, 박상열, 선우대영, 계형철, 김현홍, 황태환
포 수	김경문, 조범현, 정종현, 김진홍

내야수	신경식, 구천서, 이근식(大), 양세종, 유지훤, 김광수, 박종호
외야수	윤동균, 이홍범, 김유동, 정혁진, 이근식(小), 구재서, 김우열

원래 OB가 연고지로 희망한 곳은 서울이었지만 MBC가 이미 선점한 상황이었다. 이에 프로야구 산파역을 맡은 이용일, 이호헌 등은 대전·충청을 프랜차이즈로 시작해서 3년 후에 서울로 이전하는 절충안을 제시했다.

"두산그룹 사주의 거주지가 종로구였고 선대의 고향은 경기도 광주였다. 대전, 충청도와는 전혀 연고가 없었다. 그래서 서울을 강력하게 희망했는데 MBC 청룡으로 결정된 상황이었다. 이에 3년 후 OB가 서울로 연고지를 이

>>> 2011년 4월2일 두산은 LG와 치른 개막전에 원년 우승 멤버를 초청해 특별 제작한 우승 기념 반지 전달식을 개최했다. 또한, 식전 행사를 통해 불사조 박철순이 김경문 NC 감독과 배터리를 이루고 홈런왕 김우열 전 쌍방울 감독이 시타를 하는 등 구단 역사를 소중히 여기는 토양을 만드는 한편 이를 팬에게 알리는 무대를 펼쳤다. ⓒ 두산 베어스

전한다는 것을 KBO와 MBC를 포함한 각 구단이 공증했고, 실제로 그렇게 됐다. 이 과정을 모르는 이들은 OB가 충청도를 버리고 야반도주했다고 비난하지만 서울로의 연고지 이전은 예정된 것이었다."

프로야구가 출범한 1981년 11월부터 1997년 12월까지 두산 프런트로 일한 구경백 일구회 사무총장의 말이다.

양김의 시대 (1)
– 원년 우승 신화

시즌 전 대다수 야구 전문가는 OB의 전력을 중·하위권으로 예상했다. 다른 팀이라면 코치를 할 나이의 윤동균, 김우열 등 베테랑에 무명의 젊은 선수들로만 팀이 구성되었기 때문이다.

그러나 OB는 1982년 3월 28일 동대문야구장에서 열린 MBC와 개막전에서 9-2로 승리를 거두며 첫 단추를 제대로 끼웠다. 마운드에서는 에이스 박철순이 2실점 완투했고, 타선에서는 신경식, 양세종의 백투백 홈런을 포함한 홈런 3개를 비롯 장단 11안타를 터뜨리며 MBC 마운드를 무너뜨렸다.

그리고 5월 12일, 1위에 오른 뒤 단 한 번도 선두를 내주지 않고 쾌속 질주한 끝에 29승 11패로 전기리그 우승을 차지했다.

여기에는 전기리그 18승 1패를 비롯해 이해 22연승을 기록한 에이스 박철순의 힘이 절대적이었다. 미국 마이너리그에서의 경험과 강력한 속구와 다양한 변화구 구사는 상대 타자를 농락하기 충분했다. 또한, 투타에서 신구 조화가 이루어지면서 악착같이 물고 늘어지는 끈기와 뚝심이 발휘되었다. 이것은 후기리그 우승팀 삼성과 벌인 한국시리즈에서도 잘 나타났다.

에이스 박철순이 허리 부상으로 정상적인 등판이 불가능한 상태에서 맞이한 1차전에서 무명의 잠수함 투수 강철원이 9이닝 3실점 하는 호투를 펼쳤고, 선우대영도 6이닝을 무실점으로 막아냈다. 삼성의 삼두마차 권영호-황규봉-이선희를 상대로 숨 막히는 연장 15회 무승부를 펼친 것.

전력 열세 속에 뜻밖의 무승부를 기록한 OB 선수단은 이길 수 있다는 자신감이 충만해졌고, 이는 2차전 패배 후 3차전부터 4연승을 거두며 프로야구 원년 챔피언이라는 영광의 자리에 오르는 밑거름이 되었다.

OB가 전문가들의 예상을 비웃으며 원년 우승을 차지할 수 있었던 이유는 무엇일까. 창단 멤버로 우승에 일조한 김광수 고양 원더스 수석코치는 "두산그룹의 모토처럼 인화(人和) 단결한 결과"라고 밝혔다.

"구단에서 항상 강조한 게 인화 단결과 허슬이었다. 그라운드에선 항상 온 힘을 다하라고 강조했다. 선수 각자가 자기 역할을 다할 때 생기는 것이 팀의 융합이다. 매 타석 홈런만 칠 수 있다면 더 바랄 게 없지만 그럴 수는 없다. 결국, 진루타를 치며 팀을 위해 자기를 희생할 줄 알아야 한다. 선수라면 누구나 자기가 다 해결하고 싶어 하는 욕구가 있다. 그런 욕구를 참고 상황마다 자기 역할을 다한 게 좋은 결과로 이어졌다고 본다."

또 하나 빼놓을 수 없는 것이 선진적인 메리트 시스템. 언론인 출신으로 일본 프로야구의 운영 방식에 정통한 박용민 단장은 잘한 선수에게 혜택을

>>> 한국시리즈 6차전 9회초 김유동은 삼성 이선희에게 좌월 만루 홈런을 기록하며 원년 우승을 자축했다. 이종도의 개막전 만루 홈런에 이어 한국시리즈 최종전에서도 만루 홈런이 나오며 한국 프로야구 원년은 만루 홈런으로 동트고 만루 홈런으로 저물었다. ⓒ 두산 베어스

주는 메리트 시스템을 처음으로 도입했다.

"승리나 연승, 그날의 투타 성적에 따른 수당을 지급했다. 그때 '007 가방'에 항상 5백만 원 정도를 현금으로 들고 다녔는데, 경기가 끝나면 바로 100~150만 원 정도를 나눠줬다. 이걸 뒤늦게 다른 구단들도 알고 따라 했지만 그때는 이미 분위기를 뒤엎기에는 늦었다."

구경백 사무총장의 설명이다. 그리고 OB는 프로야구 정착을 위해 어린이 관중을 확보하는데 온 힘을 다했다. 어린이회원을 가장 먼저 도입하며 13만 명을 모집했던 것. 각 초등학교 교실은 남색과 흰색, 주황색의 OB 모자와 점퍼로 도배됐다. 이에 대해 구경백 사무총장은 다음과 같이 말했다.

"회비 5천 원에 점퍼, 가방, 모자, 팬북, 수첩, 연필, 지우개, 책받침, 자 등 수없이 나눠주었다. 지금 보면 아주 유치한 사은품이지만 그때는 선풍적인 인기를 누렸고, 어린이에게 프로야구를 각인시키는 결정적인 역할을 했다. 지금 야구장을 찾는 30대 중반에서 40대 초반이 그 세대일 거다."

여기에 멈추지 않았다. OB는 1983년 구단 가운데 처음으로 2군을 창설했고, 경기도 이천에 잔디 구장과 실내연습장이 갖춰진 연습장을 만들어서 유망주를 체계적으로 육성·관리할 수 있는 인프라를 구축했다. 두산 2군을 두고 마르지 않는 선수 공급의 화수분이라고 하는 것도 오랜 투자가 만들어낸 결실인 것이다.

그러나 원년 우승의 영광은 이내 사그라졌다. 1983년 전기리그에서는 최하위로 몰락한 데 이어 후기리그에서도 부진을 면치 못하며 종합 순위 5위에 그쳤다. '전력의 반'이었던 박철순이 허리 부상으로 이탈하면서 마운드가 속절없이 무너진 것이 결정적인 이유였다.

게다가 7월에는 1982년 한국시리즈 MVP인 김유동이 임의탈퇴 대상에 오르는 등 팀내 기강도 무너져 힘 한 번 써 보지 못하고 추락했다. 결국 시즌이 끝난 뒤 김영덕 감독이 사임하고 김성근 코치가 사령탑에 오르게 된다.

초대 김영덕 감독 시즌별 성적(1982.01.15~1983.10.14)

연도	경기수	승리	패배	무승부	승률	최종순위
1982년	80	56	24	0	0.700	1위

| 1983년 | 100 | 44 | 55 | 1 | 0.444 | 5위 |
| 합계 | 180 | 100 | 79 | 1 | 0.559 | |

양김의 시대 (2)
– 불운에 운 명장 김성근

1984년, 프로야구 세 번째 시즌은 시작 전부터 팽팽한 긴장감이 감돌았다.

1983년까지 OB 지휘봉을 잡았던 김영덕 감독이 사임 11일 만에 삼성 사령탑으로 자리를 옮겨 앉았고, 그 전에 OB 잔류를 둘러싸고 김영덕 감독과 감정 대립이 깊었던 김성근 코치가 OB 2대 감독에 오른 상황이어서 양팀의 감정의 골은 회복하기 어려운 상황이었다. 이 감정의 골은 끝내 프로야구 최대의 오점으로 드러났다.

당시 후기리그는 롯데, OB, 해태, MBC 등이 치열한 접전을 펼치며 한 치 앞도 내다볼 수 없는 혼전이 이어졌다. 팀별로 2경기를 남겨둔 9월 21일까지 1위 롯데(27승 20패 1무)와 2위 OB(26승 21패 1무)의 승차는 1경기. 여기에 롯데의 최종 상대는 전기리그 우승팀이며 그때까지 5승 13패로 절대적인 열세를 나타낸 삼성이었고, OB는 우승권에서 멀어진 해태가 상대였다. 상대적으로 1경기 뒤진 2위 OB가 오히려 유리한 상황이었다.

그러나 삼성은 노골적인 져주기 경기를 펼치며 롯데에 2승을 헌납했고, 이 결과 OB는 58승 41패 1무로 종합승률 1위를 차지하고도 한국시리즈에 진출하지 못하게 된 것이다.

1985년에는 예정대로 서울로 연고지를 이전하면서 전기리그 2위에 오르며 선전을 펼쳤지만 후기리그에서는 5위로 처지며 앙숙 삼성이 전·후기 통합우승을 차지하는 것을 지켜봐야 했다.

이듬해인 1986년 9월 17일 잠실야구장에서 열린 롯데와의 경기는 한국 프로야구사에 남을 명승부로 꼽힌다.

9회말까지 롯데 최동원의 호투에 눌린 OB는 1-3으로 뒤져 후기리그 우승을 승률 5리 차이로 MBC에게 넘겨줄 상황에 직면해 있었다. 그러나 9회말 마지막 공격에서 드라마 같은 일이 벌어진다. 타석에 들어선 김형석이 호투하던 최동원을 상대로 동점 2점 홈런을 쏘아 올린 데 이어 신경식이 3루타에 이은 상대 실책을 틈타 홈플레이트를 밟아 극적인 역전승을 거둔 것이다.

김형석의 이 한 방으로 3년 연속 20승을 노리던 최동원의 꿈은 물거품이 되었으며, 또한 최일언이 행운의 승리 투수가 되며 승률왕을 차지해 해태 선동열의 투수 3관왕도 저지했던 것.

이렇게 OB는 믿을 수 없는 뚝심으로 MBC를 제치고 플레이오프에 올랐지만 삼성 김일융에 막혀 2승 3패로 분루를 삼킬 수밖에 없었다.

1987년에도 전기리그 2위로 플레이오프 진출권을 따내며 5년 만의 한국시리즈 진출 꿈을 부풀렸지만 아쉬운 수비 하나로 좌절해야만 했다. 해태와 치른 플레이오프에서 2승 1패로 앞선 4차전, 9회말 2사까지 3-2로 앞서 한국시리즈 진출까지 아웃카운트 하나만 남겨 뒀다. 그러나 해태 김성한의 평범한 내야 땅볼을 유격수 유지훤이 주춤거리며 내야 안타로 만들어줬고,

>>> 1982년 프로야구 개막과 함께 남색과 흰색, 주황색의 OB 모자는 당시 초등학생에게 명품 모자가 부럽지 않았다. 또한, 깔끔한 흰색과 남색 바탕의 유니폼은 지금도 팬의 지지를 받을 정도로 세련미를 뽐냈다. ⓒ 두산 베어스

그 사이에 3루에 있던 주자 서정환이 홈을 밟으며 동점을 허용했다.

이로 인해 분위기가 뒤바뀐 OB는 연장 10회말 1사 만루에서 최일언이 폭투를 하며 3-4로 패했고, 5차전에서는 0-4로 완패하며 전년도에 이어 2년 연속 역전패의 고배를 마셨다.

1988년에는 김성근 감독과 구단의 불화가 표면화되며 종합 5위에 그쳤다. 일본과 미국으로 야구 연수를 다녀온 이광환 2군감독과의 야구관 차이로 인해 감독 신임문제를 놓고 프런트가 찬반 투표를 한 것이 김성근 감독에게 알려진 것이다.

이에 실망감을 감추지 않은 김성근 감독은 시즌이 끝나고 나서 태평양 사령탑으로 자리를 옮겼고, 이광환 2군감독이 OB의 3대 감독에 올랐다.

2대 김성근 감독 시즌별 성적(1983.12.24~1988.09.08)

연도	경기수	승리	패배	무승부	승률	최종순위
1984년	100	58	41	1	0.586	3위
1985년	110	51	57	2	0.472	4위
1986년	108	56	48	4	0.538	3위
1987년	108	55	52	1	0.514	3위
1988년	108	54	52	2	0.509	5위
합계	534	274	250	10	0.522	

암울한 전국 시대

"OB 특유의 끈질긴 승부 정신에 공격 야구를 가미해 팬을 의식한 경기를 해보고 싶다."

1988년 9월 9일 OB 사령탑에 오른 이광환 감독의 취임 일성이다. 1986년과 1987년에 일본 세이부와 메이저리그 세인트루이스에서 1년씩 야구 연수를 받은 이광환 감독은 「자율야구」를 내세우며 국내야구에 새 바람을 일으키려고 했다. 그러나 이 시도는 이광환 감독의 야구 철학을 선수들이 소화하지 못하며 실패로 끝났다. 장래를 내다보고 유망주를 키우겠다는 의도였지만 신구조화가 이뤄지지 않았고, 팀 리더가 사라지는 부작용이 나타난 것이 실패의 원인이었다.

어느 야구 관계자는 "근본적으로 OB에서는 실패할 수밖에 없는 시도였다"고 지적했다.

"이광환 감독이 자신의 야구를 펼치기 위해서는 구단의 투자가 필요했지만 OB는 그럴 여력이 없었다. 투자할 자금도 없었고, 선수들의 기량도 부족했다. LG에서 성공을 거둔 것에서 알 수 있듯이 OB가 아닌 삼성이었다면 이광환 감독이 마음껏 자기 야구를 했을 것으로 본다. 하지만 삼성 눈에는 검증이 안 된 지도자로 비칠 수밖에 없었다."

1989년 시즌 5위에 그친 데 이어 1990년에는 6월에 11연패를 기록하는 등 최하위로 추락한 끝에 이광환 감독은 6월 19일 도중하차하고 말았다. 이광환 감독에게나 구단에게나 쓰디쓴 경험이었다.

3대 이광환 감독 시즌별 성적(1988.09.09~1990.06.19)

연도	경기수	승리	패배	무승부	승률	최종순위
1989년	120	54	63	3	0.463	5위
1990년	46	15	30	1	0.337	중도퇴진
합계	166	69	93	4	0.426	

이광환 감독이 물러난 뒤 감독대행에 오른 이는 이재우 타격 인스트럭터였다. 하지만 이재우 감독대행이 지휘봉을 잡은 후 팀 성적은 더 떨어졌다. 남은 74경기에서 기록한 승수는 20승, 승률 2할 9푼7리에 머물렀다.

1991년에도 초반 반짝한 후 최하위로 추락했고, 8월 1일을 끝으로 이재우 감독은 해임되었다.

이재우 감독과 배턴을 터치하고 감독대행에 오른 이는 프로야구 원년 스타인 윤동균. 프로야구 선수 출신 1호 감독이 탄생한 것이다.

남은 47경기에서 승률 5할6푼5리를 기록하며 분위기 반전에 성공했지만 2년 연속 최하위의 수모를 피하지는 못했다. 하지만 1992년에는 최하위를 벗어나 5위를 기록했으며, 1993년에는 선전하며 3위의 성적으로 준플레이오프에 진출하여 오랜만에 가을야구를 팬들에게 선사했다. 준플레이오프에서는 아쉽게도 시즌 4위인 LG에 1승 2패로 무릎을 꿇었다.

그리고 문제의 1994년. 7위에 머문 이해 OB는 씻을 수 없는 오점으로 얼룩진다. 9월 4일 쌍방울과 치른 군산 경기가 끝나고 나서 윤동균 감독의 체벌 위협에 선수들이 집단 반발해 숙소를 이탈한 사건이 발생한 것이다.

이 사건으로 말미암아 재계약이 확실했던 윤동균 감독은 중도퇴진하고 최주억 코치가 감독대행으로 남은 경기를 이끌게 되었다.

4대 이재우 감독 시즌별 성적(1990.06.19~1991.08.01)

연도	경기수	승리	패배	무승부	승률	최종순위
1990년	74	20	50	4	0.270	7위
1991년	79	25	53	1	0.321	중도퇴진
합계	153	45	103	5	0.304	

5대 윤동균 감독 시즌별 성적(1991.07.12~1994.09.14)

연도	경기수	승리	패배	무승부	승률	최종순위
1991년	47	26	20	1	0.565	8위

1992년	126	56	66	4	0.460	5위
1993년	126	66	55	5	0.544	4위
1994년	120	50	69	1	0.420	중도퇴진
합계	419	198	210	11	0.485	

최주억 감독대행 시즌 성적(1994.09.14~1994.09.27)

연도	경기수	승리	패배	무승부	승률	최종순위
1994년	6	3	3	0	0.500	7위

원년 우승 이후 1994년까지 한국시리즈 무대를 다시 밟지 못한 이유는 무엇일까. 여러 가지 요인이 있겠지만 가장 큰 요인은 우수한 신인 선수를 영입하는 데 실패했기 때문이다.

1985년 OB가 연고지를 서울로 이전하면서 신인지명도 이전(MBC와 OB는 서울 선수에 대해 2:1 비율로 나눠 가졌다)과는 달리 MBC와 1:1 지명권을 갖게 됐다. 문제는 '누가 먼저 지명할 것인가'라는 것.

양팀은 지명 우선권을 놓고 처음에는 동전 던지기(앞면은 OB, 숫자가 있는 뒷면은 MBC)로 결정하다가 주사위 던지기로 바꾸었으나 무엇을 던지든 OB의 패가 많았다. 선수들처럼 합숙훈련도 하고 컨디션 조절에도 힘써봤지만 결과는 매번 MBC의 승리로 귀결되었다. 1986년 처음으로 이기고 박노준을 획득했을 때만 해도 동전이나 주사위 던지기는 단순한 운으로 여겨졌지만 이후 OB가 이긴 것은 1989년과 1998년 단 두 번뿐이었다.

"한 번은 미국 애틀랜타에 있는 한 카지노에 갔는데 딜러가 한국 여성이

>>> 오래전부터 두산은 야구 저변을 확대하기 위해 열성을 다했다. 1986년부터 어린이야구대회를 개최하고 있으며 야구 불모지에 야구교실을 열고 있다. ⓒ 두산 베어스

었다. 역시 프로는 달랐다. 그래서 '어떻게 그렇게 잘 던지느냐?'라고 비결도 물어봤는데 하루 이틀 연습한다고 해서 되는 게 아니라고 했다. 당시 LG 정영수 과장이 '차라리 그 딜러를 스카우트하는 게 낫지 않느냐?'라고 우스갯소리를 한 게 기억에 남는다."

구경백 사무총장의 회고다. 게다가 어렵사리 동전 던지기에서 이긴 1989년 OB는 국가대표 출신인 왼손 투수 김기범이 아닌 무명의 왼손 투수 이진을 선택했다. 고교·대학에서 혹사당한 김기범보다 빠른 볼을 던지는 이진이 더 매력적이라고 판단한 것이다. 그러나 MBC에 지명된 김기범은 이후 11시즌을 뛰며 62승의 성적을 올렸지만 이진은 4시즌 동안 단 10승에 그치며 구단의 믿음을 저버렸다.

당시 내부 사정에 정통한 한 인사는 "고교·대학 선수를 조사한 데이터가 있으니까 스카우트팀은 필요 없다고 판단하는 등 주먹구구식으로 운영한 결과였다"고 지적했다.

팀 성적이 하락하면서 지명한 신인선수로부터 외면 받는 악순환이 이어졌다. 1990년부터 1992년까지 3년 연속으로 1차 지명자(김경원, 황일권, 손경수)가 입단을 거부하고 대학과 실업야구를 선택한 것이다.

전력 보강이 제대로 되지 않는 상황이니 팀 순위가 향상될 리는 만무했다. 또한, 팀 상황에 맞지 않는 감독 선임이 계속 이어지며 성적 하락을 부채질한 것도 빼놓을 수 없다.

신(新) 양김의 시대 (1) – 믿음의 야구 김인식 감독

일반적으로 프로야구에서 한 시즌 동안 감독의 능력으로 좌우되는 승수는 10승이 채 되지 않는다고 말한다. 또한, '경기는 선수가 한다'는 시각이 강하다.

하지만 오치아이 히로미쓰(落合博滿) 전 주니치 감독은 "경기를 하는 것은 선수이지만 감독은 게임을 장악한다"고 말하기도 했다. 그리고 감독의 역량에 따라 팀 성적이 얼마나 달라질 수 있는지 잘 보여준 것이 바로 1995년의 OB다. 감독 한 명 바뀌었을 뿐인데 전년도 7위였던 팀이 정규시즌 1위에 이어 한국시리즈 챔피언 자리에까지 오른 것이다.

시즌 시작 전 김인식 감독이 "4강은 노려볼 만하다"고 조심스럽게 출사

표를 던졌을 때 다들 코웃음을 쳤다. 전년도 7위라는 성적이 문제가 아니었다. 선수단 이탈 사건으로 팀워크는 모래알처럼 흩어졌고, 눈에 띄는 선수 보강도 없었다. 아무도 OB를 우승은커녕 4강 후보로도 여기지 않았다.

그러나 막상 뚜껑을 열자 프로야구 판도는 전년도와는 판이하게 흘러갔다. 시즌 초반 만년 하위권이었던 쌍방울과 OB가 선두를 다투기 시작했던 것이다. 쌍방울은 비록 한때의 바람으로 끝났지만 OB는 그와 달리 꾸준히 상위권에 포진했다.

김인식 감독은 선수들 스스로 할 분위기를 만들어 주었고, 절대 무리하지 않으며 팀을 운영해 나갔다.

시즌 종반인 8월 27일 OB는 1위 LG에 6경기 뒤진 2위에 머물러 있었다. 대다수 야구 전문가는 "LG 우승은 확정적이고 OB는 2위 자리를 롯데에 내줄 것이다"고 내다봤다. 그러나 김인식 감독은 "역전 기회가 한 번은 온다"고 믿고 기다렸다. 그리고 그 기회는 바로 찾아왔다. 이때부터 12승 2패를 기록하며 9월 10일 선두에 올랐던 것이다.

이후 OB와 LG는 막판까지 숨 막히는 반게임 승부를 펼쳐 나갔으며, 시즌 막판까지 누가 1위가 될지 아무도 예측하지 못했다. 그 중에서도 태평양과 벌인 마지막 2연전은 손에 땀을 쥐게 하는 명승부가 펼쳐졌다. OB는 우승을 위해 이겨야 했고, 현대로 매각이 결정된 태평양은 홈에서 치르는 고별 경기여서 질 수 없었다.

수원에서 벌어진 1차전은 한국 프로야구사에 남을 명투수전으로 전개됐다. OB 김상진과 태평양 정민태 간의 에이스 대결은 9회초까지 0의 행렬이 이어졌다. 김상진도 정민태도 혼신의 힘을 다해 던졌다. 그리고 9회초, OB

▶▶▶ 1995년 OB 우승은 한 편의 멋진 드라마였다. 메가폰은 김인식 감독이 잡았고, 인화로 똘똘 뭉친 OB 선수들이 주인공이었다. 7개월에 걸친 러닝타임은 자율과 믿음을 강조한 김인식 감독의 용병술로 대단원의 막을 내렸다. ⓒ 두산 베어스

는 안타로 출루한 김민호가 2루 도루를 성공하며 득점 기회를 만들었다. 장원진이 적시 2루타를 침으로써 기나긴 0의 행렬에 마침표를 찍으며 1-0으로 승리했다. 2피안타 완봉승을 기록한 김상진은 한 시즌 최다 완봉승 타이기록(8)을 세웠다.

기세가 오른 OB는 이튿날인 9월 27일 인천에서 열린 시즌 최종전에서 엎치락뒤치락한 끝에 3-2로 역전승을 거두며 '반 경기 차'로 시즌 1위에 올랐다. 기세를 탄 두산은 13년 만에 밟은 한국시리즈에서 롯데와 시리즈 7차전까지 가는 혈전 끝에 4승 3패로 승리하며 「V2」를 달성했다.

김인식 감독이 OB와 인연을 맺은 것은 1989년, 박용민 사장이 감독직을 제의했을 때였다. 당시 김인식 감독은 해태에서 계속 코치를 맡아 달라는

부탁을 받았으며 쌍방울에서는 창단 감독 제의까지 들어와 있는 상태였다.

긴 시간 고심한 끝에 쌍방울 창단 감독이 됐지만 전력 차이를 극복하지 못하고 하위권에서 맴돌았다. 3년 계약이 끝나자 만년 꼴찌의 책임을 지고 미련 없이 물러났지만 어느 팀도 그를 부르지 않았다.

그렇게 2년간의 야인 생활을 거친 김인식 감독은 전력이 완전히 흩어져 있던 OB의 감독이 되어 야구 인생 최고의 해를 맞이한 것이다.

이듬해인 1996년에는 다시 최하위로 추락했지만 1997년 5위를 시작으로 해마다 한 계단씩 상승했다. 두산으로 팀명을 바꾸고 양대리그제가 운영되었던 1999년, 매직리그 2위(전체 3위)로 플레이오프를 치렀으며, 2000년에는 플레이오프에서 LG를 4승 2패로 꺾고 한국시리즈에 진출했지만 현대와 7차전까지 가는 혈전 끝에 고배를 마셨다.

그리고 2001년, 두산은 믿기지 않는 우승 드라마를 쓰며 「미라클 두산」이라는 애칭을 얻게 된다. 1992년 롯데와 함께 '유이'하게 준플레이오프부터 시작해서 한국시리즈 왕좌에 올랐기 때문이다.

두산이 역대 최저 승률(0.508)로 한국시리즈를 제패할 수 있었던 것은 철옹성을 쌓은 불펜의 힘이 절대적이었다. 마무리 투수 진필중을 비롯해 이혜천, 차명주, 박명환, 장성진 등이 막강 불펜을 구축했다. 이해 거둔 65승 가운데 절반에 가까운 29승이 구원승이었다.

아무리 막강 불펜진을 보유했다고 하더라도 10승 투수가 한 명도 없는 상태에서 한국시리즈를 제패한 것은 두산 특유의 뚝심이 다시 한 번 발휘됐기 때문이었다.

2연승을 거둔 한화와의 준플레이오프를 제외한 현대와의 플레이오프,

>>> 2001년 두산은 기적의 팀이었다. 시즌 3위로 가을야구에 참가해 한화, 현대, 삼성을 잇달아 꺾으며 6년 만에 정상에 복귀했다. 이전까지 한국시리즈에 9번 진출해 단 한 번도 패장이 되지 않은 김응룡 삼성 감독에게 첫 고배를 안겼다. ⓒ 두산 베어스

삼성과의 한국시리즈에서 모두 첫 판을 내주는 어려운 상황에서 역전승하는 저력을 보였던 것이다. 특히 한국시리즈 1차전 패배 후 2차전이 비로 취소된 것은 두산의 열성에 반한 신의 선물이나 다름없었다. 꿀맛 같은 휴식을 취한 두산은 2차전부터 4차전을 내리 이기며 분위기를 잡았고, 6차전에서 6-5로 신승하며 4승 2패의 성적으로 「V3」를 달성했다.

6대 김인식 감독 시즌별 성적(1994.09.28~2003.10.09)

연도	경기수	승리	패배	무승부	승률	최종순위
1995년	126	74	47	5	0.607	1위
1996년	126	47	73	6	0.397	8위
1997년	126	57	64	5	0.472	5위

1998년	126	61	62	3	0.496	4위
1999년	132	76	51	5	0.598	3위
2000년	133	76	57	0	0.571	2위
2001년	133	65	63	5	0.508	1위
2002년	133	66	65	2	0.504	5위
2003년	133	57	74	2	0.435	7위
합계	1,168	579	556	33	0.510	

신(新) 양김의 시대 (2)
– 화수분 야구 김경문 감독

2003년 10월 10일, 2년 연속 포스트시즌 진출에 실패한 두산은 팀 재정비와 분위기 쇄신을 위해 김경문 배터리코치를 제7대 감독에 선임했다. 김경문 감독은 "두산 특유의 팀 컬러인 뚝심을 잘 살려 팬들이 실망하지 않는 플레이를 펼치겠다"는 소감을 밝혔다. 그 말 그대로 김경문 감독의 뚝심은 유망주를 발굴하는 매의 눈을 가진 스카우트팀과 선진화된 2군 운영 시스템과 결합해「화수분 야구」를 구축했다.

외부에서 비싼 선수를 사오지 않고도 뛰어난 선수들이 끊임없이 등장하는 화수분 야구의 핵심은 균등한 기회를 통한 경쟁이다. 김경문 감독은 명성에 따르지 않고, 누구에게나 똑같은 기회를 주어 내부 경쟁을 유도했다. 이로 인해 기존 주전 선수들에게는 긴장감을, 후보 선수들에게는 희망을 갖게 했다. 후보 선수가 주전 선수가 되고, 2군 선수가 1군 선수가 되는 일이 벌어졌다. 이렇게 두산은 한때 가고 싶지 않은 구단에서 가장 뛰고 싶은 구단으로 환골탈태했다.

　이 과정을 통해 김현수, 이종욱, 손시헌, 고영민, 양의지, 이성열, 오재원 등 유망주들이 성장했고, 김동주, 최준석, 김선우, 임재철, 정재훈 등 중견 선수들이 현재에 만족하지 않고 기량 향상에 힘쓰게 되었다.

　그 결과 2006년을 제외하고 2004년부터 2010년까지 6차례나 가을야구에 참가했다. 2005년과 2007년, 2008년에는 한국시리즈에 진출, 비록 준우승에 머물렀지만 늘 우승에 도전하는 팀으로 업그레이드 된 것이다.

　또 두산과 SK의 2년 연속 한국시리즈(2007년, 2008년)를 통해 한국야구가 질적 발전을 이루었음은 어느 야구인이나 인정하는 사실이다. 이를 통해 매너리즘에 빠져 있던 한국야구에 상대를 압박하는 스피드가 도입된 것.

　타자의 빠른 배트 스피드, 주자의 전력 질주, 수비의 재빠른 공 처리는 경기에 박진감과 긴박감을 더하며 경기 질을 높였고, 야구 팬은 선수들의 플레이와 경기에 열광했다. 이 스피드 야구가 2009년 제2회 월드베이스볼클래식 준우승과 2008년 베이징 올림픽 금메달의 밑거름이 된 것은 말할 필요도 없다.

　두산을 꾸준한 팀으로 만든 김경문 감독은 2011년 6월 13일, 2011시즌 성적 부진에 대한 책임을 지고 중도 사퇴하며 두산에서의 행보를 중단했다. 비록 한국시리즈 우승 감독이 되지 못했지만 김경문 감독이 명감독이라는 것을 부정하는 이는 거의 없다. 베이징 올림픽에서 믿을 수 없는 전승 금메달과 통산 5할4푼2리의 높은 승률이 그 사실을 증명한다.

7대 김경문 감독 시즌별 성적(2003.10.10~2011.06.13)

연도	경기수	승리	패배	무승부	승률	최종순위
2004년	133	70	62	1	0.530	3위
2005년	126	72	51	3	0.585	2위
2006년	126	63	60	3	0.512	5위
2007년	126	70	54	2	0.565	2위
2008년	126	70	56	0	0.556	2위
2009년	133	71	60	2	0.534	3위
2010년	133	73	57	3	0.549	3위
2011년	57	23	32	2	0.418	중도퇴진
합계	960	512	432	16	0.542	

　김경문 감독의 사퇴 후 지휘봉을 잡은 김광수 감독대행은 매 경기 포기하지 않는 두산의 야구를 그라운드에 수놓으며 두산다운 끈기를 발휘했다. 남은 76경기에서 5할 승률(38승 38패)을 기록한 것이다.

　김광수 감독대행은 "마운드가 무너진데다가 부상자가 속출해서 어려운 경기의 연속이었다. 하지만 두산 특유의 뚝심을 발휘하며 막판 5연승으로 5할 승률을 달성했다"고 밝혔다.

　두산은 2011시즌이 끝난 뒤 김진욱 감독을 제8대 감독으로 선임했다.

김광수 감독대행 시즌 성적(2011.06.14~2011.10.08)

연도	경기수	승리	패배	무승부	승률	최종순위
2011년	76	38	38	0	0.500	5위

>>> 두산은 2009년 이후 3년 연속 100만 관중을 돌파하는 등 프로야구 흥행을 주도하고 있다. 매년 눈에 띄게 관중이 증가하는 비결은 첫째도 둘째도 구단과 선수단이 팬과 함께 호흡하기 때문이다. ⓒ 두산 베어스

두산은 1986년부터 어린이 야구대회와 어린이 야구교실을 개최하고 있으며 2009년부터 「퀸스 데이」 등을 통해 여성 팬 확보에 힘을 쏟고 있다. 또한 「베이스 데이」, 「직장인의 날」, 「스폰서 데이」, 「플레이어스 데이」 등 다양한 이벤트를 펼쳐 다시 오고 싶은 야구장으로 만들고 있다.

그리고 그 결과 두산은 2011년 8월 27일 3년 연속으로 홈 관중 100만 명을 돌파했다. 특히 2011년은 궂은 날씨와 부진한 성적 속에 올린 성과라서 그 의미가 더욱 각별하다. 인기 구단으로 확실하게 자리매김한 증거이며, 오랫동안 야구 저변을 확대하기 위해 노력한 결과라고 할 수 있다.

2011년 두산의 캐치프레이즈는 「All In V4! Hustle Doo 2011!」였다. 구단과 선수단, 그리고 팬이 한마음 한뜻이 되어 네 번째 우승에 도전하자는 의미로 선정한 캐치프레이즈다.

비록 뜻밖의 부진으로 「V4」는 꿈으로 끝났지만 팬과 함께 호흡하는 구단과 선수단이라는 사실에는 변함이 없었다. 명실상부하게 두산 야구는 구단과 선수단, 그리고 팬이 함께 즐기는 야구가 된 것이다.

OB-두산 연도별 관중 현황(인원 : 명)

구분	총관중 수	경기 당 관중 수
1982년	163,822	4,096
1983년	184,536	3,691
1984년	137,385	2,748
1985년	252,731	4,595
1986년	293,357	5,433
1987년	272,217	5,041
1988년	575,061	5,094
1989년	431,352	7,189
1990년	386,968	6,449
1991년	436,026	6,921
1992년	504,100	8,002
1993년	700,869	11,125
1994년	700,914	11,126

구분	총관중 수	경기 당 관중 수
1995년	914,638	14,518
1996년	690,258	10,956
1997년	737,392	11,705
1998년	427,227	6,781
1999년	497,409	7,537
2000년	510,862	7,625
2001년	620,094	9,395
2002년	469,080	7,001
2003년	425,782	6,451
2004년	456,726	6,817
2005년	616,679	9,789
2006년	726,359	11,530
2007년	786,054	12,477
2008년	929,600	14,756
2009년	1,053,966	15,731
2010년	1,070,673	16,222
2011년	1,253,735	18,712
30시즌	**16,925,872**	**9,595**

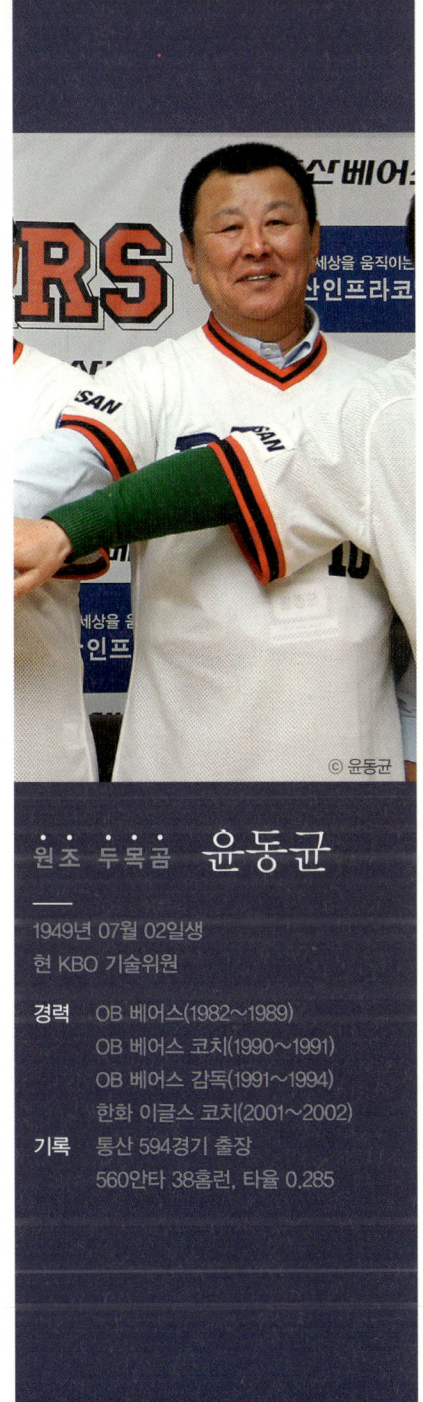

원조 두목곰 **윤동균**

1949년 07월 02일생
현 KBO 기술위원

경력 OB 베어스(1982~1989)
OB 베어스 코치(1990~1991)
OB 베어스 감독(1991~1994)
한화 이글스 코치(2001~2002)

기록 통산 594경기 출장
560안타 38홈런, 타율 0.285

1988년 8월 17일. 잠실야구장은 평일인데도 1만6천여 명의 관중이 들어찼다. 올림픽 야구 결승전이라도 벌어진 것일까. 그렇지 않았다. 관중 대다수는 한 선수의 마지막을 함께하기 위해 잠실야구장을 찾은 것이다.

OB가 롯데에 4-2로 앞선 6회말 선두 타자 김형석이 유격수 실책으로 나가자 관중석은 술렁이기 시작했다. 환호성과 박수 속에 곰을 연상시키는 한 타자가 담담하게 왼쪽 타석에 들어섰다.

볼 카운트 1-2에서 롯데 선발 김시진은 타자 몸 쪽으로 강속구를 뿌렸다. 타자는 기다렸다는 듯이 배트를 휘둘렀고 타구는 좌중간으로 쭉쭉 뻗어 나갔다. 홈런성 타구는 마지막에 힘이 떨어져 펜스를 원 바운드로 맞혔고, 타자주자는 2루를 밟았다. 그 순간 관중은 일제히 일어서서 손뼉을 치며 그의 이름을 크게 외쳤다.
"윤동균! 윤동균! 윤동균!"

"한국 프로야구 첫 은퇴 경기였죠. 사전에 내가 안타를 치고 나가면 경기를 잠시 중단하고 은퇴식을 하기로 롯데와 합의돼 있었습니다. 그래서 2루타를 치고 대주자로 교체될 때 바로 더그아웃으로 간 게 아니라 후배들이 늘어

선 가운데 2루에서 홈플레이트로 걸어 들어왔어요. 그리고 그때 제 애창곡인 조영남의 「제비」가 울려 퍼졌어요. 지금 생각해도 참 멋진 은퇴 경기였다고 생각해요. 얼마 전에 있었던 양준혁 은퇴 경기가 부럽지 않을 정도로."

그날을 회상하던 윤동균 KBO 기술위원은 살짝 눈시울을 붉혔다.

1982년 프로야구가 출범했을 때 윤동균의 나이는 33살. 팀 동료 김우열과 함께 최고령 선수였다. 지금이야 40대 선수도 여럿 나오고 있지만 당시로서는 선수가 아닌 코치로 뛸 나이였다. 당시 OB 타격코치였던 이광환 서울대 감독은 "선수로서는 환갑, 진갑이 다 지난 나이였다. 하지만 뛸 선수가 부족해서 창단 멤버로 뽑았는데 두 선수가 없었으면 OB는 원년 우승은커녕 한국시리즈에 진출하지도 못했을 거다"라고 말했다.

실업야구 시절 홈런왕을 밥 먹듯이 한 김우열은 전기리그 홈런왕을 차지했고 윤동균은 홈런, 도루를 제외한 타격 전 부문에서 10위 안에 이름을 올렸다. 특히 타율에선 프로야구 유일한 '4할 타자' 백인천에 이어 2위(0.342)를 기록했다.

"전기리그가 끝났을 때 타율 부문에서는 백인천 감독님이 0.403으로 1위였고 저는 0.372로 2위였습니다. 후기리그에서 따라잡을 수도 있겠다 싶었는데 기회가 오지 않더라고요. 백 감독님이 여름에도 지치지 않고 4할대 타율을 유지하는 걸 보고 기대 자체를 안 했어요. 타율왕은 놓쳤지만 원년 우승을 차지한 것에 위안을 삼았죠."

1982년 프로야구가 시작할 때 OB는 중하위권 전력으로 평가됐다. 김영덕 감독조차 우승할 거라고는 전혀 생각하지 않았다. 그러나 윤동균의 생각은 달랐다.

"당시 저는 오랫동안 실업야구에서 뛰며 선수들의 능력을 잘 알고 있었어요. 마운드가 좀 약했지만 구천서, 신경식 등 젊은 선수들의 기량이 좋아 저랑 김우열, 김유동 등 베테랑이 자기 몫만 하면 우승할 수 있을 거로 봤고 실제로 그렇게 되었죠."

OB는 22연승을 거둔 「불사조」 박철순이 마운드를 굳건히 지키고 신구 조화를 이룬 타선

이 맹위를 떨쳐 우승 0순위로 꼽힌 삼성, MBC 등을 따돌리고 전기리그 우승을 차지했다.

김영덕 감독은 내심 후기리그에서도 우승을 차지해 기념비적인 원년 우승을 확정 지으려고 했지만 야구는 뜻대로 되지 않았다. 9월 29일 삼성과 치른 시즌 최종전에서 연장 12회까지 가는 접전 끝에 1-2로 지며 사실상 후기리그 패권은 삼성으로 넘어갔다.
패배 이상으로 뼈아팠던 것은 에이스 박철순이 번트 수비 도중 허리를 삐끗해 한국시리즈 출전이 불투명한 상황이 된 것. 그럼에도 불구하고 한국시리즈 1차전에서 무명의 강철원이 호투를 펼쳐 3-3 무승부를 기록했다.
하지만 결국 2차전에선 마운드가 와르르 무너지며 0-9로 크게 졌다.
"누가 봐도 그땐 삼성의 우승을 의심치 않았어요. 구단에선 서울에서 열리는 3차전에 대비해 합숙할 것을 지시했을 정도였죠. 그런데 이광환 코치가 베테랑들을 모아 '평소 하던 대로 해야 한다'며 서울로 안 올라가고 대구 수성나이트에서 새벽까지 함께 술을 마셨어요. 그때 이 코치 안주머니에는 사직서가 있었는데 우승을 못하면 그 책임을 질 생각이었던 거죠. 그게 계기가 되어 3차전부터 4연승을 거뒀는데 다들 유니폼을 벗을 각오로 뛴 겁니다."

OB를 원년 우승으로 이끈 윤동균이지만 유달리 상복이 없었다.
"1982년에 타율 2위, 최다안타 4위, 득점 3위, 타점 9위, 출루율 3위, 장타율 5위 등에 올랐지만 그땐 수비율로 수상자를 결정했기 때문에 골든글러브를 받지 못했어요. 대신에 베스트10엔 뽑혔죠. 한국시리즈에서도 첫 안타를 치는 등 타율 0.407을 기록해 내심 MVP를 기대했는데… 아, 글쎄 김유동이 만루 홈런을 딱 치지 뭡니까. 막판에 뒤집힌 거죠."

당시로서는 은퇴할 나이에 프로 데뷔해서 40살까지 활약할 수 있었던 비결은 무엇일까? 그는 "김성근 감독 덕분"이라고 말했다.

"동대문상고(현 청원고) 시절엔 타자가 아니라 노히트노런을 기록한 적도 있는 투수였습니다. 고등학교를 졸업한 뒤 기업은행에 들어갔는데 당시 김성근 감독이 투수코치였어요. 김성근 감독이 보기에 제가 제구는 떨어지지만 볼이 빠르니까 투수로 키워보려고 했어요. 그래서 김성근 감독 집으로 잡혀 들어가 하숙 아닌 하숙을 하면서 매일 혹독한 훈련을 했죠. 오전 5시만 되면 뒷산에 올라가 훈련하고 출퇴근도 함께 했어요. 그러니 술 마실 틈이 없었습니다. 그 덕분에 선수 생활을 오랫동안 할 수 있었다고 봐요."

OB 야구를 상징적으로 나타내는 말이 뚝심이다. 이기기 어려운 경기를 끝까지 버티고 버텨 끝내는 승리를 거두는 뒷심을 발휘한 것에서 나온 말이다. 윤동균은 뚝심을 조선백자에 비유했다.

"고려청자는 화려하고 섬세한 반면 조선백자는 처음 볼 땐 밋밋하지만 보면 볼수록 그 맛이 우러나요. 소박하면서 단아한 그 맛이… OB 야구도 그렇습니다. 삼성이나 MBC처럼 화려한 스타는 없지만 끈끈한 팀워크로 전체가 하나가 되어 공동의 목표를 향해 나아가는… 어떤 상황에서도 포기하지 않는 야구를 한 게 뚝심이라는 말로 표현된 게 아닐까 싶네요."

윤동균은 1988년 현역 은퇴 뒤 코치를 거쳐 1991년 7월 감독대행에 올랐다. 프로야구 선수 출신으로는 제1호 감독이 된 것이다. 1993년에는 가을엔 TV만 보던 OB를 포스트시즌에 진출시켜 그 지도력을 인정받았다.
그러나 인생사 새옹지마. 1994년 9월 프로야구사상 초유의 집단항명 사건으로 불명예 퇴진했다. 이 사건에 대해 그는 "할 말은 많지만 다 지난 얘기"라며 입을 굳게 다물었다.
감독 통산 성적은 198승 210패 11무.

이후 KBO 경기운영위원장, 규칙위원회 운영위원 등을 거쳐 현재는 기술위원을 맡아 제3회 월드베이스볼클래식(WBC)을 준비하고 있다.

MBC 청룡 – LG 트윈스

최고의 팬을 가진 서울의 터줏대감

_1982년 01월 26일 창단
_1990년 03월 15일 변경

프로야구 원년 개막전 홈팀
정규시즌 1위 3회(1983시즌 종합승률 1위, 1990, 1994)
한국시리즈 우승 2회(1990, 1994), 준우승 4회
프로야구 최초 단일팀 누적 관중 2천만 돌파(2010)
최초 한 시즌 평균관중 2만 돌파(1995, 20,076명 역대 4위)
통산 총관중 1위(2011시즌, 누적 21,648,236명)
역대 최초 3년 연속 100만 관중 돌파(1993~1995)

영구결번 41(1999년 김용수)

BASEBALL CHRONICLE

통산 정규시즌
(PO=플레이오프, 준PO=준플레이오프)

연도	포스트시즌	정규시즌	경기	승	패	무	승률
1982		전기 3위 후기 3위	80	46	34	0	0.675
1983	준우승	전기 3위 후기 1위	100	55	43	2	0.561
1984		전기 3위 후기 4위	100	51	48	1	0.515
1985		전기 5위 후기 6위	110	44	65	1	0.404
1986		전기 4위 후기 3위	108	59	41	8	0.590
1987		전기 5위 후기 4위	108	50	51	7	0.495
1988		전기 7위 후기 6위	108	40	64	4	0.389
1989		5위	120	49	67	4	0.425
1990	우승	1위	120	71	49	0	0.592
1991		6위	126	53	72	1	0.425
1992		7위	126	53	70	3	0.433
1993	PO 패	4위	126	66	57	3	0.536
1994	우승	1위	126	81	45	0	0.643
1995	PO 패	3위	126	74	48	4	0.603
1996		7위	126	50	71	5	0.417
1997	준우승	2위	126	73	51	2	0.587

연도	포스트시즌	정규시즌	경기	승	패	무	승률
1998	준우승	2위	126	63	62	1	0.504
1999		매직 3위 (통합 6위)	132	61	70	1	0.466
2000	PO 패	매직 1위 (통합 3위)	133	67	63	3	0.515
2001		6위	133	58	67	8	0.464
2002	준우승	3위	133	66	61	6	0.520
2003		6위	133	60	71	2	0.458
2004		6위	133	59	70	4	0.457
2005		5위	126	54	71	1	0.432
2006		8위	126	47	75	4	0.385
2007		5위	126	58	62	6	0.483
2008		8위	126	46	80	0	0.365
2009		7위	133	54	75	4	0.406
2010		6위	133	57	71	5	0.429
2011		6위	133	59	72	2	0.450
통산		30시즌	3662	1724	1846	92	0.483

통산 포스트시즌
65전 33승 31패 1무 (한국시리즈 30전 13승 16패 1무)

연도	최종 결과	라운드	상대	결과 승/패	승	패	무
1983	준우승	한국시리즈	해태 타이거즈	패	0	4	1
1990	우승	한국시리즈	삼성 라이온즈	승	4	0	0
1993	PO 패	준플레이오프	OB 베어스	승	2	1	0
		플레이오프	삼성 라이온즈	패	2	3	0
1994	우승	한국시리즈	태평양 돌핀스	승	4	0	0
1995	PO 패	플레이오프	OB 베어스	패	1	2	0
1997	준우승	플레이오프	삼성 라이온즈	승	3	2	0
		한국시리즈	해태 타이거즈	패	1	4	0
1998	준우승	준플레이오프	OB 베어스	승	2	0	0
		플레이오프	삼성 라이온즈	승	3	1	0
		한국시리즈	현대 유니콘스	패	2	4	0
2000	PO 패	플레이오프	OB 베어스	패	2	4	0
2007	준우승	플레이오프	한화 이글스	승	3	0	0
		한국시리즈	SK 와이번스	패	2	4	0
2002	준우승	준플레이오프	현대 유니콘스	승	2	0	0
		플레이오프	KIA 타이거즈	승	3	2	0
		한국시리즈	삼성 라이온즈	패	2	4	0

역대 감독
(대행 포함 15명)

성명	재임 기간	경기	승	패	무	승률
백인천	1982.01.21~1983.04.25 1989.11.07~1991.10.07	342	177	164	1	0.519
유백만	1983.04.26~1983.06.08 1987.07.11~1988.11.24	188	77	102	9	0.430
한동화(대행)	1983.06.09~1983.06.18 1985.06.18~1985.06.22	7	5	2	0	0.714
김동엽	1983.06.19~1983.11.10 1985.06.23~1986.07.16 1986.07.18~1987.07.10	272	138	121	13	0.533
어우흥	1983.11.11~1985.06.17	151	72	78	1	0.480
배성서	1988.11.25~1989.11.06	120	49	67	4	0.425
이광환	1991.10.08~1996.07.23 2002.12.02~2003.10.09	719	369	333	17	0.526
천보성	1996.07.24~1999.12.05	428	212	212	4	0.500
이광은	1999.12.06~2001.05.15	168	76	88	4	0.463
김성근	2001.05.16~2002.11.23	231	115	103	13	0.528
이순철	2003.10.22~2006.06.05	305	129	170	6	0.431
양승호(대행)	2006.06.06~2006.10.02	80	31	46	3	0.403
김재박	2006.10.20~2009.09.26	385	158	217	10	0.421
박종훈	2009.10.12~2011.10.06	266	116	143	7	0.448
김기태	2011.10.06~					

프로야구 창설을 주도하다

「MBC 청룡은 어디로 / 우승 한 번 못하고 어디로 사라졌는가 / 딱 달라붙는 파란유니폼 우리 청룡을 찾아주세요 / 김재박은 정말 빨랐지 이종도는 정말 잘 쳤어 / 끈질긴 투지와 근성으로 무장한 우린 MBC 청룡(가자~) / 하기룡은 정말 잘던져 유승안이는 정말 잘 받지 / 끈질긴 투지와 근성으로 무장한 우린 MBC 청룡(가자~) / 청룡은 어디로 청룡은 어디로 우린 지금 어디로 / 누구 본 사람 여기 있나요 / 청룡은 어디로 청룡은 어디로 우린 지금 어디로 / 우린 어디로 가고 있는가」
- 타카피 3집 [Super Star] 수록곡 『MBC 청룡』 中

서울의 터줏대감, MBC 청룡(현 LG 트윈스)은 프로야구 탄생과 밀접한 관련을 가진 팀이다.

MBC는 이미 1981년 6월부터 창사 20주년 기념사업의 일환으로 프로야구단 창단을 구상하고 있었다. MBC가 먼저 팀을 만들면 다른 팀이 뒤따라 창단해서 프로야구 시대가 열릴 것이라는 계산이었다.

이즈음 뒤따르듯 정부 차원에서 프로야구 창설 추진 이야기가 나오자 MBC는 자신들의 우선권을 주장하고 나섰고, 연고지도 최고 노른자위인 서울을 고집했다. 프로야구를 추진한 측에서도 이를 순순히 받아들였다. "방송이 참여해야 프로야구를 홍보하고 확산시키는 데 유리하다"는 것이 그 이유였다.

팀 이름은 공모와 심사를 거친 끝에 「청룡」이 선정됐다. 당시 MBC 관계자는 신문 인터뷰에서 "공모결과 '드래곤즈'란 이름이 압도적으로 많았으나 외래어인데다 가까운 일본에도 유사한 팀명이 있어 청룡으로 부르기로 했다"고 이유를 밝혔다. MBC 사옥이 자리한 정동이 옛날부터 「용마루」로 불렸다는 것도 청룡이 선정된 이유 중 하나라면 하나.

한편 MBC 초대 감독에는 원래는 「빨간 장갑의 마술사」 김동엽 감독이 유력했었다. 김동엽 감독은 당시 MBC에서 라디오 프로그램을 진행하고 있었으며, MBC의 프로야구단 창단 과정에도 많은 도움을 주었기 때문이다. 하지만 정작 김동엽 감독을 데려간 것은 해태였다. 재일교포 출신 김영덕 감독도 고려 대상이었지만 OB에서 먼저 영입해 갔다.

이에 대한 대안으로 박현식, 배성서 등의 이름이 거론되었지만 일본에서 돌아온 한 거물급 인사의 이름 석 자에 모든 것이 정리됐다. 1981년까지 일본 프로야구에서 선수로 활약한 백인천이 바로 그 주인공이다.

MBC는 당시로서는 파격적인 6천만 원의 거액을 주고 백인천을 감독으로 영입하며 팀 창단 채비를 마쳤다. 이후 MBC는 프로야구 개막일까지 방송을 통해 연일 일본과 미국 프로야구의 명장면을 내보내며 프로야구 '붐'을 일으키는데 주력했다.

1982년 1월 26일, 서울 문화체육관에서 MBC 청룡의 화려한 창단식이 열렸다. 이날 창단식에는 박영수 서울시장, 서종철 한국야구위원회(KBO) 초대 총재는 물론, MBC 소속 인기 탤런트와 코미디언들이 대거 참석해 눈길을 끌었다. 이날 참석한 23명의 원년 선수단과 코칭스태프 명단은 다음과 같다.

MBC 청룡 창단 멤버

감 독	백인천
코 치	이재환, 유백만
투 수	하기룡, 정순명, 이길환, 이광권, 유종겸, 차준섭, 박석채, 김시철
포 수	유승안, 김용운, 최정기
내야수	김용윤(김바위), 김용달, 김인식, 조호, 박재천, 이광은
외야수	이종도, 신언호, 송영운, 배수희, 최정우, 김봉기

개막전 만루 홈런과 불멸의 4할 타율

시즌 전 대다수의 야구 전문가는 MBC가 삼성과 함께 상위권을 다툴 것으로 예상했다. 전국에서 가장 많은 고교팀을 보유한 서울 지역을 연고로 둔만큼 최고의 선수들로 팀을 꾸릴 수 있었기 때문이다. 하지만 실제 MBC는 프로 원년 46승 34패로 전체 3위에 머물렀다.

이유가 무엇일까.

한 고교 야구 감독은 "창단 당시 MBC의 코칭스태프는 물론, 선수단 구성에도 문제가 있었다"고 회고한다. 동년배인 백인천 감독과 이재환, 유백만 코치는 시즌 내내 매사에 불협화음을 빚었다. 게다가 두 코치는 모두 투수 출신으로, 야수 출신 백인천 감독이 선수로도 뛰는 점을 감안하면 비효율적인 코칭스태프 구성이었다. 결국 MBC는 후기리그 들어 충암고 감독 출신의 한동화를 코치로 영입해 코칭스태프를 보강해야 했다.

선수단 구성도 아쉬움을 남겼다. 서울지역 선수들을 대상으로 한 드래프트에서 그해 세계선수권 출전으로 팀 합류가 불가능한 김재박, 이해창을 지명한 것이다. 그러자 서울지역 지명권을 공동으로 행사한 OB는 재빠르게 박철순을 지명했고, 이는 원년 OB 우승의 결정적인 원동력이 되었다.

이로 인해 MBC는 하기룡과 이길환, 이광권이 마운드의 주축을 이뤘지만 확실한 에이스가 없다는 뚜렷한 약점을 가지게 되었다. 게다가 지나치게 특정 포지션에 편중된 선수단 구성으로 포수 출신인 이종도와 신언호가 외야수를 봐야 하는 등 수비력에도 허점이 많았던 것이다.

설상가상 백인천 감독과 구단 프런트와의 관계도 원만하지 못했다. 일본에서 프로야구를 먼저 경험하고 온 백인천 감독은 자신의 노하우를 최대한 구단에 전해주려고 했지만, 이는 받아들여지기보다는 충돌만을 낳았다.

"전지훈련이 필요하다 생각해서 강릉에 가려고 했는데, 사람들은 아마야

>>> 초창기부터 MBC는 스타 군단이었다. 이광은, 신언호, 이종도, 백인천, 유승안 등 스타 플레이어가 즐비했다. ⓒ 어우홍

구 생각만 하고 '뭐하러 멀리까지 가서 하느냐'고 반문했다. 전지훈련을 가서도 야구공과 장비를 지원해달라고 했더니, '뭐가 이렇게 많이 필요 하냐'면서 '공은 한 박스만 가지고 가서 하다가 모자라면 또 한 박스 보내달라고 요청해라'는 식이었다. 게다가 방송사가 민간기업이 아닌 공기업이다보니 뭐 하나 요구하는 것도 여간 힘든 게 아니었다. 결재해서 상부의 승인을 받기까지 십 여 단계를 거쳐 올라가곤 했다. 그런 문제들을 회사 관계자들에게 이해시키려고 노력을 많이 했는데, 정작 사람들이나 언론에서는 '트러블을 일으킨다'는 식으로 말하더라."

백인천 감독의 이야기다.

MBC의 창단 첫해를 이야기하는데 빼놓을 수 없는 두 가지가 개막전과 백인천의 4할 타율이다.

1982년 3월 27일 서울운동장(동대문야구장)에서 열린 삼성과의 개막전. 이날의 하이라이트는 연장 10회말 터진 이종도의 끝내기 만루 홈런이었지만 포수 유승안(현 경찰야구단 감독)에게도 영웅이 될 기회가 있었다.

유승안은 4-7로 뒤진 7회말 공격에서 동점 3점포를 쏘아 올려 경기를 원점으로 돌렸고, 7-7로 맞이한 연장 10회말에는 1사 1, 2루의 찬스에서 타석에 들어섰다.

"삼성에선 그날 내가 잘 맞으니까 걸러서 만루를 채우고 백인천 감독과 상대하려 했다. 그런데 투 볼에서 3구째가 가운데 약간 높은 코스로 오는데, 내가 무슨 생각이었는지 무의식적으로 방망이를 내밀었다. 결국 빗맞은 투수 앞 땅볼로 1사 만루가 될 상황이 2사 1, 3루가 되어 버렸다."

유승안 감독의 회상이다.

"그래놓고 2루에 가서 서 있는데 하늘이 노래지더라. '감독님한테 죽었다' 싶기고 하고, 지금 생각하면 치면 안 되는 공인데, 그날의 히어로가 되고 싶은 욕심이었는지 방망이가 나와 버렸다. 그래도 투 아웃 만루에서 이종도 선수가 만루 홈런을 치는 바람에 프로야구 첫 경기가 그렇게 극적인 승부가 되지 않았나. 농반진반이지만, 내가 거기에 큰 징검다리 역할을 했다고 생각한다."

유승안 감독의 말처럼 프로야구는 첫 경기부터 멋진 명승부를 펼치면서 사람들에 '프로야구는 뭔가 다르다'는 인상을 확실하게 심어주었다. 백인천 감독은 지금도 "그 개막 경기가 한국 프로야구를 살렸다"고 이야기한다.

백인천이 감독 겸 선수로 활약하며 기록한 4할의 타율은 앞으로도 깨지지 않을 불멸의 기록이다. 일본 프로야구 퍼시픽리그 타격왕 출신의 백인천 감독이 구사한 타격 기술은 당시 국내 선수들과는 차원이 달랐다. 특히 상대 투수의 투구 시 습관을 관찰해서 어떤 공을 던질지 예측하는 능력은 백인천의 장기였다.

하지만 백인천 감독 본인은 "기술적인 내용 이전에 정신력이 만들어낸 4할이었다"고 말한다.

"일본에 있을 때도 내가 여기서 성공하지 못하면 죽는다는 각오가 있었다. 우리나라 프로야구에서도 그런 마음가짐은 마찬가지였다. 죽기 아니면 살기로, 목숨을 건다는 생각으로 야구를 했기에 가능했다고 본다. 그리고 사람들의 생각과 달리 나는 개인타이틀을 의식하지 않았다. 만약 의식하고 마음먹고 했으면 타격 3관왕도 얼마든지 했을 거다. 기록을 생각하거나 타율을 관리하려 들지 않고, 매 순간 최선을 다한다는 마음으로 임한 게 4할1푼2리의 타율을 만들어낸 비결이다."

감독들의 무덤

이듬해인 1983년, MBC는 부푼 희망을 안고 시즌을 시작했다. 전년도 국제대회 때문에 합류하지 못했던 국가대표 유격수 김재박과 「대도」 이해창이 마침내 팀에 합류한 것이다.

두 대형 선수의 합류로 MBC의 내외야는 더욱 짜임새 있는 구성을 갖추게 되었고, 롯데에서 트레이드로 영입한 차동렬과 신인 박철영의 가세로 포수 라인업도 두터워졌다. 마운드에도 수준급의 신인 오영일이 가세해 하기룡-이길환과 함께 10승 투수 3인방을 구성할 수 있었다.

하지만 개막 직후인 4월 26일, 백인천 감독이 "위장이 안 좋은데다 심신이 피로하다"는 석연찮은 이유를 들어 휴가를 내고 팀을 떠나면서 MBC의 시즌이 꼬이기 시작했다. 실제로는 구단과의 계약 문제를 둘러싼 이견과 사생활 문제가 원인이었다.

이후 MBC는 한동안 유백만 코치의 대행 체제로 운영하다 결국 전기리그 막바지 김동엽 전 해태 감독을 새 사령탑에 선임한다고 발표했다. 백인천 감독은 후기리그 들어 삼미 슈퍼스타즈로 트레이드됐다.

초대 백인천 감독 시즌별 성적(1982.01.21~1983.04.25)

연도	경기수	승리	패배	무승부	승률	최종순위
1982년	80	46	34	0	0.575	3위
1983년	16	7	9	0	0.438	중도퇴진
합계	180	100	79	1	0.559	

유백만 감독대행 시즌 성적(1983.04.26~1982.06.08)

연도	경기수	승리	패배	무승부	승률	최종순위
1983년	26	11	14	1	0.423	중도교체

 전기 내내 분위기가 뒤숭숭하던 MBC는 후기 들어 코칭스태프가 안정되면서 급격한 상승세를 보였고, 결국 30승 1무 19패로 후기리그 1위를 차지하며 한국시리즈에 진출했다. 전문가들의 예상은 대부분 투타가 조화를 이룬 MBC의 우세였다.

 하지만 변수가 발생했다. 당초 10월 1일로 예정됐던 한국시리즈가 정규시즌 지연과 전국체전, 그리고 10월 9일 터진 「아웅산 테러 사건」 등으로 계속 미뤄지며 10월 15일에 시작된 것이다.

 시즌 막바지 하늘을 찌를 듯하던 MBC의 팀 분위기는 이 보름간의 기간 동안 엉망이 되고 말았다. 결정적으로 김동엽 감독이 '한국시리즈에서 우승하면 구단에서 보너스 5백만 원을 주기로 했다'고 선수들에게 약속했지만, 기대가 어긋나면서 선수들이 불만을 갖게 된 것이 가장 컸다.

 "김 감독님과 구단이 '우승하면 얼마를 주겠다'고 미리 약속을 한 걸로 알고 있다. 지금 같으면 확실하게 구단 책임자의 도장을 받아서 문서로 했을 거다. 결국 기대했던 보너스가 물 건너가면서 선수단의 사기가 말이 아니었다. 이미 경기 전에 승패가 결정된 상황이었다고 해도 틀린 말은 아니다."

 이광권 해설위원의 이야기다. 게다가 이해창이 간염과 부상으로 입원하는 일까지 겹치면서 전력에 큰 구멍이 생겼다.

한동화 감독대행 시즌 성적(1983.06.09~1983.06.18)

연도	경기수	승리	패배	무승부	승률	최종순위
1983년	4	3	1	0	0.750	중도교체

2대 김동엽 감독 시즌별 성적(1983.06.19~1983.11.10)

연도	경기수	승리	패배	무승부	승률	최종순위
1983년	54	34	19	1	0.642	2위

결국 MBC는 한국시리즈에서 해태에 1무 4패로 무릎을 꿇고 준우승에 그쳤다. 그리고 이후 1990년 LG로 이름을 바꿔 첫 우승을 할 때까지 다시는 포스트시즌 무대를 밟지 못했다.

MBC는 서울팀이라는 유리한 조건에도 불구하고, 팀 창단 후 8년간 딱 한 번 밖에 포스트시즌에 진출하지 못했다. 무엇이 문제였을까.

우선 감독의 잦은 교체가 가져온 혼란을 들 수 있다. 창단 첫해부터 1989년까지 MBC를 거쳐간 감독만 8명. 1984년부터 6년간의 '암흑기'에는 5명이 MBC 감독 명함을 받아들었다. 수시로 감독을 갈아치우는 구단에서 감독이 힘을 갖고 자기 야구를 제대로 펼치기란 처음부터 불가능했다. 김동엽 감독을 다시 불러들인 1986년이 대표적인 예다. 그해 MBC는 일본에서 미즈다니 코치를 투수코치로 영입, 투수와 관련된 모든 권한을 부여했다. 김동엽 감독이 취재진에게 "오늘 우리 팀 선발 투수가 누구인가?"를 물어봐야 할 정도였으니 제대로 된 리더십이 발휘될 리 없었다.

>>> 어우홍 감독은 1984년부터 MBC 3대 감독을 역임했다. 사진은 투수교체를 위해 마운드에 올라간 어우홍 감독의 모습. ⓒ 어우홍

특히 선수들의 개성이 강하고 팀 내 파벌 다툼이 심했던 초기 MBC 선수단에서 '힘없는 감독'은 치명적인 약점으로 작용했다.

그 결과 MBC는 김재박, 이해창, 이광은, 이해창, 김건우, 김상훈, 김용수, 김인식 등 무수히 많은 스타플레이어를 배출하면서도 팀 성적에서는 부진을 면치 못했다.

또한 1983년 한국시리즈 보너스 사건에서 드러나듯이, 공기업인 방송사의 특성상 야구단에 필요한 유연하고 기민한 운영을 기대하기도 어려웠던 점이 있었다.

>>> 일본 프로야구 롯데 오리온스 이나오 감독과 MBC 어우홍 감독이 친선 경기를 앞두고 인사를 나누고 있다. 1984년 퍼시픽리그 2위 팀인 롯데 오리온스는 그해 10월 한국을 방문해 MBC와 3경기를 치렀다. 롯데 오리온스는 1983년 MBC가 영입했다 실패한 이원국이 잠시 속했던 팀이기도 하다.
ⓒ 어우홍

3대 어우홍 감독 시즌별 성적(1983.11.11~1985.06.17)

연도	경기수	승리	패배	무승부	승률	최종순위
1984년	100	51	48	1	0.515	4위
1985년	51	21	30	0	0.412	중도퇴진
합계	151	72	78	1	0.480	

한동화 감독대행 시즌 성적(1985.06.18~1983.06.22)

연도	경기수	승리	패배	무승부	승률	최종순위
1985년	3	2	1	0	0.667	중도교체

4대 김동엽 감독 시즌별 성적(1985.06.23~1987.07.10)

연도	경기수	승리	패배	무승부	승률	최종순위
1985년	56	21	34	1	0.382	5위
1986년	108	59	41	8	0.590	3위
1987년	54	24	27	3	0.472	중도퇴진
합계	218	104	102	12	0.505	

5대 유백만 감독 시즌별 성적(1987.07.11~1988.11.24)

연도	경기수	승리	패배	무승부	승률	최종순위
1987년	54	26	24	4	0.519	5위
1988년	108	40	64	4	0.389	6위
합계	162	66	88	8	0.429	

6대 배성서 감독 시즌별 성적(1988.11.25~1989.11.06)

연도	경기수	승리	패배	무승부	승률	최종순위
1989년	120	49	67	4	0.425	7위

　1988년과 89년, 2년 연속으로 7개 팀 중에 '6위'라는 최악의 성적을 받아든 MBC는 결국 구단 매각을 결정한다. 1989년 12월 12일, MBC 노사합의를 통해 구단 매각이 공식 발표됐고, 1990년 1월 18일 럭키금성 그룹이 130억 원에 MBC 청룡을 인수하기로 결정되었다.

　럭키금성은 1982년 프로 원년에도 프로야구에 참여할 기회가 있었지만, 연고지 문제와 그룹 내부 결정이 늦어지며 참여가 무산됐던 바 있다.

인수 당시 럭키금성은 그룹 임직원을 대상으로 공모를 통해 구단명을 지었는 그 결과 나온 새로운 구단명이 「LG 트윈스」였다. 그룹명인 「럭키금성」의 머리글자를 따서 LG로 이름을 정하고, '쌍둥이 어린이 로봇이 타격자세를 취하는 모습'을 묘사한 마스코트를 만들었다. "다른 구단이 동물을 채택한 것과 달리 인간을 존중하는 그룹정신을 표현하려고 했다"는 게 당시 구단의 발표 내용이다.

「신바람 야구」와 서울의 봄

LG는 MBC가 매각 이전에 새 감독으로 선임한 백인천의 계약을 그대로 승계했다. 결국 백인천은 MBC의 초대 감독이자 마지막 감독, 그리고 LG의 창단 감독을 모두 역임하게 되었다.

파리 목숨이던 과거 MBC 감독들과 달리, 백인천 감독은 힘 있는 감독이

>>> LG 트윈스의 엠블럼과 마스코트. ⓒ LG 트윈스 제공

었다. 그는 취임과 함께 구단에게 선수단 운영의 전권을 위임받았다. 그리고 코치진 구성에도 권한을 발휘해서 김봉기, 김용달, 최정우 등 '자기 사람'들을 대거 중용하는데 성공했다. 무엇보다 강력한 카리스마로 개성 강한 선수들을 하나로 뭉치게 한 것이 주효했다.

백인천 감독은 "LG에서 우승한 시즌에는 선수들 실력도 워낙 좋았지만, 무엇보다 단합이 잘 됐다"고 회상한다. "우리 같이 한번 해 보자"는 분위기가 고참 선수부터 신인까지 선수단 전체에 형성이 되어 있었다는 것이다. 여기에 마운드에서는 문병권, 김기범, 정삼흠, 김용수가 맹활약을 펼쳤고 '만년 기대주' 김태원이 18승을 올리며 에이스로 거듭났다.

결국 LG는 시즌 내내 1위 빙그레를 맹추격하다 시즌 최종전에서 극적인 9회말 끝내기 승리로 정규시즌 우승을 확정짓고 한국시리즈에 진출했다. 한국시리즈에서도 상승세를 타고 있던 삼성을 4전 전승으로 제압하며 창단 첫해 우승의 감격을 누렸다.

하지만 이듬해 LG는 전년도의 감격을 재연하지 못하고 다시 하위권으로 추락했다. 백인천 감독이 MBC 시절 체결한 계약 조건을 놓고 LG와 마찰을 빚은 것이 단초가 됐다.

이후 구단은 물론 선수들과도 마찰이 생긴 백인천 감독은 시즌 중반 일찌감치 사퇴를 선언해 버렸다. 구단은 구단대로 시즌이 한창 진행 중인데도 주전급 선수들을 미국 플로리다 교육리그에 보내면서 일찌감치 시즌을 포기하는 모습을 보였다. 결국 LG는 1991년 9월 13일에 열린 쌍방울전에서 무려 22안타를 내주면서 18-4로 대패, 7위였던 쌍방울과 자리를 맞바꿨다. 전년도 우승팀이라고는 믿기 힘든 졸전에 언론과 팬들의 비난이 쏟아졌다. 시즌 최종 순위는 6위였다.

시즌 뒤 LG는 새 감독으로 전 OB 감독 출신의 이광환을 선임했다. 신생 구단과 그룹 이미지에 맞는 참신한 감독감을 찾던 LG는 당시로서는 생소하던 「자율야구」를 주창한 이광환 감독을 적임자로 판단한 것이다.

LG 초대 백인천 감독 시즌별 성적(1989.11.07~1991.10.07)

연도	경기수	승리	패배	무승부	승률	최종순위
1990년	120	71	49	0	0.592	1위
1991년	126	53	72	1	0.425	6위
합계	246	124	121	1	0.506	

이광환 감독의 출발은 OB 사령탑 시절 그랬듯이 순조롭지 못했다. 1992년 취임 첫해 거둔 성적은 전년도보다 한 단계 더 내려간 7위. 개혁에는 시간이 필요한 법이다.

"원래는 선수들이 경기 시작 2시간 반 전에 제일 먼저 나오고, 그 담에 코치, 맨 나중에 감독이 나오는 게 순서였다. 그런데 나는 전부 4시간 전에 나와서 훈련하고 비디오 보고 기록 체크하라고 했으니 다들 입이 삐죽 나올 수밖에."

이광환 현 서울대 감독의 말이다. 그는 또 이런 말도 했다.

"또 전에는 경기장 곳곳에서 배팅연습 하던 걸 배팅 케이지에서만 하게 바꿨다. 그랬더니 선수들이 훈련량이 부족하다고 하소연을 하더라. 사실은 자기가 부족하다고 느끼면 경기 끝난 뒤에라도 자진해서 훈련하는 게 정상인데, 그런 개념 자체가 없었던 거다."

하지만 좌대어 이상훈 영입에 성공한 1993년부터 이광환 감독의 야구는 서서히 꽃을 피우기 시작했다.

그해 LG는 정규시즌 4위로 3년 만에 포스트시즌 진출에 성공한 뒤, 준플레이오프에서는 라이벌 OB를 꺾고 플레이오프에 진출하며 팬들을 열광하게 했다. 삼성에 2승 3패로 아깝게 패하면서 한국시리즈 진출은 실패했지만, 다음 시즌을 기대하기에는 충분했다.

그리고 1994년, LG는 구단 역사상 최고의 해를 맞이했다. 시즌 내내 압도적인 전력을 과시하며 정규시즌 1위로 한국시리즈에 직행했고, 한국시리즈에서도 태평양을 상대로 또 한 번 4전 전승의 '완벽 우승'을 이뤄낸 것이다. 15승 이상을 따낸 투수 3인방(이상훈, 김태원, 정삼흠)와 유지현, 김재현, 서용빈, 인현배 등 신인들의 활약, 그리고 프랜차이즈 스타 김상훈을 내주고 영입한 「해결사」 한대화의 활약이 결정적인 역할을 했다.

「스타 시스템」으로 대표된 이광환 감독의 투수 분업화와 자율야구는 새롭게 그 가치를 인정받았고, 프로야구 전체의 패러다임을 바꿔놓았다. 또한 LG 특유의 호쾌하면서도 세련된 스타일의 야구는 「신바람 야구」로 불리며 야구 인기에 불을 지폈다. LG의 젊은 스타 선수들을 보러 야구장을 찾는 여성 관중이 크게 늘어나면서, 프로야구는 중흥기를 맞이했다.

이광환 감독은 우승 당시를 다음과 같이 회고한다.

>>> 1994년은 LG 트윈스 역사에서 최고의 해였다. '신바람 야구' 돌풍을 일으키며 정규시즌은 물론 한국시리즈까지 완벽하게 재패했고, 프로야구 최고의 인기 구단으로 자리를 굳혔다. 사진은 이광환 현 서울대 감독. ⓒ 손윤(한국야구전당)

"당시 럭키금성 그룹의 모토가 '자율경영'이었다. 기업이 추구하는 바와 야구단이 추구하는 바가 일치하면서 구단에서도 야구단에 전폭적인 지원을 아끼지 않았다. 1992년 7위를 하며 부진했을 때 구단에서 믿고 기다려준 것이 큰 힘이 됐다. 어찌나 야구팀 인기가 대단했던지, LG가 그룹명을 '럭키금성'에서 LG로 바꾼 것도 야구 우승이 크게 작용했다는 얘기를 들었다."

서울에 찾아온 봄은 이후로도 한동안 계속됐다. 1995년 LG는 전해의 막강한 전력을 그대로 이어가며 시즌 막판까지 OB와 치열한 1위 다툼을 벌였다. 하지만 OB에 0.5게임차로 아깝게 1위 자리를 내주고 한국시리즈 직행에는 실패했다.

이어 롯데와의 플레이오프에서 2승 4패로 물러나면서 2년 연속 한국시리즈 우승의 꿈을 접어야 했다. 에이스 이상훈이 20승을 달성하며 구단 사상 최초로 정규시즌 MVP를 바라봤지만, 시즌 100타점의 OB 김상호가 트로피를 가져가며 수상에 실패한 것도 1995년이 남긴 아쉬움이다.

이듬해는 전년도 1위를 놓친 후유증과 코칭스태프 내홍이 겹치면서 7위로 추락했지만, 1997년 임선동과 이병규의 활약에 힘입어 다시 정규시즌 2위로 올라섰다. 1998년에도 이상훈의 일본 진출 공백을 딛고 정규시즌 3위에 오른 뒤 준플레이오프에서 OB를, 플레이오프에서 삼성을 누르고 또 한 번 한국시리즈 진출에 성공했다.

하지만 1997년에는 해태에 1승 4패로, 98년에는 현대 정민태에 꽁꽁 묶이면서 2승 4패를 기록하며 2년 연속 준우승에 만족해야 했다. 그리고 1994년 우승이 남긴 후광도 거기까지였다.

2대 이광환 감독 시즌별 성적(1991.10.08~1996.07.23)

연도	경기수	승리	패배	무승부	승률	최종순위
1992년	126	53	70	3	0.433	7위
1993년	126	66	57	3	0.536	3위
1994년	126	81	45	0	0.643	1위
1995년	126	74	48	4	0.603	3위
1996년	82	35	42	5	0.455	중도퇴진
합계	586	309	262	15	0.541	

3대 천보성 감독 시즌별 성적(1996.07.24~1999.12.05)

연도	경기수	승리	패배	무승부	승률	최종순위
1996년	44	15	29	0	0.341	7위
1997년	126	73	51	2	0.587	2위
1998년	126	63	62	1	0.504	2위
1999년	132	61	70	1	0.466	6위
합계	428	212	212	4	0.500	

긴 터널의 시작

●

　　　　1999년, 양대리그로 재편된 프로야구에서 LG는 매직리그 3위에 그쳤다. 전체 순위에서는 6위. 순위표에서 LG보다 뒤에 있는 팀은 모기업이 자금난에 시달리는 해태와 쌍방울 두 팀밖에 없었다. 외국인 선수 스카우트 실패와 기대했던 신인급 투수들의 부진이 주원인이었다.

　결국 시즌 중 사임 의사를 밝힌 천보성 감독이 물러나고, 그 뒤를 프랜차이즈 스타 출신인 이광은 2군감독이 물려받았다.
　이광은 감독은 부임 첫해인 2000년 팀을 매직리그 1위에 올리면서 어느 정도 성과를 냈지만, 라이벌 두산과 치른 플레이오프에서 충격의 역전패를 당하면서 신임을 잃었다. 특히 주변 코치들의 만류에도 마무리로 장문석을 계속 밀어붙인 것이 시리즈 패배의 결정적인 원인으로 작용했다.
　2001년은 더욱 비참했다. 투수진이 붕괴되며 LG는 시즌 초반 9승 25패를

>>> MBC 청룡과 LG 트윈스, 두 구단의 창단 멤버이자 프랜차이즈 스타인 이광은 전 감독. LG 트윈스 최초 선수 출신 감독이 되어 팀을 이끈 첫해 5할 이상의 승률을 기록하며 포스트시즌 진출에 성공했지만 이듬해에는 성적부진으로 물러났다. ⓒ손윤

기록하는 최악의 부진을 보였고, 결국 이광은 감독은 5월을 넘기지 못하고 자리에서 물러났다.

LG는 이후 2군감독을 거쳐 1군 코치로 올라와 있던 김성근 코치에게 감독대행을 맡겨 시즌을 마무리했다.

4대 이광은 감독 시즌별 성적(1999.12.06~2001.05.15)

연도	경기수	승리	패배	무승부	승률	최종순위
2000년	133	67	63	3	0.515	3위
2001년	35	9	25	1	0.265	중도퇴진
합계	168	76	88	4	0.463	

흔히 LG의 암흑기가 2003년부터 시작되었다고 이야기하곤 하지만, 사실 LG의 하락세는 1999년부터 이미 시작된 상태였다. 2000년의 포스트시즌 진출도 어디까지나 강팀들이 전부 다른 리그에 소속된 덕을 톡톡히 본 '행운'의 결과(리그 1위-전체 4위, 승률 .515)였다.

1990년대 승승장구하던 LG의 신바람 야구가 하향곡선을 그리게 된 이유는 무엇일까.

첫째는 주축 선수들의 세대교체 실패다. 1994년 우승의 주역들이 하나둘씩 팀을 떠나거나 나이가 들면서 자연스러운 세대교체가 필요했지만, 새로 입단한 선수들이 기대만큼 성장하지 못했다. 특히 이병규, 조인성 등이 나타난 타선보다 마운드 쪽의 공백이 심각했다.

또한 「자율야구」 시절에는 긍정적인 방향으로 흐르던 LG 선수들의 '개인주의'가 1990년대 후반부터 다시 MBC 시절처럼 부정적인 방향으로 표출되기 시작하면서 감독이 선수단을 장악하기 쉽지 않은 환경이 된 것이다. 인위적으로 선수들을 휘어잡으려는 시도는 강한 반발만 살 뿐이었다.

여기에 더해서 구단도 이때부터 '감독 흔들기'를 시작했다. 천보성 감독 취임과 함께 김영덕 전 빙그레 감독을 2군감독으로 영입하는가 하면, 이광은 감독 2년차에는 김성근 전 쌍방울 감독을 2군감독에 앉혔다. 감독 처지에서는 구단의 의도를 오해하기 딱 좋은 상황이 아닐 수 없었다.

여기에 새로 도입된 외국인 선수 제도와 자유계약선수 시장에서 번번이 실패만 거듭한 것도 전력에 큰 마이너스 요인이 되었다.

2001년 중반 김성근 감독이 팀을 맡았을 때, LG는 만신창이가 되어 있는 상태였다. 투수진에는 쓸 수 있는 선수가 거의 없다시피 했고, 팀워크라고는 찾아볼 수가 없었다.

　최악의 상황에서 김성근 감독이 꺼낸 카드는 2군에서 발굴한 신윤호였다. 김성근 감독의 집중 조련을 받은 신윤호는 그해 평균자책 3.12에 15승 18세이브를 거두며 투수 3관왕에 오르는 깜짝 활약을 펼쳤다. 이에 바닥을 기던 LG의 팀 성적도 조금씩 상승세를 타기 시작해 결국 6위로 시즌을 마감했다.

　이듬해인 2002년은 '김성근 매직'이 펼쳐진 해다. 그해 LG는 돌아온 이상훈과 이동현이 마운드에서 맹위를 떨치며 시즌 팀 평균자책 부문 3위에 올라섰고, 타선에서도 신인 박용택과 만년 2군 선수였던 최동수가 맹타를 휘둘렀다.

　4위로 포스트시즌에 오른 LG는 모두의 예상을 깨고 연전연승하면서 현대와 KIA를 꺾고 한국시리즈에서 삼성과 만났다.

　2002년의 한국시리즈는 역대 최고의 명승부로 손꼽힌다. 모두가 삼성의 우세를 예상한 가운데 펼쳐진 시리즈였지만 투혼으로 뭉친 LG 선수들은 거침없이 삼성을 막다른 골목까지 몰아붙였다. 특히 고관절부상을 딛고 경기에 나선 김재현의 투혼은 삼성 팬들조차 경의를 보일 정도였다.

　그리고 2승 3패로 뒤진 상태로 맞이한 운명적인 6차전 9회말. LG가 9-6으로 앞선 상황에서 삼성이 마지막 공격에 나섰다. LG가 이길 경우 분위기상 7차전도 삼성이 잡기는 쉽지 않은 상황이었다.

　하지만 문제는 준플레이오프부터 연일 혈전을 치르며 올라온 LG 선수들의 체력이 이미 바닥이 난 상태였던 것. 결국 힘이 빠진 마무리 이상훈이 이승엽에게 동점 3점 홈런을 얻어맞았고, 이상훈을 대신해 마운드에 오른 최원호를 상대로 마해영이 끝내기 백투백 홈런을 터뜨려 LG는 또 한 번 준우승에 그쳤다.

5대 김성근 감독 시즌별 성적(2001.05.16~2002.11.23)

연도	경기수	승리	패배	무승부	승률	최종순위
2001년	98	49	42	7	0.538	6위
2002년	133	66	61	6	0.520	2위
합계	231	115	103	13	0.528	

최약체로 예상된 팀을 한국시리즈까지 끌어올린 공헌에도 불구하고, 한국시리즈가 끝난 뒤 LG는 김성근 감독을 해임했다. 표면적인 이유는 "김성근 야구는 LG 팀컬러와 맞지 않는다"는 것이었다. 하지만 실제로는 노장 선수들을 정리하려는 구단과 이에 반대하는 김성근 감독 사이의 감정 대립이 시즌 내내 계속된 결과였다. 김성근 감독은 팀에 대한 자신의 청사진을 설명하려고 당시 구본무 구단주를 직접 찾아가기까지 했지만 뜻을 이루지 못했다.

김성근 감독을 내친 LG는 자신들의 팀 컬러가 「자율야구」라는 것을 보여주려는 듯, 한화 사령탑으로 있던 이광환 전 감독을 다시 영입했다. 하지만 신바람 야구를 불러일으켰던 1990년대와 2003년의 LG는 너무나도 다른 팀이었다.

대조적인 스타일의 사령탑 교체에 LG 선수들은 좀처럼 적응하지 못했고, 이병규와 김재현 등 부상자도 속출했다. 차세대 거포로 기대했던 김상현은 하필 구단주가 야구장을 방문한 날 팀을 패배로 몰아넣는 초대형 실책을 범한 뒤 자신감을 잃고 부진에 빠졌다. 팀 분위기는 무너졌고, 전력을 수습하지 못하면서 2003년은 최종 순위 6위로 마감했다.

6대 이광환 감독 시즌 성적(2002.12.02~2003.10.09)

연도	경기수	승리	패배	무승부	승률	최종순위
2003년	133	60	71	2	0.458	6위

시즌이 끝난 뒤 LG는 국내야구계에 복귀한 선동열 영입전에 나섰다. 하지만 선동열이 뜻밖에 삼성행을 택하면서 감독직에 갑작스런 공백이 생겼고, 결국 당시 「40대 젊은 감독」 유행을 반영하듯 이순철 작전코치를 새 감독으로 발탁했다. 모두가 깜짝 놀란 의외의 선택이었다.

처음으로 지휘봉을 잡은 이순철 감독은 야심차게 2004년 시즌을 시작했고, 시즌 중반까지만 해도 2위까지 치고 올라가며 기대를 모았지만, 이후 급격하게 성적이 추락하며 6위로 시즌을 마감했다.

경험이 부족했던 탓이라 생각하며 2년차를 기대했지만 2005년에도 다시 6위에 그쳤으며, 2006년에는 총체적인 난국 속에 8위까지 추락해 구단 역사상 처음으로 최하위를 기록하는 수모까지 겪었다.

결국 이순철 감독은 2006시즌 도중 사퇴하고 양승호 수석코치가 감독대행을 맡아 남은 시즌을 수습했다.

7대 이순철 감독 시즌별 성적(2003.10.22~2006.06.05)

연도	경기수	승리	패배	무승부	승률	최종순위
2004년	133	59	70	4	0.457	6위
2005년	126	54	71	1	0.432	6위
2006년	46	16	29	1	0.356	중도퇴진
합계	305	129	170	6	0.431	

양승호 감독대행 시즌 성적(2006.06.06~2006.10.02)

연도	경기수	승리	패배	무승부	승률	최종순위
2006년	80	31	46	3	0.403	8위

선동열, 김경문, 조범현 등 이른바 「젊은 감독」들이 성공을 구가한 것과 달리 이순철의 LG는 실패로 끝난 이유는 무엇일까.

우선 감독직을 맡을 준비가 되지 않은 상태에서 갑작스레 LG라는 「독이 든 성배」를 받아든 게 문제였다. 또한 구단에서도 「리빌딩」만을 주문했을 뿐 성적을 내기 위한 제대로 된 지원을 하지 않았다. 기껏 영입한 선수가 「홍현우 시즌 2」가 된 진필중.

당시 LG에선 진필중을 영입하며 "진필중이 KIA에서 부진했던 이유는 광주구장이 작아서 바깥쪽 일변도 승부를 했기 때문"이라며 "잠실구장은 넓으니 마음껏 몸 쪽 승부를 할 수 있을 것이다"라고 했지만, 사실 진필중은 원래부터 몸 쪽 공을 잘 던지지 않는 투수였다.

무엇보다 이순철 감독 영입과 함께 LG는 팀의 구심점이 되는 선수 세 명을 한꺼번에 쫓아내는 최악의 실수를 저질렀다.

LG는 2002년부터 이상훈, 유지현, 김재현 등 베테랑을 정리하려고 계획하고 있었다. 유지현은 연봉조정신청에서 한국 프로야구 사상 유일하게 승리를 거뒀지만 구단에 미운털이 단단히 박혔고, 톡톡 튀는 성격으로 구단과 종종 대립각을 세우는 야생마 이상훈도 눈엣가시였다.

이광환 감독은 "2003년 7월쯤 단장이 와서는 노장 세 명을 시즌 뒤 정리하라고 했다"며 당시를 회고한다.

"기가 차서 '이게 대체 누구 아이디어냐? 내가 있는 동안에는 절대 안 된다. 차라리 날 자르려면 잘라라'하고 강하게 야단쳤다."

이광환 감독은 시즌 뒤 감독직에서 물러났고, 세 노장 선수도 순차적으로 '잘렸다'.

흔히 '노장 선수를 젊은 유망주로 대체하는 것'을 리빌딩으로 생각하는 경향이 있지만, 당시 LG가 한 구조조정은 제대로 된 리빌딩이라 하기 어렵다. 왜냐. 이광환 감독의 말을 계속 들어보자.

"집을 리모델링하려면 기둥을 하나 빼고 하나를 교체하고, 안 무너지는 상태로 또 다른 기둥을 박고 해야 한다. 그런데 LG는 기둥 세 개를 한 번에 확 빼버린 거다. 94년 우승 당시만 봐도 신인 3인방의 활약도 있긴 했지만, 마운드에 김용수도 있고 내야에도 한대화라는 기둥이 있었다. 그렇게 기둥이 있어야 팀도 살고 노장과 신인이 모두 살 수 있는 거다. 투수 세 명이 빠지는 것과, 당시 LG처럼 투수, 타격, 수비의 기둥이 모두 빠지는 것은 차원이 다르다."

 결국 팀의 기둥이 모두 빠져버린 상태에서 이순철 감독이 제대로 된 「리빌딩」을 하기란 처음부터 불가능한 일이었단 얘기다. 오히려 이순철 감독은 인위적인 세대교체에 총대를 메고 나섰다가 고참 선수들과 마찰을 빚었고, 이게 지도력에 큰 상처를 내는 결과로 돌아왔다.
 '기둥 3인방'이 퇴출된 결과, LG의 젊은 선수단에는 「본받을 만한 롤모델」이 더는 존재하지 않게 됐다. 누구라도 절로 인정할 만한 실력과 품성을 모두 갖춘, 팀을 위해 자기를 희생할 줄 아는, 후배들이 누구나 따르고 존경할 만한 선배가 LG에는 없게 된 것이다. 이숭용-송지만의 현대, 송진우의 한화, 양준혁의 삼성, 이종범의 KIA 등 대부분의 팀에 구심점이 되는 「프랜차이즈 스타」가 있는 것과는 딴판이었다.
 그 자리를 대신한 것은 개인주의와 「돈」. 2006년 시즌 막판 옵션이 잔뜩 걸린 고참급 선수들이 출전을 기피한 탓에 LG의 성적이 더욱 추락했던 일화는 유명하다.
 김재박 감독이 부임한 2007년 이후에도 고비 때마다 LG의 발목을 잡은 것은 과도한 옵션 계약과 여기에 집착한 일부 선수들의 개인플레이였다.

 '우리'보다 '내'가 앞에 놓이는 팀이 좋은 성적을 낼 가능성은, '8888'을 눌렀는데 '1111'로 전화가 걸릴 가능성보다도 희박하다. 보고 배울 선배가 없는 팀에서 좋은 후배가 성장할 가능성도 마찬가지다.
 당시 구단의 잘못된 판단이 낳은 악영향은 한 시즌만이 아니라 지금까지도 유령처럼 LG 곁을 떠돌고 있다.

터널의 끝은 어디일까

2006년 시즌 도중 감독대행을 맡게 된 양승호 현 롯데 감독은 임명과 동시에 "꼴찌 탈출이 목표가 아니다. 이름값으로 선수기용을 하지 않겠다. 성실한 플레이를 보이지 않으면 가차 없이 2군으로 보내겠다. 대신 젊은 선수들에게 많은 기회를 주겠다"고 선언했다.

실제로 LG는 시즌 초 KIA에서 데려온 노장 마해영과 최상덕을 2군으로 내려 보내고, 서용빈과 진필중 등 노장들도 뒷선으로 보냈다. 대신 2군 홈런왕 출신 최길성과 거포 유망주 박병호를 주전으로 중용했다. 심수창은 유망주 꼬리표를 떼고 10승 투수로 올라섰고, 우규민도 LG 마무리 투수로 자리를 잡았다.

여기서 조금만 더 참고 리빌딩을 진행하면 강팀이 될 수도 있었던 상황. 하지만 시즌 뒤 LG는 시간이 오래 걸리는 리빌딩 대신「즉각 성적」을 내는 쪽으로 방향을 틀었다. 거액을 들여 한국시리즈 4회 우승 경력의 김재박 감독을 영입한 것이다. 여기에 FA가 된 두산의 에이스 박명환을 영입했다. 이는 곧바로 4강 싸움에 뛰어들겠다는 의미나 마찬가지였다.

그러나 기대와 달리 김재박 감독의 LG 시절은 첫해인 2007년 5위로 '반짝'한 것을 제외하면 실망스러운 결과를 남겼다.

2008년에는 메이저리그에서 국내로 복귀해 국내 무대 적응을 마친 봉중근이 활약하고 LG의 용병 잔혹사를 끊은 크리스 옥스프링, 로베르토 페타지니가 투타에서 활약했음에도 불구하고 구단 역사상 두 번째 최하위의 수모를 맛봐야 했고, 2009년에는 절치부심하며 SK 이진영과 넥센 정성훈을

FA로 영입하는 열의를 보였지만 결과는 7위로 간신히 꼴찌를 면했을 정도였다.

한 야구 관계자는 이렇게 설명한다.

"현대 시절 김재박 감독의 성공은 야구를 잘 아는 최고의 프런트가 뒷받침했기에 가능했다. 하지만 LG는 그렇지가 못한 구단이다. 또 김재박 감독의 리더십은 현대처럼 어느 정도 전력이 갖춰진 팀에 적합하지, 리빌딩 중인 LG와는 처음부터 어울리지 않았다."

김용휘 사장이 이끈 현대 유니콘스는 팀 전력에 필요한 부분이 무엇인지 정확하게 진단하고 해결책을 찾는 능력이 뛰어났다. 반면 김재박 감독 시절의 LG 트윈스는 선수 영입에서 매번 잘못된 판단으로 일관했다.

투수력이 허약한 팀이 엉뚱하게도 FA 시장에서 야수 2명을 영입한 것은 악과.

3루수를 새로 영입하면서 다른 팀에 보낸 기존 3루수(김상현)는 곧바로 2009 프로야구 최우수선수로 탈바꿈하며 속이 쓰리게 했다.

말끝마다 '선수가 없다'면서도 정작 김상현 트레이드 때는 KIA에서 달라고 하지도 않은 전천후 내야수 박기남을 자진해서 얹어줬다.

포수 조인성과 거액의 FA 계약을 체결한 뒤 '포수가 없다'며 김정민 코치를 현역으로 복귀시켜 놓고는 포수 최승환을 두산으로 트레이드했다.

투수력도 약하고 장거리 타자도 없는 팀이 팬서비스를 하겠다며 외야 펜스를 앞으로 훌쩍 당겼다.

애초에 좋은 성적이 나오기 어려웠다.

>>> LG와 두산은 1985년 이후 잠실야구장을 함께 사용하는 '한지붕 두 가족'이다. 두 팀은 성적이 좋을 때나 나쁠 때나, 한결같은 라이벌 관계를 이루며 많은 명승부를 연출했다. 다만 2011시즌에는 두 팀 모두 가을야구 진출에 실패하며, 잠실의 가을은 쓸쓸했다. ⓒ 손윤

8대 김재박 감독 시즌별 성적(2006.10.20~2009.09.26)

연도	경기수	승리	패배	무승부	승률	최종순위
2007년	126	58	62	6	0.483	5위
2008년	126	46	80	0	0.365	8위
2009년	133	54	75	4	0.406	7위
합계	385	158	217	10	0.421	

결국 2009년을 끝으로 계약이 종료된 김재박 감독과 결별한 LG는 두산 2군감독을 지내며 「화수분 야구」에 크게 공헌한 박종훈 감독을 새 사령탑에 선임했다. 또한 「감독들의 무덤」이라는 오명에서 벗어나려는 듯 5년이라는

파격적인 계약 기간을 보장했다.

박종훈 감독은 부임 첫해인 2010년 견제세력 성장을 유도하며 6위를 기록, 가능성을 보인 뒤 2011년에는 선발투수 3인방의 활약과 폭발적인 타격, 그리고 엄청난 훈련량을 소화한 주전들의 고른 활약으로 시즌 초반 1위까지 순위를 끌어 올리며 팬들에게 한때「가을야구」의 희망을 주기도 했다.
하지만 마무리 투수 부재와 선수들의 줄부상으로 시즌 중반부터 순위가 급격히 하락하기 시작해 결국 9년 연속 포스트시즌 진출에 실패했다.

그 결과 박종훈 감독은 계약기간 5년 중 2년만 채운 채 사퇴했고, 그 뒤를 김기태 2군감독이 이어받았다.

9대 박종훈 감독 시즌별 성적(009.10.12~2011.10.06)

연도	경기수	승리	패배	무승부	승률	최종순위
2010년	133	57	71	5	0.429	6위
2011년	133	59	72	2	0.450	6위
합계	266	116	143	7	0.448	

한편 거듭되는 성적 부진에 LG 구단은 스카우트팀을 대대적으로 강화하고, 신연봉제와 멘탈 트레이너를 도입하는 등 여러 가지 변화를 시도하며 절치부심하고 있다.

팀이 6668-58766의 전화번호를 찍는 동안에도 LG 팬들은 때로는 열렬

한 환호로, 어떤 때는 매서운 질책으로 팀에 대한 응원을 멈추지 않았다. LG의 성적에 관계없이 항상 잠실야구장과 구리 2군 경기장은 선수들을 응원하는 팬들의 발길로 한산할 새가 없다.

이는 1983년 이후 한 번도 포스트시즌에 나가지 못한 MBC 시절에도 마찬가지였다. '신은 서울에 최악의 팀과 최고의 팬을 함께 주셨다'는 어느 LG 팬의 절규는 과장이 아니다.

과연 LG가 최고의 팬들에게 걸맞는, 최고의 팀으로 다시 돌아오는 날은 언제일까.

MBC-LG 연도별 관중 현황(인원 : 명)

구분	총관중 수	경기 당 관중 수
1982년	298,051	7,451
1983년	630,814	12,616
1984년	406,835	8,137
1985년	245,209	4,458
1986년	367,690	6,809
1987년	383,408	7,100
1988년	239,562	4,436
1989년	427,678	7,128
1990년	768,329	12,805
1991년	776,953	12,333
1992년	615,960	9,777
1993년	1,154,308	18,322
1994년	1,022,324	16,227
1995년	1,264,762	20,076
1996년	964,805	15,314
1997년	1,001,680	15,900

구분	총관중 수	경기 당 관중 수
1998년	577,463	9,166
1999년	726,062	11,001
2000년	705,115	10,684
2001년	707,144	10,554
2002년	637,878	9,665
2003년	746,858	11,147
2004년	620,865	9,407
2005년	754,888	11,982
2006년	718,635	11,407
2007년	901,172	14,304
2008년	806,662	12,804
2009년	975,333	14,778
2010년	1,010,078	15,076
2011년	1,191,715	18,056
30시즌	**21,648,236**	**12,272**

노송 김용수

1952년 1월 13일생
현 중앙대학교 감독

경력	MBC 청룡, LG 트윈스(1985~2000) LG 트윈스 투수코치(2002~2004) LG 트윈스 투수코치(2006~2009)
수상	최다승리투수 1회(1998) 최우수구원 3회(1986, 1987, 1989) 최다세이브 3회(1986, 1987, 1989) 한국시리즈 MVP 2회(1990, 1994) 통산 세이브 1위(227세이브)
기록	통산 613경기 출장 126승 89패 227세이브, 방어율 2.98

소나무는 언제나 푸르다. 옛 노래 가사처럼, '쓸쓸한 가을날이나 눈보라 치는 날에도' 소나무는 변하지 않는 푸른빛을 간직한다. 그래서일까. 모든 게 쉽게 변하고 빠르게 사라지는 세상을 살다 보면, 오랜 시간을 한 자리에서 견디고 버틴 소나무의 모습은 감탄을 자아내기까지 한다.

잠실야구장 마운드에도 오래된 소나무가 있었다. 수많은 시련과 세월을 견디고, 무려 16년 동안이나 변함없이 듬직하게 자리를 지켰다. 사람들은 존경의 의미를 담아 「노송」이란 별명을 붙였다. LG 트윈스의 전성기를 이끈 한국 최고의 마무리 투수, 김용수 중앙대 감독이다. 사실 그의 프로 무대 데뷔는 동기들에 비해 2년이나 늦었다. 중앙대를 졸업한 1983년 신인 드래프트에서 MBC 청룡의 지명을 받았지만, 이를 거부하고 실업야구 한일은행에 입단했기 때문이다.

"만일 바로 프로에 갔으면 일반병으로 복무를 해야 했어요. 그보다는 실업팀 경리단 등에서 야구를 하면서 군복무를 마치고 난 뒤에 프로에 도전하자고 생각했죠. 그래도 늦지 않다고 봤어요."

실업무대에서 김용수는 최고의 투수로 거듭났다. 소속팀을 여러 차례 우승으로 이끈 것은 물론, 2년 동안 세 차례 국가대표로 발탁돼 국제무대에서도 빼어난 활약을 펼쳤다. 그 결과 애초 목표했던 군인팀을 거치지 않고서도 병역 혜택을 받을 수 있었다.

"사실 국가대표로 나가게 될 줄은 생각도 못했는데, 운이 좋았던 거죠. 무엇보다 국제무대에서 다른 나라 야구를 접하면서 시야를 넓힐 수 있었던 게 프로에서도 많은 도움이 됐습니다."

남보다 2년 늦게 시작하기로 한 그때의 결정이 16년의 장수를 가능하게 했다.
실은 그가 처음 야구를 시작한 것도 남보다 4~5년 늦은 중학교 2학년 때였다.
"친구들은 다른 훈련할 때 저는 죽어라고 기본기 훈련만 계속했어요. 그런데 나중에 돌아보니까 그때 기본기를 착실하게 훈련한 게 제가 부상 없이 오래 선수 생활을 할 수 있었던 원동력이 아닌가 싶어요."

마침내 1985년, 김용수는 MBC 청룡 유니폼을 입고 프로무대에 섰다. 본격적인 활약을 시작한 것은 2년째인 1986년부터. 그해 김용수는 60경기 출전에 9승 26세이브 평균자책점 1.67의 대활약으로 구원 부문 1위에 올랐다. 이듬해인 1987년에도 9승 24세이브로 2년 연속 구원왕을 차지했다. 데뷔와 함께 최고의 소방수 대열에 올라선 것이다.
"사실 저는 마무리보다는 선발로 뛰고 싶었어요."

1이닝만 막아내면 임무를 완수하는 요즘의 마무리 투수와 달리, 1980년대에는 6회나 7회부터 올라와서 던지는 일이 예사였다.
"그만큼 힘들죠. 1986년에 제가 178이닝을 던졌어요. 거의 경기당 3이닝씩을 던졌단 얘기잖아요. 한번은 9일 동안 9경기를 하는데 그 중에 제가 8경기에 나와서 던진 적도 있을 정도에요."

선발 꿈을 이루게 된 것은 소속팀이 LG 트윈스로 바뀐 1990년. 시즌 초반 마무리로 부진한 투구 내용을 보이자, 백인천 감독은 정삼흠과 김용수의 보직을 맞바꿨다. 포크볼을 구사하기 시작한 것도 그때부터다.

"마무리를 할 때는 직구와 슬라이더만으로도 승부가 됐어요. 하지만 선발로 긴 이닝을 던지려니까 두 가지로는 안 되잖아요. 전에 배웠던 포크볼을 자주 던지게 됐죠."

선발 변신은 대성공이었다. 그해 김용수는 12승에 평균자책 2.04의 빼어난 성적을 냈고, 한국시리즈에서 2승을 혼자 따내며 팀을 창단 첫해 우승으로 이끌었다. 이듬해에도 활약은 계속돼 선발과 마무리를 오가며 12승 10세이브를 올렸다.

하지만 계속되는 무리한 투구 탓에, 1992년에는 치명적인 허리 부상으로 은퇴 직전까지 몰리기도 했다.

"다시는 야구 못한다는 얘기까지 나왔어요. 아직까지도 아파요. 오래 서 있거나 걸으면 허리가 끊어질 것 같아요. 일종의 직업병이죠."

그는 선배 박철순의 조언을 받아들여 수술 대신 재활을 선택했고, 다행히 1993년 마운드에 돌아올 수 있었다. 그리고 이광환 감독의 투수 분업 시스템 속에서 철저하게 보호받으면서 1993년 26세이브, 1994년 30세이브로 화려하게 부활했다.

1994년 한국시리즈 1차전, 1-1로 맞선 7회초 1사 만루 위기에 등판해서 병살타로 막아낸 장면은 지금도 기억이 선명하다.

"하위 타선이면 모르겠는데 장타자인 김동기가 상대라서 많이 긴장됐죠. 한 점은 준다는 생각으로 올라갔는데, 제가 잘 던졌다기보다는 운이 좋았어요."

타고난 강심장일 것 같은 그에게도 위기 상황은 똑같이 떨리고 긴장됐단다.

"부담이 되는 게 당연하죠. 대신 그만큼 희열을 느껴야 해요. 맞는 걸 두려워하지 말아야

죠. 저는 마운드에 올라서는 떨다가도, 막상 첫 공을 던지고 나면 긴장이 싹 사라지는 타입이었어요."

다른 선수들은 쇠락하는 30대 후반에도 「노송」 김용수는 흔들리지 않았다. 팀이 필요로 할 때마다 보직에 상관없이 자신을 희생했다. 38세 시즌인 1998년에는 선발 투수로 18승을 거두며 다승 1위에 올랐고, 39세에는 다시 마무리로 전향해 26세이브를 거뒀다. 그리고 만으로 마흔이 된 2000년을 끝으로 은퇴. 말 그대로 '박수 칠 때 떠났다'. 그의 등번호 41번은 1999년에 프로야구 사상 두 번째로 영구결번이 됐다.

이후 LG 코치를 거쳐 현재는 중앙대 감독을 맡고 있다.
"프로에 돌아가고 싶은 마음은 항상 갖고 있죠. 하지만 지금은 아마추어에서 열심히 해서 지도자로서 역량을 보여 주는 게 우선입니다. 어려운 환경에서도 팀을 잘 이끌어갈 수 있는 능력을 증명해야죠."

선수 시절부터 지금까지 이어지는 팬들의 성원이 그에게는 큰 힘이다.
"팬들이 은퇴식도 열어 주고 매년 송년회도 해주세요. 감사한 분들이죠. 그분들이나 저나 LG가 잘되길 바라는 마음은 하나잖아요. 기회가 된다면 LG에서 후배들과 함께 다시 한 번 열정을 쏟고 싶어요. 그렇게 해서 응원해 준 팬들에게 보답하고 싶습니다."

소나무의 팀과 후배, 팬들에 대한 사랑은 '쓸쓸한 가을과 눈보라'를 겪은 뒤에도 여전했다.

그가 물었다.
"그런데 '우리 LG', 올해는 잘할 수 있을까요?"

해태-KIA 타이거즈

10전 10승의 한국시리즈 최강 구단

_1982년 01월 30일 창단
_2001년 08월 01일 변경

한국시리즈 최다 우승팀
정규시즌 1위 6회(1998시즌 종합승률 1위, 1991, 1993, 1996, 1997, 2009)
한국시리즈 우승 10회(1983, 1986~89, 1991, 1993, 1996~97, 2009)
팀 통산 1900승 달성(2011시즌, 2번째)
역대 최초 4년 연속 한국시리즈 진출(1986~89)
4년 연속 한국시리즈 우승(1986~89, 유일)
통산 총관중 5위(2011시즌, 누적 9,343,447명)

영구결번 18(1996년 선동열)

BASEBALL CHRONICLE

통산 정규시즌
(PO=플레이오프, 준PO=준플레이오프)

연도	포스트시즌	정규시즌	경기	승	패	무	승률
1982		전기 4위 후기 4위	80	38	42	0	0.475
1983	우승	전기 1위 후기 4위	100	55	44	1	0.556
1984		전기 5위 후기 3위	100	43	54	3	0.443
1985		전기 3위 후기 3위	110	57	52	1	0.523
1986	우승	전기 2위 후기 2위	108	67	37	4	0.644
1987	우승	전기 3위 후기 2위	108	55	48	5	0.534
1988	우승	전기 1위 후기 1위	108	68	38	2	0.642
1989	우승	2위	120	65	51	4	0.560
1990	PO 패	2위	120	68	49	3	0.581
1991	우승	1위	126	79	42	5	0.653
1992	준PO 패	2위	126	71	54	1	0.568
1993	우승	1위	126	81	42	3	0.659
1994	준PO 패	3위	126	65	59	2	0.524
1995		4위	126	64	58	4	0.525
1996	우승	1위	126	73	51	2	0.589
1997	우승	1위	126	75	50	1	0.600

연도	포스트시즌	정규시즌	경기	승	패	무	승률
1998		5위	126	61	64	1	0.488
1999		드림 4위 (통합 7위)	132	60	69	3	0.465
2000		드림 4위 (통합 6위)	133	57	72	4	0.442
2001		5위	133	60	68	5	0.469
2002	PO 패	2위	133	78	51	4	0.605
2003	PO 패	2위	133	78	50	5	0.609
2004	준PO 패	4위	133	67	61	5	0.523
2005		8위	126	49	76	1	0.392
2006	준PO 패	4위	126	64	59	3	0.520
2007		8위	126	51	74	1	0.408
2008		6위	126	57	69	0	0.452
2009	우승	1위	133	81	48	4	0.609
2010		5위	133	59	74	0	0.444
2011	준PO 패	4위	133	70	63	0	0.526
통산		30시즌	3662	1916	1669	77	**0.534**

통산 포스트시즌
89전 52승 35패 2무 (한국시리즈 54전 40승 12패 2무)

연도	최종 결과	라운드	상대	결과 승/패	승	패	무
1983	우승	한국시리즈	MBC 청룡	승	4	0	1
1986	우승	한국시리즈	삼성 라이온즈	승	4	1	0
1987	우승	플레이오프	OB 베어스	승	3	2	0
		한국시리즈	삼성 라이온즈	승	4	0	0
1988	우승	한국시리즈	빙그레 이글스	승	4	2	0
1989	우승	플레이오프	태평양 돌핀스	승	3	0	0
		한국시리즈	빙그레 이글스	승	4	1	0
1990	PO 패	플레이오프	삼성 라이온즈	패	0	3	0
1991	우승	한국시리즈	빙그레 이글스	승	4	0	0
1992	PO 패	플레이오프	롯데 자이언츠	패	2	3	0
1993	우승	한국시리즈	삼성 라이온즈	승	4	2	1
1994	준PO 패	준플레이오프	한화 이글스	패	0	2	0
1996	우승	한국시리즈	현대 유니콘스	승	4	2	0
1997	우승	한국시리즈	LG 트윈스	승	4	1	0
2002	PO 패	플레이오프	LG 트윈스	패	2	3	0
2003	PO 패	플레이오프	SK 와이번스	패	0	3	0
2004	준PO 패	준플레이오프	두산 베어스	패	0	2	0
2006	준PO 패	준플레이오프	한화 이글스	패	1	2	0
2009	우승	한국시리즈	SK 와이번스	승	4	3	0
2011	준PO 패	준플레이오프	SK 와이번스	패	1	3	0

역대 감독
(대행 포함 8명)

성명	재임 기간	경기	승	패	무	승률
김동엽	1982.01.05~1982.04.28	13	5	8	0	0.385
조창수(대행)	1982.04.29~1982.10.17	67	33	34	0	0.493
김응룡	1982.10.18~2000.11.29	2147	1164	934	49	0.555
김성한	2000.11.30~2004.07.26	487	257	212	18	0.548
유남호	2004.07.27~2005.07.25	129	60	67	2	0.472
서정환	2005.07.26~2007.10.17	293	130	159	4	0.450
조범현	2007.10.18~2011.10.18	526	267	255	4	0.511
선동열	2011.10.19~					

시작은 미약하였으나…

해태 타이거즈(현 KIA)가 어떤 팀인지를 설명하는 데는 긴 말이 필요치 않다.

프로야구 출범 30년 동안 열 차례 한국시리즈에 진출해서 열 번 모두 우승한 무적의 팀. 1983년부터 1997년 사이에만 아홉 번의 한국시리즈 우승으로 프로야구사에 유일하게 「왕조」를 이룩한 팀. 7명의 정규시즌 MVP와 50명의 골든글러브 수상자를 배출한 스타 군단.

그게 타이거즈라는 팀이다. 지금까지도 타이거즈와 같은 팀은 없었고, 앞으로도 이와 같은 팀을 다시 보기는 어려울 것이다.

하지만 화려함과 영광으로 가득한 역사와 달리, 해태의 시작은 너무도 미약했다.

해태 타이거즈는 1982년 1월 30일 해태제과 강당에서 창단식을 갖고 프로야구 세 번째 팀으로 정식 출범했다. 이날 창단식에 참석한 선수단은 총 16명. 프로야구 팀 가운데 먼저 창단한 OB의 창단 멤버가 25명, 최약체로 꼽힌 삼미조차 23명의 선수로 출발한 것을 감안하면 매우 작고 초라한 규모의 선수단이었다.

그나마 시즌 시작을 전후해 조충열, 김경훈, 홍순만, 임정면, 김일권 등이 가세하며 21명으로 수가 늘긴 했지만, 선수가 부족하기는 여전했다.

해태 타이거즈 창단 멤버

감 독	김동엽
코 치	조창수, 유남호
투 수	김용남, 이상윤, 강만식, 방수원, 신태중
포 수	박전섭, 김용만, 김경훈, 홍순만
내야수	김성한, 김봉연, 차영화, 조충열, 최영조, 차정득, 임정면
외야수	김준환, 김일권, 김종모, 김종윤, 김우근

해태가 창단하기까지는 우여곡절도 많았다.

프로야구 출범 당시 호남 지역은 광주항쟁의 상처가 채 가시지 않은 상황이었다. 정치·경제적으로 소외된 호남권에는 야구단을 운영할 만한 자금력을 갖춘 기업이 드물었다. 그나마 여력이 있는 삼양사, 금호실업, 대한교육보험 등의 기업은 하나같이 야구팀 창단 제안을 고사했다.

결국 프로야구 출범을 주도한 이들의 간곡한 설득 끝에 해태그룹 박건배 회장이 프로야구 참여를 결정하면서 호남 지역의 주인이 해태로 정해졌다. 구단 명칭은 '정통성과 민족기상의 표상'인 호랑이를 뜻하는 「타이거즈」가 선정됐고, 창단 사령탑에는 「빨간 장갑의 마술사」 김동엽 감독이 선임됐다.

김동엽 감독은 해태 박건배 회장의 고교 선배이자 그룹 계열사의 CF 모델로 활동하며 해태와는 매우 긴밀한 관계였다. 박건배 회장이 야구단 창단을 수락하면서 내건 요구조건이 "김동엽 감독을 해태에 달라"는 것이었을 정도였으니 말이다. 또 다른 감독 후보였던 '호남 야구의 대부' 김양중이 건강상의 이유로 감독 제안을 거절하면서, 김동엽 감독은 별다른 어려움 없이 해태 초대 감독직에 올랐다.

그리고 이전까지 한 번도 스포츠단을 운영해본 경험이 없는 해태는 팀 창단부터 선수단 구성까지 많은 부분을 김동엽 감독에게 의존해야 했다.

실업야구 시절 스파르타식 훈련으로 대성공을 거둔 김동엽 감독은 자신감에 넘쳤다. "선수는 16명으로도 충분하다"고 공언하기까지 했다. 하지만 프로야구는 일 년 내내 펼쳐지는 장기 레이스. 생각처럼 만만한 일이 아니었다.

실제 해태는 1982년 내내 선수 부족으로 고전했다. 창단 당시 해태 엔트리에 투수로 등록된 선수는 딱 5명. 그 중에서도 이상윤과 방수원은 대학 4학년을 앞두고 중퇴한 선수로, '대학중퇴자는 선수로 뛸 수 없다'는 KBO 규정상 선수 자격에 문제의 소지가 발생할 수 있는 상황이었다. 최악의 경우 투수 3명으로 시즌을 시작할지도 모르는 상황에서 창단식을 강행한 셈이다.

이에 타자로 입단한 김성한은 시즌 내내 투수와 타자를 오가며 선발 투수로, 때론 지명타자로, 어떤 날은 3루수로 나서야 했다. 그 결과 한 선수가 한 시즌에 타점왕과 10승을 동시에 달성하는 초유의 기록이 탄생했다. 내야 역시 2루를 제외하곤 확실한 주인이 없는 탓에 노장 김봉연이 1루를 보고, 외야수인 김종모와 김일권을 3루수로 번갈아 기용하는 등 변칙을 구사했다.

투수진의 난조와 타선의 부진 속에 14-2로 대패한 3월 28일 롯데와 개막경기는, 그해 해태의 운명을 보여준 예고편이었다. 엎친 데 덮친 격으로 4월 30일에는 김동엽 감독이 코치진과의 불화 끝에 한 달 만에 총감독으로 일선에서 물러나는 사태까지 벌어졌다. 남은 시즌은 조창수 코치가 감독대행을 맡아 마무리했다.

프로 원년 해태의 최종 성적은 38승 42패로 6개 팀 중 전체 4위. 아무리 봐도 이후에 왕조가 될만한 성적은 아니었다.

하지만 홈런 1, 2위를 차지한 김봉연과 김준환, 타점 1위와 10승을 달성한 김성한, 도루 1위 김일권 등 선수들의 개인 기량만큼은 뛰어났던 것이 다음을 기대하게 만들었다.

그리고 시즌이 끝난 뒤 해태는 미국에서 야구연수를 마치고 돌아온 국가대표 감독 출신의 김응룡을 신임 사령탑으로 임명했다.

초대 김동엽 감독 시즌 성적(1982.01.05~1982.04.28)

연도	경기수	승리	패배	무승부	승률	최종순위
1982년	13	5	8	0	0.385	중도퇴진

조창수 감독대행 시즌 성적(1982.04.29~1982.10.17)

연도	경기수	승리	패배	무승부	승률	최종순위
1982년	67	33	34	0	0.493	4위

1982년 11월 3일 해태 2대 감독에 취임한 김응룡 감독은 대대적인 팀 개편 작업을 시작했다. 먼저 조창수와 임신근 2명으로 이뤄진 기존 코치진에 군산상고 감독 출신 백기성을 추가영입해 코칭스태프를 강화했다. 또한 허약한 내야 보강을 위해 삼성에서 벤치로 밀려나있던 서정환을 현금 트레이드로 영입했다. 재일교포 투수인 주동식, 포수 김무종의 영입은 팀의 약점인 배터리를 든든하게 했다.

　한편 김응룡 감독은 스파르타식 훈련을 앞세운 전임 감독과는 정반대로 팀 훈련 외 시간은 철저하게 선수들의 자율에 맡겼다. 단체훈련도 하루 3시간을 넘기는 일이 드물었다. 당시 신문기사를 보면 김응룡 감독은 "프로 선수에겐 결점 보완의 처방만이 필요한 게 아닙니까. 훈련은 각자가 하는 거지요.(동아일보 1983.06.25)"라고 이야기했다.

　그 결과 1983년 들어 해태는 시즌 전 '중위권 전력'이라던 전문가들의 예상을 뒤엎고 전기리그 상위권을 질주했다. 6월초까지 장명부를 앞세운 삼미와 1위 자리를 놓고 엎치락뒤치락을 거듭했고, 2.5게임차로 뒤진 가운데 6월 7일부터 열린 광주 3연전 맞대결을 싹쓸이하며 단독 1위로 올라섰다. 그리고 마침내 6월 24일, 삼미가 OB에게 패하면서 해태는 남은 경기 결과와 관계없이 한국시리즈 직행을 확정짓게 되었다.

　여기에는 원년과 달리 막강해진 마운드의 힘이 절대적이었다. 이상윤이 20승을 거두는 활약으로 에이스로 거듭났고, 기존의 김용남(13승)과 강만식(6승)도 호투하며 힘을 보탰다. 김일권으로 시작해 김성한, 김봉연, 김종모, 김준환 등으로 줄줄이 이어지는 타선의 힘은 한층 강해져 전기리그 1위를 기록하는 데 혁혁한 공을 세웠다.

　투타가 완벽하게 조화를 이룬 해태는 그해 한국시리즈에서도 후기 우승

팀 MBC를 4승 1무로 꺾고 챔피언에 올랐다. 1승 2세이브를 따낸 이상윤과 5경기 8타점을 기록한 한국시리즈 MVP 김봉연의 활약이 결정적이었다.

그러나 첫 우승의 감격도 잠시, 이듬해인 1984년 해태는 전기리그에서 5위로 추락한 데 이어 후기리그에서도 3위에 그치며 시즌 종합 순위 5위로 내려앉았다. 표면적으로는 주축 선수들의 잇단 부상이 가장 큰 원인이었지만, 실상을 뜯어보면 연봉과 처우에 대한 선수단의 불만이 극에 달했던 게 결정적인 악재였다.

"해태에선 아무리 좋은 성적을 내도 다른 팀 평범한 선수만큼의 연봉밖에는 되지 않았다. 이 때문에 매년 시즌 초만 되면 대부분의 선수들이 불만이 가득했다."

해태 출신 한 고교 감독의 회상이다.

특히 1983년 우승에 크게 기여한 메리트 시스템의 폐지와 서울 원정 숙소 교체는 선수들에게는 찬물을 끼얹은 격이 되어 급격한 사기 하락을 가져왔다.

팀 분위기가 무너지면서 급기야는 1984년 4월 10일 서울 원정 첫 경기를 마친 뒤 그 유명한 「불고기 화형식」 사건이 터진다. 해태 박건배 회장이 선수단 격려 차원으로 마련한 고기집 회식 자리에서, 선수들이 고기에 전혀 손을 대지 않고 타버릴 때까지 놔둠으로써 집단으로 불만을 표출한 것이다.

결국 해태의 1984년은 어수선한 분위기 속에 방수원의 「프로야구 1호 노

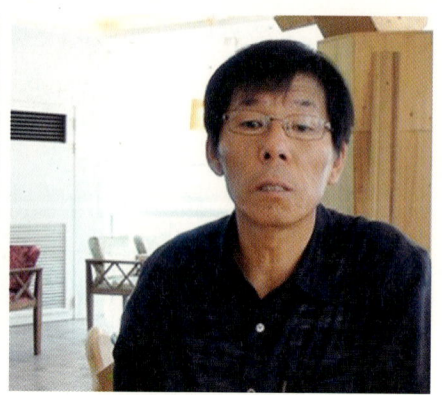

>>> 1985년 프로야구 사상 첫 노히트노런을 기록한 방수원. 현재 광주 지역에서 리틀야구단 감독을 맡고 있는 방수원은 "등판 당일 끝까지 던지게 되리라고는 생각지도 못했다"며 "기록을 의식하지 않고 당장 상대하는 타자를 잡는 데만 집중한 것이 대기록으로 이어진 것 같다"고 회고했다. ⓒ손윤

히트노런」 대기록만을 볼거리로 남기고 끝났다.

이듬해인 1985년에도 해태는 에이스 이상윤의 부상 공백으로 투수력에서 애를 먹으며 종합 3위에 머물렀다. 잔뜩 기대를 모은 괴물신인 선동열은 입단 절차상의 문제로 인해 전기리그에는 출전할 수 없었다. 다만 후기리그에서 7승 8세이브를 따내는 활약으로 다음 해를 기대하게 했다.

왕조의 시작

1986년은 해태 왕조가 본격적으로 막을 연 시즌이다. 이해 해태는 팀 내외에서 여러 가지 중요한 변화를 겪었다.

내부적으로는 코칭스태프에 김인식 전 동국대 감독, 재일교포 박정일 코치를 영입했고 OB와의 트레이드로 국가대표 3루수 한대화를 라인업에 더하게 되었다.

외부적으로는 포스트시즌 제도의 변화가 해태에 유리하게 작용했다.

1985년까지는 전후기 1위 팀끼리 한국시리즈를 치르는 방식이었지만, 1985년 삼성이 전후기 통합우승을 따내며 한국시리즈 자체를 무산시켜버리자 1986년부터는 전후기 2위 팀에게도 포스트시즌 진출권이 주어지는 방식으로 바뀌었다.

그 덕분에 해태는 그 해 전후기리그에서 모두 2위를 하고도 한국시리즈에 직행하며 제도 변경의 최대 수혜자가 됐다.

1986년은 해태에 우수한 신인 선수들이 대거 합류한 시즌이기도 했다. 광주일고-건국대를 거친 차동철과 「까치」 김정수, 장채근, 이건열, 신동수 등이 이 시즌에 한꺼번에 팀에 합류했다. 이전까지 고질적인 선수 부족에 시달리던 해태 입장에서 좋은 선수들의 대거 가세는 천군만마를 얻은 것과 같았다.

실제로 차동철은 데뷔 첫해 10승을 따내며 마운드에 큰 힘이 됐고, 김정수는 정규시즌에는 9승에 그쳤지만 한국시리즈에서 3승을 혼자 쓸어 담으며 시리즈 MVP에 오르기까지 했다

여기에 2년차에 접어든 선동열이 24승-0.99의 평균자책을 기록하며 역대 투수 최고의 시즌을 보냈고, 부상에 신음하던 원조 에이스 이상윤도 10승으로 재기에 성공했다. 이해 해태 마운드의 시즌 팀 평균자책은 2.86으로, 투수진 전체가 에이스급 성적을 낸 것과 다름없었다.

삼성과 맞붙은 1986년 한국시리즈 1차전은 향후 두 팀의 운명을 가른 명승부였다. 삼성은 천하의 선동열을 상대로 김성래가 7회 홈런을 쳐내며 2-0으로 앞서갔다. 하지만 해태 타선은 삼성 에이스 김시진이 등판한 8회

뒤늦게 폭발했다.

8회말 김봉연의 적시타로 1점을 만회한 뒤, 1-3으로 뒤진 9회말엔 김일권의 1타점 3루타와 만루에서 나온 김성한의 밀어내기 몸에 맞는 공으로 극적인 동점에 성공했다. 그리고 11회말, 2사 2루에서 김성한의 끝내기 중전 안타가 터지며 4시간 9분 간의 혈투가 끝이 났다. 삼성으로서는 에이스인 김시진을 투입하고 당한 패배라서 아픔이 두 배였다.

"정말 어려운 경기였다. 그날 극적인 역전승을 따내면서 해태 선수들은 할 수 있다는 자신감을 갖고 우위를 점할 수 있었다. 정신력 싸움에서 해태가 이긴 시리즈였다."

당시 해태 우승 주역인 차동철 건국대 감독의 회상대로 해태 선수들은 시리즈 내내 삼성 선수들을 압도했다. 지고 있는 상황에서 상대 에이스를 만나도 위축되는 법이 없었고, 투수가 선취점을 내주면 다음 공격에서 곧바로 동점 내지 역전을 만들어 냈다.

3차전이 끝난 뒤 터진 「선수단 버스 방화사건」은 버스뿐만 아니라 해태 선수들의 승부욕까지 불을 붙인 사건이었다. 결국 해태는 4승 1패로 두 번째 한국시리즈 정상에 올랐고, 반면에 삼성은 세 번째 한국시리즈 도전에서도 쓴 잔을 마셔야 했다.

1986년의 우승은 시작에 불과했다.
해태는 이듬해인 1987년에도 한국시리즈에서 삼성을 만나 4승 무패로 완벽한 우승을 차지했다. 고비 때마다 큰 것 한 방을 터뜨린 김준환이 시리

>>> 1988년 한국시리즈에서 해태를 우승으로 이끄는 호투를 펼치고 MVP를 수상하고 환호하는 문희수. 해태는 이처럼 한국시리즈마다 팀을 우승으로 이끄는 대활약을 펼치는 이른바 '미친' 선수들이 나타나 전무후무한 한국시리즈 4연패의 신화를 창조했다. ⓒ 문희수

즈 MVP가 됐다.

1988~89년에는 상대가 삼성 대신 빙그레로 바뀌었지만, 결과는 마찬가지였다. 1988년에는 문희수가 눈부신 호투로 팀을 우승으로 이끌었고, 1989년에는 박철우가 맹타를 휘둘러 각각 시리즈 MVP에 올랐다.

이 기간 해태가 달성한 4년 연속 한국시리즈 우승은 앞으로도 오랫동안 깨지기 쉽지 않은 위업이다.

1990년 플레이오프에서 삼성에 3연패로 물러나며 한 해를 쉰 해태는, 1991년 다시 빙그레를 꺾고 우승해 통산 6번째 한국시리즈 우승을 이뤘다. 그리고 다시 삼성과 만난 1993년 한국시리즈에서는 신인 이종범의 맹활약으로 또 다시 우승, 「V7」의 신화를 달성했다.

그 시절 해태 팬들에게 한국시리즈 우승은 배가 고프면 밥을 먹는 것처럼 당연한 일로 여겨졌다. 반면 삼성과 빙그레는 해태와 각각 세 차례 한국시리즈에서 만나 전부 패하면서 해태 왕조의 최대 희생자로 남게 되었다.

모두가 두려워한 '무적 해태'의 전설은 어떻게 가능했을까.

일단 팀 전력 자체가 워낙 막강했다. 프로야구가 출범한 1980년대 이후 호남지역의 아마추어 야구는 최고의 전성기를 구가했다. 광주일고, 광주상고, 군산상고 등 호남권 학교에서 매년마다 전국 최정상급의 우수 선수가 쏟아져 나왔다. 덕분에 해태는 별다른 노력 없이도 1차 지명을 통해 즉시 전력감의 유망주를 꾸준히 손에 넣을 수 있었다.

게다가 해태 유니폼을 입은 신인들은 우승 경험이 있는 좋은 선배들을 보고 배우면서 더욱 빠른 속도로 기량이 향상됐다.

물론 구슬이 서말이라도 꿰어야 보배가 되는 법. 강력한 카리스마를 자랑한 김응룡 감독의 지도력이 아니었다면, 저마다 개성이 강한 해태의 스타플레이어들을 하나의 '팀'으로 뭉치게 하기는 어려웠을지 모른다.

문희수 동강대 감독은 "해태는 김응룡 감독을 비롯해 코칭스태프의 변화가 가장 적은 팀에 속했다"며 이렇게 말했다.

"매년 코치진을 갈아치우는 몇몇 팀과 달리, 해태는 코치진에 큰 변화가 없었기에 지도방식에도 연속성과 일관성이 있었다. 또한 코칭스태프의 지도력이 흔들리는 일도 생기지 않았다. 그게 해태가 연속 우승을 따낸 비결이다."

강력한 위계질서는 코칭스태프뿐만 아니라 선수단 내에도 존재했다. MBC, 해태, 빙그레 등 세 팀을 경험한 유승안 경찰야구단 감독은 "해태는 선후배간 위계질서가 굉장히 엄한 팀이었다"며 "심지어 1년차 선후배 간에도 위계가 분명했다"고 회고한다.

이에 대해 신동수 KIA 불펜코치는 "위계질서가 나쁘게 작용할 수도 있지만 해태에서는 팀에 확실한 구심점을 만드는 효과를 낳았다"고 말했다.

"투수조는 선동열을 중심으로, 타자 쪽에서는 김일권, 김봉연, 김준환 등 고참들을 중심으로 선수들이 잘 뭉쳤다. 팀에 구심점이 있고 선수들이 하나로 뭉치니까, 큰 경기에서 더욱 강한 힘을 발휘했던 것 같다."

차동철 건국대 감독의 말이다. 이는 해태 특유의 끈끈하고 강인한 팀 분위기로 이어졌다. 유승안 감독은 "해태 선수들은 초반에 밀리더라도 '우리가 얼마든지 뒤집을 수 있다'는 자신감이 충만했다"며 다음과 같이 말했다.

"반면 빙그레에 있을 때 보면 초반에 앞서도 선수들이 먼저 불안해했고, 나중에 가면 그게 현실로 나타났다. 그 차이가 한국시리즈에서 두 팀의 운명을 가른 결정적인 차이였다고 본다."

빙그레 에이스 한희민을 상대한 1988년 한국시리즈 2차전에서 해태가 1회초 먼저 4점을 내주고도 끝내 6-5로 역전승한데는 이런 분위기 차이가 결정적인 요인으로 작용했다.

또 하나. 다소 역설적이지만 해태가 '짠돌이 구단'이었던 것도 한국시리즈에서 선수들이 힘을 발휘한 원동력이었다. 김성한 전 KIA 감독의 말처럼 "연봉에 대한 개념이 '처음부터 안 주겠다'는 생각으로 버티는 곳"이던 해태에서 그나마 선수들이 보상을 받을 수 있는 길은 한국시리즈 우승밖에 없었다.

이와 관련 김응룡 감독은 최근 한 인터뷰에서 "연봉이 워낙 짜다 보니 선수들이 한국시리즈 우승을 통해 보너스를 받으려는 열망이 컸다"고 회고했다. 유승안 감독은 "같은 보너스 천만 원이라도 해태에서 주는 천만 원과 빙그레가 주는 천만 원은 느낌이 전혀 달랐다"며 이렇게 말했다.

"좀 과장하면 해태 선수들은 그 천만 원을 1억쯤으로 보는 반면에, 삼성이나 빙그레 선수들은 백만 원 쯤으로 봤다고 보면 된다. 해태 선수들은 '무슨 일이 있어도 저 보너스를 반드시 받아내겠다'는 생각으로 필사적이었던 반면에, 다른 팀에선 '받으면 좋고 아니면 말고' 식으로 여겼다고나 할까."

이 때문일까. 한국시리즈에서 천하무적이던 해태는 의외로 준플레이오프나 플레이오프 같은 '작은' 무대에서는 별로 힘을 쓰지 못했다. 1990년, 1992년 플레이오프에서는 각각 삼성과 롯데에 패하면서 탈락했고, 1994년에도 준플레이오프에서 한화에 2연패로 패퇴했다.

김은식 작가의 표현을 빌리자면 해태라는 팀을 이렇게 말할 수 있으리라.

「해태 타이거즈는 남아도는 전력으로 아무 때나 이기는 팀이 아니라, 꼭 이겨야 하는 순간에 힘을 모아 반드시 이기는 팀이었다.」
-『해태 타이거즈와 김대중』에서 발췌

해태의 승리는 광주와 호남 팬들에게는 단순한 야구 이상의 의미를 지녔다. 차별과 억압에 울던 그들에게 해태의 야구는 일종의 정치사회적인 대리전이었고, 권력에 대한 통쾌한 복수와도 같았다. 앞의 책에서 김은식 작가는 다음과 같이 해태의 기억을 회상하고 있다.

「꼴찌 팀 삼미의 옛 팬이 오늘 해태 타이거즈를 그리워한다. 강자였지만 약자의 방식으로 싸웠고 승자였지만 패자들의 사랑을 받았던 팀. 그래서 약자와 패자들도 얼음 계곡물에 몸 한 번 담그고 정신 바짝 차리면 강자의 발목이라도 한 번 물어뜯을 수 있다고 악을 쓰며 항변하는 듯했던 그 몸짓들을 그리워한다. 그래서 전라도라는 이유로 빨갱이라는 누명으로 혹은 이런저런 이유로 눌리고 밟히면서도 고개 빳빳이 쳐들고 일어섰던 해태 타이거즈의 기억을 빌어 돈이 없다는 이유로, 재능이 없다는 이유로 밀쳐지고 떠밀려지는 세상에서 포기하지 않고 살아갈 용기를 얻는다.」
-『해태 타이거즈와 김대중』에서 발췌

동열이도 없고, 종범이도 없고

'스타 군단' 해태가 낳은 1990년대 최고의 스타는 「바람의 아들」이종범이었다.

광주일고-건국대를 졸업하고 1993년 해태에 입단한 이종범은 첫해부터 한국시리즈 MVP가 되면서 진가를 발휘했다. 1994년에는 역대 2위에 해당하는 3할9푼3리의 타율에 19홈런 84도루를 기록하며 타율, 득점, 최다안타,

도루 부문에서 전부 1위를 차지했다.

타선에 이종범이 있다면 마운드에서는 조계현이 새로운 에이스로 등장했다. 군산상고-연세대를 졸업하고 1989년 입단한 조계현은 2년째인 1990년 14승에 3.28의 평균자책을 기록하며 두각을 나타냈다. 1993년에는 강력한 싱커를 앞세워 17승을 따내며 팀 우승에 기여했고, 1994년에는 개인 최다인 18승으로 2년 연속 다승 1위에 올랐다.

그 외에도 해태에는 돌직구를 자랑하는 이대진, 비운의 투수 김상진, 고무팔 임창용, 거포 홍현우 등 새로운 스타가 끊임없이 등장했다.

스타가 즐비했던 해태는 역설적이게도 스타플레이어 한두 명에 의존하는 팀과는 거리가 먼 팀이었다. 왕조의 후반부 2년 연속 우승을 차지한 1996, 7년이 이를 증명한다.

1995시즌을 끝으로 선동열이 일본 프로야구 주니치로 이적하고 김성한이 은퇴하자, 많은 이가 '이제 해태 왕조는 끝났다'고 예상했다. 최하위로 추락한 1996년 시즌 초만 해도 사람들의 말이 현실이 되는 것 같았다.

하지만 해태는 세간의 시선을 비웃기라도 하듯이 시즌 중반부터 연전연승, 결국 정규시즌 1위로 한국시리즈에 직행했다. 한국시리즈에서도 신흥강호 현대와 접전 끝에 4승 2패로 승리했다. 4차전에서 정명원에게 노히트 노런 패배를 당한 충격을 딛고 이뤄낸 값진 우승이었다.

선동열이 떠난 뒷문은 김정수가 완벽하게 틀어막았고, 중간계투진에서는 신예 임창용이 맹활약했다. 한국시리즈에서는 고비 때마다 강태원, 이경복, 동봉철 등 의외의 선수들이 팀에 꼭 필요한 역할을 해냈다. '선수가 없다'고 한탄하기보다는 있는 선수들을 적재적소에 활용하는 김응룡 감독의 용병술이 돋보인 대목이다.

LG를 상대한 1997년 한국시리즈도 마찬가지였다. 구단 매각설이 나돌고 최고참 이순철이 트레이드를 요구하는 등 팀 안팎으로 분위기가 뒤숭숭한 가운데 맞이한 한국시리즈. 하지만 해태는 여전히 강했다.

마운드에선 김상진, 임창용 등 젊은 투수들이 펄펄 날았고 타선에선 김종국, 김창희가 필요할 때마다 한 방씩 터뜨려줬다. 무엇보다 시리즈 MVP를 차지한 이종범의 활약은 '경기를 지배한다'는 말이 무슨 뜻인지를 제대로 보여주었다.

통산 아홉 번째 한국시리즈 우승. 차포를 다 뗀 상태에서도 해태는 여전히 해태였다.

하지만 아쉽게도 해태 왕조는 거기까지였다. 야구천재 이종범마저 1997년을 끝으로 일본 프로야구 주니치에 진출하며 해태는 팀 전력에 또 한 차례 큰 손실을 입었다. 대신 장성호가 3할 타율을 기록하며 새로운 중심타자로 등장했지만, 이종범의 공백을 메우기에는 역부족이었다.

게다가 1997년부터 시작된 「IMF 관리체제」는 해태, 쌍방울 등 재정이 취약한 구단들에 치명적인 타격을 안겼다. 모기업인 해태제과의 자금난, 해태그룹의 계열사 해체 등의 소식은 시즌 내내 선수들에게 불안감을 심어주기에 충분했다.

결국 해태는 1998년 61승 1무 64패로 5위에 그치며 포스트시즌 진출에 실패했다. 임창용을 트레이드로 삼성에 보낸 1999년에는 마운드가 팀 평균자책점이 5.21로 크게 무너지며 60승 3무 69패로 종합 7위까지 추락했다. 특히 이 시즌에는 김상진이 위암 말기 판정을 받고 투병 끝에 사망하며 많은 이를 안타깝게 했다.

1998년에 신설된 외국인 선수 제도, 1999년 생긴 자유계약선수(FA) 제도 등의 변화도 자금난을 겪는 해태에게는 전혀 유리할 게 없었다.

해태는 2000년 57승 4무 72패(.442)라는 창단 이래 최악의 성적으로 시즌을 마친 뒤, 이듬해인 2001년 8월 1일 현대자동차그룹 계열의 기아자동차에 인수되어 역사 속으로 사라졌다. 해태 타이거즈에서 「KIA 타이거즈」로 새롭게 태어난 것이다.

한국시리즈 9회 우승의 명장 김응룡 감독은 2000년 시즌을 끝으로 해태를 떠나 삼성으로 자리를 옮겼다. 그 뒤를 이어 프랜차이즈 스타 출신인 김성한 감독이 2001년부터 사령탑에 올랐다.

2대 김응룡 감독 시즌별 성적(1982.10.18~2000.11.29)

연도	경기수	승리	패배	무승부	승률	최종순위
1983년	100	55	44	1	0.556	1위
1984년	100	43	54	3	0.443	5위
1985년	110	57	52	1	0.523	3위
1986년	108	67	37	4	0.644	1위
1987년	108	55	48	5	0.532	1위
1988년	108	68	38	2	0.639	1위
1989년	120	65	51	4	0.558	1위
1990년	120	68	49	3	0.579	3위
1991년	126	79	42	5	0.647	1위
1992년	126	71	54	1	0.567	3위

1993년	126	81	42	3	0.655	1위
1994년	126	65	59	2	0.524	4위
1995년	126	64	58	4	0.524	4위
1996년	126	73	51	2	0.587	1위
1997년	126	75	50	1	0.599	1위
1998년	126	61	64	1	0.488	5위
1999년	132	60	69	3	0.465	7위
2000년	133	57	72	4	0.442	6위
합계	2147	1164	934	49	0.555	

KIA와 해태의 기묘한 동거

타이거즈의 이름과 전통을 이어받은 KIA는 창단 초기부터 공격적인 팀 운영에 나섰다. 일본에서 프로야구 생활을 정리한 이종범을 다시 영입한 것은 물론, 매년마다 FA와 트레이드를 통해 거물급 선수를 영입했다. 외국인 선수 영입에도 적지 않은 돈을 투자했고, 김진우와 한기주 등 신인 선수에게도 거액을 쏟아 부었다. 짠돌이 구단으로 악명 높던 해태 시절과는 전혀 딴판이었다.

전력보강에 집중적으로 투자한 결과 KIA는 2000년 6위, 2001년 5위에서 2002년 정규시즌 2위로 단숨에 올라섰다. 또한 2003년과 2004년 연속으로 포스트시즌에 진출했다. 하지만 구단의 기대와 달리 한국시리즈 우승은 손에 잡히지 않았고, 김성한 감독마저 선수단과의 불화 끝에 2004년 시즌 중반 자리에서 물러났다.

이후 KIA는 빠른 속도로 추락했다. 2005년에는 팀 사상 최다 패인 76패를 당하며 창단 첫 최하위의 굴욕을 맛봤고, 2007년에도 또 한 차례 꼴찌로 추락했다. 이에 야구 팬들 사이에서는 하위권을 맴도는 세 팀(LG, 롯데, KIA)을 한데 엮어 「엘롯기」라고 부르기까지 했다. 과거 해태 왕조를 떠올려 보면 이는 엄청난 굴욕이었다.

KIA 초대 김성한 감독 시즌별 성적(2000.11.30~2004.07.26)

연도	경기수	승리	패배	무승부	승률	최종순위
2001년	133	60	68	5	0.469	5위
2002년	133	78	51	4	0.605	3위
2003년	133	78	50	5	0.609	3위
2004년	88	41	43	4	0.488	중도퇴진
합계	487	257	212	18	0.548	

한 야구 관계자는 "KIA가 창단 초기 적극적으로 투자할 때 우승에 성공했다면 좋았을 것이다"라며 안타까워했다. 이는 KIA의 초기 투자가 선수 영입에만 국한됐을 뿐, 야구장 환경이나 훈련 시설 등 물적 투자에는 소홀했기 때문에 나온 얘기다.

실제로 KIA로 이름을 바꾼 뒤에도 해태 시절의 실내연습장인 호승관, 2군 연습장인 함평야구장 등의 시설에는 별다른 개선이 없었다. 이는 KIA 유니폼에 해태 시절 허리띠를 졸라맨 것과 마찬가지였다.

제대로 된 훈련 시설이 없는 만큼 2군에서 좋은 선수들이 성장하지 못한 것은 당연지사. 그러다 보니 KIA는 거의 매년마다 "선수층이 얇다"는 평가에 시달려야 했다. 「경산볼파크」 등으로 대표되는 활발한 물적 투자를 통해 삼성이 2000년대 이후 단골 우승팀이 된 것과 대조된다.

또한 해태 시절 문화의 잔재도 2000년대 KIA의 발목을 잡는 요인이 됐다. 2003년 플레이오프가 대표적인 예다.

시리즈 전까지만 해도 KIA가 전력상 SK를 압도한다는 평가가 대부분이었지만, 결과는 SK의 완승으로 나타났다. 이에 대해 당시 SK의 한 관계자는 "치밀한 전력분석을 통해 KIA 선수들의 장, 단점에 대해 훤히 꿰고 있던 결과였다"고 귀띔했다. 반면 해태 시절 승리 공식에 익숙한 KIA의 코칭스태프는 전력분석에는 별다른 관심을 기울이지 않았다.

김성한 감독이 물러난 계기가 된 「김지영 사건」도 마찬가지. 해태 시절 문화에서는 크게 문제될 것이 없는 일이었지만, 달라진 야구계 문화에서는 과거의 강압적인 지도 방식으로는 한계가 있었다.

2대 유남호 감독 시즌별 성적(2004.07.27~2005.07.25)

연도	경기수	승리	패배	무승부	승률	최종순위
2004년	45	26	18	1	0.591	4위
2005년	84	34	49	1	0.410	중도퇴진
합계	129	60	67	2	0.472	

3대 서정환 감독 시즌별 성적(2005.07.26~2007.10.17)

연도	경기수	승리	패배	무승부	승률	최종순위
2005년	42	15	27	0	0.357	8위
2006년	126	64	59	3	0.520	4위
2007년	125	51	73	1	0.411	중도퇴진
합계	293	130	159	4	0.450	

「New」 타이거즈, 마침내 「V10」을 달성하다

2007년 사상 두 번째 최하위의 수모를 겪은 KIA는 서정환 감독을 해임하고 조범현 배터리코치를 새로운 감독으로 임명했다. 조범현 감독은 2003년 플레이오프 당시 SK 감독으로 KIA를 무너뜨린 장본인.

또한 KIA는 광주일고 출신으로 메이저리그에 진출했다 돌아온 서재응을 영입하며 전력보강에도 의욕적으로 나섰다. 하지만 또 다른 메이저리거 최희섭의 부진으로 시즌 내내 장타력 부재에 시달렸고, 마운드 불안도 여전했다. 시즌 최종 순위는 6위. 명가 재건까지는 갈 길이 멀었다.

다만 에이스로 성장한 윤석민의 활약과 군에서 복귀한 유동훈의 호투, 김선빈과 나지완 등 신인급 타자들의 활약상은 약간의 기대를 갖게 했다. 은퇴 기로에 섰던 노장 이종범도 이해 타율 2할8푼4리를 기록하며 부활의 기미를 보였다.

기대 반 우려 반 속에 맞이한 2009시즌. 초반만 해도 KIA의 전력은 불안해 보였다. 하지만 두 외국인 투수(로페즈, 구톰슨)가 연일 호투를 거듭하고, LG에서 다시 데려온 김상현의 홈런포가 폭발하며 질주가 시작됐다. 윤석민과 양현종 등 토종 에이스들의 대활약, 부활한 이종범과 최희섭의 맹타, 신예 안치홍의 활약도 큰 힘이 됐다.

KIA는 후반기 시작과 함께 선두권으로 도약했고, 9월 내내 SK와 쫓고 쫓기는 1위 싸움을 벌인 끝에 시즌 1경기를 남긴 시점(24일)에서야 정규시즌 1위를 확정지었다. 12년 만에 정상에 등극한 KIA는 한국시리즈에서도 2년 연속 우승팀인 SK를 4승 3패로 꺾고 통산 10번째 한국시리즈 우승을 달성했다.

"한국시리즈를 수차례 재패한 호랑이의 피가 어디 가지 않더라"는 관계자들의 평대로, KIA 선수들은 한국시리즈 내내 해태 시절을 연상케 하는 놀라운 집중력과 승부 근성을 보였다. 특히 3승 3패로 맞선 가운데 열린 7차전은 역대 한국시리즈 최고의 명승부 중 하나였다.

KIA는 중반까지 1-5로 끌려가며 패색이 짙었지만, 경기 후반 타선이 집중력을 보이며 5-5동점을 만든 뒤 9회말 공격에서 나지완이 한국시리즈 우승을 확정짓는 끝내기 홈런을 터뜨렸다. 이해에 나지완은 한국시리즈 MVP, 김상현은 정규시즌 MVP가 되는 등 2009년은 KIA의 해였다.

12년만의 한국시리즈 우승은 선수단과 팬들의 염원인 인프라 투자로 이어졌다. 우승 직후인 2009년 10월 서영종 KIA 사장은 전용 훈련장 건설 계획을 발표했다. '우승과는 별개로 이전부터 추진해온 일'이라는 KIA 관계자의 설명이다.

2010년 4월 27일에는 프로야구 최초로 3군 운영을 시작했다. 또한 2010

년 12월 7일에는 프로야구 최초 전용구장 건립 투자를 확정, 조만간 광주에도 야구장다운 야구장이 처음으로 들어서게 될 예정이다.

최근에는 신인 스카우트, 외국인 스카우트, 자유계약선수 영입 등에도 창단 초기처럼 적극적인 모습이다.

4대 조범현 감독 시즌별 성적(2007.10.18~2011.10.18)

연도	경기수	승리	패배	무승부	승률	최종순위
2007년	1	0	1	0	0.000	8위
2008년	126	57	69	0	0.452	6위
2009년	133	81	48	4	0.609	1위
2010년	133	59	74	0	0.444	5위
2011년	133	70	63	0	0.526	4위
합계	526	267	255	4	0.511	

무엇보다 2012년부터 프랜차이즈 스타 출신인 선동열 감독이 새 사령탑에 부임하며, 해태 왕조의 영광을 되찾을 만반의 준비를 끝낸 상태다.

마침내 인적 투자와 물적 투자가 조화를 이루게 된 KIA의 앞날은 그 어느 때보다도 밝다.

해태-KIA 연도별 관중 현황(인원 : 명)

구분	총관중 수	경기 당 관중 수
1982년	261,182	6,530
1983년	377.964	7,559
1984년	196,278	3,926
1985년	301,188	5,476
1986년	307,814	5,700
1987년	217,616	4,030
1988년	210,959	3,907
1989년	326,607	5,443
1990년	361,074	6,018
1991년	372,386	5,911
1992년	390,871	6,204
1993년	443,841	7,045
1994년	388,818	6,172
1995년	431,302	6,846
1996년	468,922	7,443
1997년	393,137	6,240

구분	총관중 수	경기 당 관중 수
1998년	156,793	2,489
1999년	172,729	2,617
2000년	69,203	1,049
2001년	284,486	4,246
2002년	231,955	3,514
2003년	266,111	3,972
2004년	155,881	2,362
2005년	166,197	2,638
2006년	204,148	3,240
2007년	207,232	3,289
2008년	367,794	5,838
2009년	582,005	8,818
2010년	436,285	6,512
2011년	592,669	8,979
30시즌	9,343,447	5,297

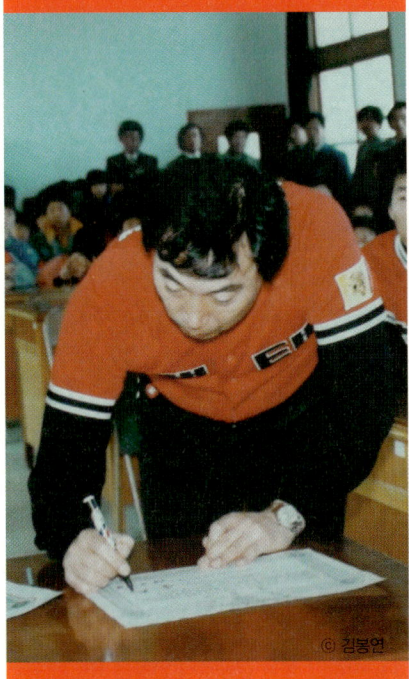

원년 홈런왕 김봉연

1952년 1월 13일생
현 극동대학교 사회체육학과 교수 재직

경력 해태 타이거즈(1982~1988)
수상 홈런왕 2회(1982, 1986)
　　　　타점왕 1회(1986)
　　　　최고 장타율 1회(1986)
　　　　최다득점 1회(1982)
　　　　한국시리즈 MVP 1회(1983)
　　　　골든 글러브 1회(1986, 지명타자)
기록 통산 630경기 출장
　　　　596안타 110홈런, 타율 0.278

야구의 꽃은 홈런이다. 홈런 한 방에 승부가 뒤바뀌고 때로는 희비가 엇갈린다. 또 홈런볼은 그 공을 주운 이에게 추억을 선사한다.

그런 의미에서 김봉연은 현역 시절 야구장의 산타클로스였다. 프로야구 원년인 1982년 홈런왕을 비롯해 대학과 실업 시절 밥 먹듯이 홈런을 쳐 야구장을 열광의 도가니로 만들었다. 그런데 홈런왕의 대명사인 그가 먼저 두각을 나타낸 것은 타자가 아닌 투수로서였다.

"야구를 시작하고 후보 선수를 해 본 적이 없어요. 군산상고에 들어가서도 1학년 때부터 에이스로 활약했죠. 연세대 1학년 땐 춘계리그에서 영원한 맞수 고려대를 상대로 노히트노런을 기록했어요."

당시 고려대 중심 타자였던 허구연 MBC 해설위원은 "공이 아주 빨랐다. 여기에 각이 큰 커브까지 있어서 치기 어려웠다. 투수를 계속했으면 한국야구의 에이스가 됐을 거다"라고고 회고했다.

투수 김봉연이 타자가 된 이유는 무엇일까? 그는 다음과 같이 말했다.

"군산상고 시절 은사가 고(故) 최관수 감독님

인데 하루는 '투수를 안 할 땐 방망이도 좀 쳐 봐라'고 해서 타석에 들어갔죠. 근데 곧잘 치니까 1학년 때 5번 타자를 맡았고, 2학년 땐 4, 5번 타자를 왔다 갔다 했고, 3학년이 되어서 부동의 4번 타자가 된 거예요. 연세대에 진학해선 러닝 훈련이 힘들어서 꾀를 부렸어요. 어깨가 안 아픈데도 아프다고 말하고선 타자에 전념하기 시작했고, 1학년 때부터 4번 타자를 했어요. 1975년 제11회 아시아야구선수권대회 대표팀에 뽑혀 필리핀을 상대로 한 이닝에 홈런 2개를 치는 등 홈런왕에 올랐고, 1976년부터는 부동의 국가대표 4번 타자로 기용됐죠. 실업 시절 3연타석 홈런을 몇 번 쳤고, 홈런왕은 대학 때부터 휩쓸었고요."

1982년 프로야구가 출범할 때 선수들 연봉은 한국화장품에서 뛰던 김봉연의 수입을 기준으로 삼았다. 당시 그의 수입은 보너스 등을 합쳐 4백80만 원. 프로 선수는 정년까지 직장을 보장할 수 없기 때문에 10년 벌 것을 1년에 주는 것으로 계산해 특급 선수에게 계약금 2천만 원에 연봉 2천4백만 원을 주는 것으로 결정했다. 하지만 정작 김봉연의 연봉은 1천8백만 원에 그쳤다.

"원년에 특급 선수는 저랑 박철순밖에 없었죠. 근데 나는 1천8백만 원밖에 못 받았어요. 해태가 재정이 안 좋으니까 애초 책정된 2천4백만 원을 줄 수 없다는 거예요. 그러면서 보너스 등으로 충분히 보상해 주겠다고 했지만 그런 거 없었어요. 원년 홈런왕에 1986년엔 홈런왕과 타점왕에 올랐고, 1988년까지 선수로 4차례나 한국시리즈 우승을 차지했지만 제가 받은 최고 연봉이 3천850만 원이었어요. 25% 연봉 인상 상한선도 있었지만 매년 연봉 협상 테이블에 앉으면 구단 측은 '우린 돈 없다'는 말만 앵무새처럼 반복했죠."

당시 야구계에는 '해태 환율'이 있었다. 해태가 선수들과 계약할 때 상대적으로 싼 광주 물가를 거론하며 헐값에 계약한 것을 나타낸 말이다.

어느 야구인은 "1985년 선동열이 해태에 입단하며 계약금으로 1억 원을 받았는데 다른 구단이었으면 4, 5억 원은 족히 받았을 것이다"며 해태 환율의 위력(?)을 설명했다.

선수 시절 김봉연의 트레이드마크는 호쾌한 어퍼스윙에 콧수염이다. 콧수염을 기르게 된 것은 교통사고로 생긴 상처를 숨기기 위해서였다.

1983년 김봉연은 삼성 이만수와 치열한 경쟁 속에 홈런과 타점에서 1위를 내달렸다. 하지만 올스타전 휴식 기간 중인 6월 28일 친구 가족과 함께 놀러 갔다가 가로수를 들이받는 대형 사고를 당해 오른쪽 어깨에 중상을 입었으며 코밑은 30바늘을 꿰맸다. 27일간 입원 치료를 받은 뒤 곧바로 경기에 나섰지만 몸 상태는 영 좋지 않았다. 게다가 MBC와 한국시리즈 출전도 불투명한 상황이었다.

그러나 김봉연은 불굴의 투혼을 발휘해 1차전부터 5차전까지 모두 선발 출전했다. 타석에 들어선 것만 해도 대단한 일인데 김봉연은 불방망이를 휘둘렀다. 3차전 3점 홈런을 포함해 19타수 9안타 8타점을 올려 한국시리즈 MVP로 뽑혔다.

"1983년 한국시리즈에서 기억에 남는 장면은 2차전 7회초예요. 무사 1, 2루였는데 백기성 3루 코치가 번트 사인을 내더라고요. 이상해서 더그아웃을 봤더니 김응룡 감독이 손을 돌리며 번트를 대라는 거예요. 번트라고는 그전까지 두어 번밖에 댄 적이 없거든요. 기가 막혔지만 감독의 지시니까 따랐죠."

김봉연은 부동의 4번 타자로 해태 왕조를 이끌었다. 하지만 해태로부터 두 번의 큰 상처를 받았다.

"1988년을 끝으로 은퇴했는데 제 의사가 아니었어요. 타격코치가 없으니까 저한테 맡긴다면서 구단에서 일방적으로 발표한 거예요. 참 어이없었지만 선수가 무슨 힘이 있나요. 받아들일 수밖에 없었죠. 또 1999년 말에 김응룡 감독님이 삼성으로 가면서 제가 감독이 될 거라는 말이 떠돌았어요. 내심 기대도 했죠. 제 목표도 감독이었으니까요. 근데 후배인 (김)성한이가 됐고 저는 정든 해태 유니폼을 벗을 수밖에 없었죠. 그땐 가슴이 정말 아팠어요."

해태를 나와 다른 구단을 알아봤지만 해태 이미지가 강한 김봉연이 갈 곳은 없었다. 그런 그에게 뜻밖의 제안이 날아왔다. 극동대에서 강의를 맡아달라고 한 것이다. 2001년 3월 극동대 교양 겸임교수로 강단에 섰고, 2002년엔 프로야구 선수 출신으로는 처음 전임교수가 됐다.

"연세대에 다닐 때 교직과목을 이수했어요. 그땐 프로가 없으니까 유니폼을 벗으면 학교 선생님을 할 생각이었죠. 연습 안 할 땐 도서관에서 살았어요. 해태 시절 딱 한 번 경기에 안 나간 적이 있어요. 석사 논문 발표 때문에요. 그땐 다들 '감독하고 잘 나갈 텐데 뭐 때문에 공부를 하느냐!'고 했어요. 물론 저도 실제로 교수가 될 줄은 생각도 못 했죠. 교수가 되고 나서도 하루도 노력을 게을리 한 적이 없어요. 2001년부터 매일 하루에 영어 단어 50개씩을 외우고 책도 많이 읽고요."

김봉연은 배트 대신 분필을 잡은 뒤 학생처장, 홍보실장, 학과장 등을 역임하는 탄탄대로를 걷고 있지만 마음 한 구석에는 허전함과 아쉬움이 남아 있다. 그의 꿈인 프로야구 감독을 아직 못 해봤기 때문이다.

"지금이라도 프로야구 감독 제의가 있으면 할 용의가 있어요. 얼마 전에 김완주 전북도지사한테 프로야구 제10구단이 전주에 생겼을 때 만약 감독할 분이 없으면 저한테 맡겨 달라고 말하긴 했는데…. 기회가 올지는 모르겠어요."

4

삼성 라이온즈

프로 원년부터 시작된 스타 구단의 역사

_1982년 02월 03일 창단

유이한 원년 구단명 유지 구단(삼성, 롯데)
역대 한국시리즈(13회) 및 포스트시즌(25회) 최다 진출팀
정규시즌 1위 8회(역대 최다, 1985~87 종합승률 1위, 2001~02, 2005~06, 2011)
한국시리즈 우승 5회(1985, 2002, 2005~06, 2011), 한국시리즈 준우승 9회
팀 통산 2000승 달성(2011시즌, 최초), 팀 통산 승률 1위(0.549)
한 시즌 최고 승률(1985년, 통합 0.706)
최장 기간 연속 포스트시즌 진출(12년, 1998~2009)
통산 총관중 4위(2011시즌, 누적 11,578,140명)

영구결번 22(2003년 이만수), 10(2010년 양준혁)
36(이승엽, 예정)

BASEBALL CHRONICLE

통산 정규시즌
(PO=플레이오프, 준PO=준플레이오프)

연도	포스트시즌	정규시즌	경기	승	패	무	승률
1982	준우승	전기 2위 후기 1위	80	54	26	0	0.675
1983		전기 5위 후기 2위	100	46	50	4	0.479
1984	준우승	전기 1위 후기 5위	100	55	45	0	0.550
1985	통합우승	전기 1위 후기 1위	110	77	32	1	0.706
1986	준우승	전기 1위 후기 4위	108	70	37	1	0.654
1987	준우승	전기 1위 후기 1위	108	64	44	0	0.593
1988	PO 패	전기 5위 후기 2위	108	56	50	2	0.528
1989	준PO 패	4위	120	57	58	5	0.496
1990	준우승	2위	120	66	52	2	0.558
1991	PO 패	3위	126	70	55	1	0.560
1992	준PO 패	4위	126	67	57	2	0.540
1993	준우승	2위	126	73	48	5	0.599
1994		5위	126	60	64	2	0.484
1995		5위	126	60	60	6	0.500
1996		6위	126	54	67	5	0.448
1997	PO 패	4위	126	66	53	7	0.552

연도	포스트시즌	정규시즌	경기	승	패	무	승률
1998	PO 패	2위	126	66	58	2	0.532
1999	PO 패	드림 1위 (통합 3위)	132	73	57	2	0.562
2000	PO 패	드림 3위 (통합 3위)	133	69	59	5	0.539
2001	준우승	1위	133	81	52	0	0.609
2002	우승	1위	133	82	47	4	0.636
2003	준PO 패	3위	133	76	53	4	0.589
2004	준우승	2위	133	73	52	8	0.584
2005	우승	1위	126	74	48	4	0.607
2006	우승	1위	126	73	50	3	0.593
2007	준PO 패	4위	126	62	60	4	0.508
2008	PO 패	3위	126	65	61	0	0.516
2009		5위	133	64	69	0	0.481
2010	준우승	2위	133	79	52	2	0.594
2011	우승	1위	133	79	50	4	0.612
통산	30시즌		3662	2011	1566	85	0.549

통산 포스트시즌
153전 64승 82패 7무(한국시리즈 73전 27승 40패 6무)

연도	최종 결과	라운드	상대	결과 승/패	승	패	무
1982	준우승	한국시리즈	OB 베어스	패	1	4	1
1984	준우승	한국시리즈	롯데 자이언츠	패	3	4	0
1986	준우승	플레이오프	OB 베어스	승	3	2	0
		한국시리즈	해태 타이거즈	패	1	4	0
1987	준우승	한국시리즈	해태 타이거즈	패	0	4	0
1988	PO 패	플레이오프	빙그레 이글스	패	0	3	0
1989	준PO 패	준플레이오프	태평양 돌핀스	패	1	2	0
1990	준우승	준플레이오프	빙그레 이글스	승	2	0	0
		플레이오프	해태 타이거즈	승	3	0	0
		한국시리즈	LG 트윈스	패	0	4	0
1991	PO 패	준플레이오프	롯데 자이언츠	승	2	1	1
		플레이오프	빙그레 이글스	패	1	3	0
1992	준PO 패	준플레이오프	롯데 자이언츠	패	0	2	0
1993	준우승	플레이오프	LG 트윈스	승	3	2	0
		한국시리즈	해태 타이거즈	패	2	4	1
1997	PO 패	준플레이오프	쌍방울 레이더스	승	2	1	0
		플레이오프	LG 트윈스	패	2	3	0

연도	최종 결과	라운드	상대	결과 승/패	승	패	무
1999	PO 패	플레이오프	롯데 자이언츠	패	3	4	0
2000	PO 패	준플레이오프	롯데 자이언츠	승	2	1	0
		플레이오프	현대 유니콘스	패	0	4	0
2001	준우승	한국시리즈	OB 베어스	패	2	4	0
2002	우승	한국시리즈	LG 트윈스	승	4	2	0
2003	준PO 패	준플레이오프	SK 와이번스	패	0	2	0
2004	준우승	플레이오프	두산 베어스	승	3	1	0
		한국시리즈	현대 유니콘스	패	2	4	3
2005	우승	한국시리즈	두산 베어스	승	4	0	0
2006	우승	한국시리즈	한화 이글스	승	4	1	1
2007	준PO 패	준플레이오프	한화 이글스	패	1	2	0
2008	PO 패	준플레이오프	롯데 자이언츠	승	3	0	0
		플레이오프	두산 베어스	패	2	4	0
2010	준우승	플레이오프	두산 베어스	승	3	2	0
		한국시리즈	SK 와이번스	패	0	4	0
2011	우승	한국시리즈	SK 와이번스	승	4	1	0

역대 감독
(대행 포함 15명)

성명	재임 기간	경기	승	패	무	승률
서영무	1982.02.01~1983.05.26	110	66	43	1	0.606
이충남	1983.05.27~1983.10.31	70	34	33	3	0.507
김영덕	1983.11.01~1986.10.20	308	197	109	2	0.644
정동진(대행)	1986.04.25~1986.05.09	10	5	5	0	0.500
박영길	1986.11.24~1988.11.13	216	120	94	2	0.561
정동진	1988.11.14~1990.11.01	240	123	110	7	0.528
김성근	1990.11.02~1992.10.04	252	137	112	3	0.550
우용득	1992.10.05~1995.09.28	378	193	172	13	0.529
백인천	1995.09.29~1997.06.23 1997.08.01~1997.09.03	211	98	103	10	0.488
조창수(대행)	1997.06.24~1997.07.31 1997.09.04~1997.10.29	41	22	17	2	0.564
서정환	1997.10.30~1999.11.10	258	139	115	4	0.547
김용희	1999.11.11~2000.12.01	133	69	59	5	0.539
김응룡	2000.12.02~2004.11.08	532	312	204	16	0.605
선동열	2004.11.09~2011.01.04	770	417	340	13	0.551
류중일	2011.01.05~	133	79	50	4	0.612

최고의 명문 구단을 향해…

프로야구에서 많은 구단이 '명문 구단'을 자처한다. 하지만 그중 정말로 명문이란 말이 어울리는 팀은 몇이나 될까?

명문 구단이 되려면 적어도 오랜 역사와 전통, 열성적인 팬들의 성원, 지속적인 좋은 성적, 「레전드」급 스타플레이어, 불멸의 대기록, 그리고 프로야구 발전에 대한 공헌 등 다양한 조건을 충족해야 한다.

삼성 라이온즈는 이와 같은 까다로운 명문의 조건을 고루 충족하는 팀이다. 프로 원년부터 시작된 30년의 구단 역사에서, 삼성은 단 한 번도 연고지나 팀 이름, 구단주가 바뀌는 일 없이 전통을 유지해 왔다. 또한 사상 최초 팀 통산 2000승과 팀 최다홈런, 타점 등의 기록에서 드러나듯, 좋은 성적과 무수한 스타 배출로 명문의 요건을 충족해온 팀이다. 무엇보다 적극적인 투자와 앞서가는 팀 운영으로 프로야구 판을 선도하는 구단이기도 하다.

하지만 삼성이 처음부터 지금처럼 명문의 조건에 걸맞은 구단이었던 것은 아니다. 삼성이 진정한 명문으로 도약하기까지는 오랜 고난과 시행착오의 시간을 거쳐야 했다. 부끄러운 사건도 많았고, 만년 2인자의 설움도 길었다. 수많은 시련을 거치고 극복한 끝에, 지금의 삼성 라이온즈라는 강철이 단련된 것이다. 그 파란만장한 역사를 지금부터 살펴보자.

1982년 2월 3일 정오, 서울 신라호텔에서 삼성 라이온즈 프로야구단의 창단식이 열렸다. 삼성 그룹의 창업 발상지인 대구·경북 지역을 연고로 하고, 삼성 관계자의 말을 빌면 "신사도를 아는 중후함을 팀 이미지로 부각시키고 늠름한 사자의 기상으로 프로야구의 선구자적인 팀이 되기 위해" 백수의 제왕인 사자를 팀의 상징으로 내세웠다.

창단 감독에는 경북고와 대구상고에서 무수한 우승을 일궈낸 '대구 야구의 대부' 서영무 씨가, 코치로는 경북고 출신으로 실업 한일은행 감독을 지낸 임신근과 대구상고 출신의 우용득 한일은행 코치가 선임됐다. 선수 22명에 '코치 겸 선수'로 등록한 임신근-우용득 코치까지 합한 전체 선수단 수는 24명이었다.

삼성 라이온즈 창단 멤버

감독	서영무
코치	임신근, 우용득
투수	황규봉, 이선희, 권영호, 성낙수, 박영진, 송진호
포수	이만수, 박정환, 손상득, 손상대
내야수	함학수, 배대웅, 김한근, 서정환, 오대석, 천보성
외야수	장태수, 허규옥, 정현발, 정구왕, 박찬, 김휘욱

「스타 군단」의 이미지가 강한 삼성의 역사는 프로 원년부터 시작됐다.

1970년대는 대구·경북 지역 아마추어 야구의 최고 전성기였다. 경북고와 대구상고를 중심으로 각 팀마다 국가대표급 선수들이 즐비했다. 경쟁에서 밀려난 몇몇 선수들은 주전 자리를 잡기 위해 다른 지역으로 전학을 갈 정도였다. 이런 선수들이 고스란히 삼성의 창단 멤버로 합류하면서, 삼성은 막강 전력으로 프로 원년을 시작할 수 있었다.

다만 전국구 에이스 김시진과 천재 타자 장효조가 팀에 합류하지 못한 것은 아쉬운 부분이었다. 당시 김시진은 군복무 중인 상태였고, 장효조는 세계야구선수권대회 대표팀에 차출되어 데뷔가 한 시즌 뒤로 늦춰졌다. 만일 두 선수의 합류가 정상적으로 이뤄졌다면 원년 한국시리즈의 결과는 정반대가 되었을지도 모른다.

삼성의 창단 첫해는 만루 홈런으로 시작해 만루 홈런으로 끝이 났다. 공교롭게도 두 번 다 삼성 에이스 이선희가 희생양이었다.

시작은 1982년 3월 27일, 서울운동장(동대문야구장)에서 열린 MBC와의 개막 경기. 이날 삼성은 MBC와 시종일관 쫓고 쫓기는 접전을 펼쳤다. 삼성은 경기 초반 이만수의 프로야구 1호 홈런을 포함해 타선이 폭발하며 7-3으로 앞서 나갔다. 하지만 MBC는 홈런 세 방으로 경기를 뒤집었다. 6회말 백인천의 솔로 홈런, 7회말 유승안의 동점 3점 홈런이 터졌고 연장 10회말에는 이종도가 2사 만루에서 끝내기 만루 홈런을 터뜨렸다.

OB 베어스와의 한국시리즈도 마지막은 만루 홈런이었다.

삼성은 1차전 3-3 무승부에 이어 2차전에서 9-0 대승을 거두며 먼저 앞서 나갔다. 하지만 서울운동장으로 장소를 옮겨 치른 3차전에서 3-5로 패한 것을 시작으로, 4차전과 5차전을 연달아 한 점차로 패하면서 분위기가 OB쪽으로 넘어갔다.

그리고 마지막 운명의 6차전. OB는 허리부상 중인 박철순을, 삼성은 3차전을 제외한 전 경기에 나와 던진 이선희를 선발로 내세웠다. 두 투수의 역투 속에 8회까지 경기는 3-3 동점으로 팽팽하게 이어졌다.

승부가 갈린 것은 9회초. 이미 한계에 달한 상태였던 이선희는 2사 만루 상황에서 신경식을 몸에 맞는 공으로 진루시켜 역전을 허용한 뒤, 5번 김유동에게 초구에 쐐기 만루 홈런을 내주고 고개를 떨어뜨렸다. 4승 1무 1패로 OB의 우승.

삼성에게는 너무나 아쉬운 패배였지만, 두 방의 만루홈런은 프로야구에 회의적이었던 사람들에게조차 '프로야구는 뭔가 다르다', '프로야구는 재미있다'라는 인상을 확실하게 심어주기에 충분했다.

프로야구 원년의 시작과 끝을 장식한 두 번 다시 없을 짜릿한 명승부가 이후 프로야구 흥행에 기폭제가 된 것은 물론이다.

첫 단추를 잘못 꿰다
: 서영무 감독의 비극

스포츠의 세계에서 이기고 지는 일은 흔히 있는 법이다. 후기리그 우승과 한국시리즈 준우승이면 결코 나쁜 성적도 아니었다. 하지만

「일등주의」를 표방하는 삼성에게 원년 우승 실패는 치욕으로 여겨졌다. 바로 이때부터였다. 삼성이 구단 운영의 단추를 잘못 꿰기 시작한 것은.

　한국시리즈 패배 뒤 삼성 구단은 1983년 시즌을 대비해 임신근 투수코치를 해임하고 일본 프로야구 한큐 브레이브스 출신의 재일교포 이충남을 새로 영입했다. 원래 이충남은 김응룡 감독의 귀국 선언 전까지만 해도 해태 감독 후보로 거론되던 인물이었다. 데이터 활용에 능하고 고급야구를 구사하는 것으로 알려진 그를 영입하기 위해 삼성은 당시로서는 파격적인 액수의 계약과 '조감독'이란 생소한 보직을 약속했다.
　자신의 의사와는 전혀 상관없이 이루어진 코치 인선에 서영무 감독은 위협을 느꼈고, 실업야구 명투수 출신인 김호중을 새 투수코치로 끌어들였다. 표면적으로는 한국어를 전혀 못하는 이충남 조감독과의 의사소통을 이유로 내세웠지만, 사실은 팀내에서 이충남 조감독의 영향력이 커지는 것을 견제하기 위해서였다.
　이렇듯 이미 1983년 시즌이 시작되기 전부터 코칭스태프 내부에 불협화음이 일고 있었던 것이다.

　시즌이 시작되자 구단의 '서영무 감독 흔들기'는 더욱 본격화됐다. 해태와의 원정 개막 2연전에서 1무 1패를 기록하자 한 구단 고위 인사가 공개적으로 서영무 감독의 지도력에 의문을 제기한 게 그 시작이었다. 이어 롯데와의 홈 개막전도 6-7로 역전패를 당하자 마침내 구단에서 칼을 빼들었다.
　1983년 4월 11일, 삼성은 서영무 감독의 작전권을 박탈했다. 그리고 경기

운영과 작전의 모든 권한을 이충남 조감독에 넘겼다. 그때까지 삼성의 시즌 성적은 2승 1무 2패. 총 100경기를 치르는 장기 레이스에서 불과 5경기를 치른 시점에서 감독을 허수아비로 만드는 월권을 저지른 것이다. 게다가 선수들과 의사소통이 전혀 안 되는 인사에게 감독 권한을 준 것은 더욱 큰 문제였다.

'이충남 체제'는 불과 일주일 만에 끝이 났다. 조감독에 작전권을 준 뒤 치른 5경기에서 삼성이 5연패를 당하자, 구단내 책임자 교체와 함께 작전권이 다시 서영무 감독에게 돌아간 것이다. 그러나 한번 망가진 팀 분위기는 좀처럼 수습하기가 힘들었다.

서영무 감독 복귀 이후에도 팀 성적이 부진을 보이자, 구단에서는 아예 서영무 감독을 해임하고 '총감독'이란 이름뿐인 자리로 물러나게 했다. 다시 이충남 조감독이 감독대행으로 임명됐다.

그때의 충격 때문이었을까. 대구 야구의 기념비적 존재였던 서영무 감독은 이듬해 OB 베어스 관리이사로 자리를 옮기고 난 뒤 뇌졸중으로 쓰러졌다. 그리고 3년의 투병 끝에 쓸쓸하게 유명을 달리했다.

사실 선수 구성만 놓고 보면 1983년은 삼성의 우승 가능성이 매우 높았던 시즌이다. 전년도 준우승한 멤버에 김시진과 장효조가 합류하며 투타에 확실한 기둥이 생겼기 때문이다.

하지만 구단의 감독 흔들기와 코칭스태프 간의 내부 갈등이 끊이지 않는 팀이 제대로 된 시즌을 치르기란 불가능했다. 더구나 마운드의 김시진, 타선의 이만수와 장효조를 제외한 나머지 선수들이 집단으로 노쇠화와 슬럼프에 시달리면서 전력을 100% 발휘하지도 못했다. 결국 말도 많고 탈도 많던 1983년 삼성은 전기리그 5위, 후기리그 공동 2위를 기록하며 종합 4위를 하는 데 그쳤다.

우승 조급증, 야구를 모르는 인사의 현장에 대한 지나친 간섭, 노골적인 감독 흔들기 등 야구단 운영에 있어 온갖 부정적인 모습은 한꺼번에 다 보여준 1983년 시즌이었다. 그러나 이는 시작에 불과했다.

초대 서영무 감독 시즌별 성적(1982.01.21~1983.04.25)

연도	경기수	승리	패배	무승부	승률	최종순위
1982년	80	54	26	0	0.675	2위
1983년	30	12	17	1	0.413	중도퇴진
합계	110	66	43	1	0.606	

2대 이충남 감독 시즌 성적(1983.05.27~1983.10.31)

연도	경기수	승리	패배	무승부	승률	최종순위
1983년	70	34	33	3	0.507	4위

두 번째 단추도 잘못 꿰다
: 프로야구 최대의 오점, 져주기 게임

충격적인 성적표를 받아든 1983년 시즌이 끝난 뒤 삼성은 코칭스태프 대수술에 돌입했다. 원년 OB 우승을 이끈 김영덕 감독을 새 사령탑에 선임하고, 롯데 감독에서 물러난 박영길 코치를 타격코치로, 대구상고 감독을 지낸 정동진을 수석코치 자리에 각각 임명하는 등 분주하게 움직이며 다음 시즌을 대비했다.

하지만 문제는 김영덕 감독이 OB 감독에서 물러난 지 불과 11일밖에 되지 않은 상태였다는 것. 김영덕 감독은 OB 구단의 만류를 뿌리치고 '일본 야구 유학'을 이유로 갑작스레 OB 감독직에서 물러난 상태였다. 그랬던 이가 곧장 삼성으로 소속을 옮겼으니, OB 구단에서는 강한 불쾌감을 표한 것도 이상한 일이 아니다.

당장 "사전에 삼성으로 옮기기로 얘기가 되어 있었던 게 아니냐"는 의혹이 제기됐다. 이 과정에서 생긴 삼성과 OB 간의 갈등은 시즌 내내 양 팀 간의 맞대결에서 빈볼시비와 벤치클리어링 등으로 표출됐다.

그리고 결국에는 시즌 막판 「져주기 게임」이라는 프로야구 역사상 최악의 오점을 남겼다.

전기리그 우승은 삼성의 차지였다. 타격 3관왕을 차지한 이만수와 마운드의 김시진-김일융 듀오를 앞세운 삼성은 라이벌 OB를 따돌리고 한국시리즈 진출권을 먼저 확보했다. 이제 한국시리즈에서 만날 후기리그 우승팀을 기다리면 되는 상황. 그런데 후기리그 막판까지 롯데와 OB가 0.5게임차로 1위 다툼을 벌이면서 삼성의 계산이 복잡해졌다.

그리고 운명의 롯데와의 마지막 2연전. 만일 여기서 삼성이 승리하면 OB가 롯데를 제치고 후기리그 1위를 할 가능성이 높았다. 게다가 OB의 마지막 2연전 상대는 해태였고, 제과업계 라이벌 롯데의 한국시리즈 진출이 달갑지 않은 해태로서는 전력을 다하지 않을 게 뻔했던 것이다.

하지만 삼성의 입장에서 본다면 전기리그에서 이미 1위를 놓고 치열하게 다툰 바 있는 OB는 최동원의 원맨팀인 롯데에 비해 훨씬 까다로운 상대였다. 더불어 악화될 대로 악화된 두 팀 간의 감정 대립이야말로 OB의 후기리그 1위를 삼성이 허락할 수 없는 가장 큰 이유였다.

결국 삼성은 롯데와의 2연전에서 고의적으로 최악의 졸전을 펼쳤다. '잡을 수 있는 타구도 잡지 않고, 쳐낼 수 있는 공도 치지 않는' 삼성의 플레이는 TV 중계방송을 통해 전국으로 생중계됐고, 언론과 야구 팬들에게 엄청난 비난을 받았다. 물론 중계방송이 되지 않아서 알려지지 않았다 뿐이지 제주에서 열린 해태와 OB의 경기도「져주기 게임」인 것은 마찬가지였다. 우승에 대한 과도한 집착이 프로야구 전체 인기에 찬물을 끼얹을 수도 있는 초대형 스캔들로 이어진 것이다.

하지만 롯데를 한국시리즈 파트너로 삼은 삼성의 계획은 한국시리즈에서 4승을 혼자 따낸 최동원의 투혼 앞에 무위로 돌아갔다. 삼성은 7차전까지 가는 혈전 끝에 롯데에 우승을 내주고, 또 한 번 한국시리즈에서 쓴 잔을 들이켜야 했다.

「져주기 게임의 저주」라고 해도 할 말이 없는 뼈아픈 결과였다.

세 번째 잘못 꿴 단추
: 통합우승을 인정하지 않다

막강 전력에도 불구하고 두 번이나 한국시리즈에서 실패를 맛본 삼성은, 이듬해인 1985년에는 아예 조그마한 빈틈도 허용하지 않았다.

>>> 최초로 전문 마무리 투수의 보직을 수행한 권영호 영남대 감독. 삼성의 통합 우승 당시 6승 26세이브를 기록, 팀의 77승 중 40% 이상을 책임지며 든든하게 뒷문을 지켜냈다. 김시진–김일융 듀오의 완투 부담을 덜어준 그가 없었다면 동반 25승은 물론 삼성의 통합 우승 역시 쉽지 않았을 것이다. 역대 최초로 통산 100세이브를 달성한 원조 소방수이다. ⓒ 손윤

전기리그 초반부터 11연승을 구가하며 독주한 끝에 2위와 11게임차로 압도적인 우승을 차지했고, 후기리그에서도 막판 14연승을 달리며 롯데를 제치고 정상에 올랐다. 역사상 처음이자 마지막인 전후기 통합우승.

김시진–김일융 듀오는 똑같이 25승씩을 따내며 최고의 활약을 보였고, 타선에선 장효조–이만수–김성래의 중심타선이 맹타를 휘둘렀다. 팀평균자책과 팀타율 모두 독보적인 1위였으며, 개인타이틀도 대부분 삼성 선수들의 차지였다.

삼성의 1985년 통합우승은 역사상 가장 '완벽한' 우승이었다. 야구에서 좀처럼 나오기 힘들다는 7할대 승률(.706, 역대 1위)로 아예 한국시리즈 자체를 무산시켜 버린 삼성의 우승은, 어떤 면으로는 한국시리즈를 4전 전승

으로 따내는 우승보다도 더 완벽했다. 충분히 자랑스러워해도 마땅한 위업이었다.

문제는 삼성이 통합우승 뒤에도 여전히「한국시리즈 우승」에 집착했다는 점이다. '한국시리즈 우승만이 진정한 우승'이라는 고정관념은 삼성이 1985년의 우승을 '진정한 우승'으로 받아들이기 어렵게 만들었다.

한 야구 원로는 "만일 삼성이 통합우승을 우승으로 여기고 인정했다면, 그 이후 한국시리즈에서 결과는 전혀 달라졌을지 모른다"며 다음과 같이 말했다.

"안타깝게도 삼성 구단에선 통합우승은 진짜 우승이 아니라는 식의 견해를 가진 이들이 많았다. 그 결과 선수들은 우승 뒤에 열린 1986년, 87년의 한국시리즈에서도 '반드시 우승을 해야 한다'는 부담 속에 경기를 치러야 했다. 만일 그와 반대로 구단이 '우승은 이미 한 차례 했으니 편하게 경기하라'는 기조로 한국시리즈에 임했다면, 선수들이 부담감을 벗고 훨씬 좋은 플레이를 할 수 있지 않았을까 하는 아쉬움이 있다. 그랬다면 2002년의 기쁨은 그보다 훨씬 전에 누릴 수 있지 않았을까."

3대 김영덕 감독 시즌별 성적(1983.11.01~1986.10.20)

연도	경기수	승리	패배	무승부	승률	최종순위
1984년	100	55	45	0	0.550	2위
1985년	110	77	32	1	0.706	1위
1986년	98	65	32	1	0.670	2위
합계	308	197	109	2	0.644	

정동진 감독대행 시즌 성적(1986.04.25~1986.05.09)

연도	경기수	승리	패배	무승부	승률	최종순위
1986년	10	5	5	0	0.500	임시대행

 1986년과 1987년의 한국시리즈에서 삼성은 2년 연속으로 해태와 상대했다. 그리고 1986년에는 1승 1패 뒤 내리 3연패를 당하며 우승을 내줬고, 이 듬해는 4전 전패로 고개를 떨어뜨려야 했다. 기량 이전에 분위기 싸움에서 완전히 밀린 시리즈였다는 게 많은 이들의 평가다. 해태 선수들은 '절대로 지지 않는다'는 자신감이 충만했다. 반면 삼성 선수들은 시리즈 내내 여유가 없었고, 쫓기는 모습을 보였다. 우승해야 한다는 중압감은 삼성 선수들이 제 기량을 100% 발휘하지 못하게 만드는 족쇄였다.
 원년부터 계속된 한국시리즈 패배의 기억은 삼성 선수들이 '못 이길 것 같다'는 부정적인 생각부터 하게 만들었다. 먼저 점수를 내고 앞선 상황에서도 불안한 건 해태가 아닌 삼성 쪽이었다. 일단 한번 승기를 빼앗기고 나면 무기력했다. 사람들의 말처럼 삼성의 준우승 징크스가 '저주'였다면, 그 저주는 다른 누가 아닌 삼성이 스스로에게 건 주문이나 마찬가지였다.

 2년 연속 준우승에 그친 삼성은 1988년 플레이오프에서 빙그레를 만나 3전 전패로 또 다시 탈락하며 아예 한국시리즈에도 가보지 못했다.
 시즌 뒤 삼성은 롯데와 초대형 트레이드를 단행하며 야구계를 충격에 빠뜨렸다. 11월 22일, 양팀의 간판 스타인 김시진과 최동원이 포함된 4:3 트레이드를 터뜨린 것이다. 이어 12월 20일에는 장효조, 장태수를 보내고 김용철, 이문한을 받는 2:2 트레이드까지 성사됐다.

표면적으로는 "큰 경기에 강한 선수가 필요하다"는 것이 이유였지만, 실제로는 선수협회를 추진한 주역들을 맞바꿔서 영향력을 축소하는 게 목적이었다. 이때 트레이드된 선수들은 대부분 새로운 팀에서 별다른 활약을 하지 못하고 쓸쓸하게 유니폼을 벗어야 했다.

삼성은 프랜차이즈 스타뿐만 아니라 감독들의 무덤이기도 했다. 실제 2000년대 이전까지 역대 삼성 감독 중에 3년 이상 팀에 머문 사령탑은 매우 드물었다. 역대 삼성 감독 중 5할 이하 승률(무승부 포함)을 기록한 이가 이충남, 백인천 두 명에 불과했다는 점을 생각하면 이는 이례적인 일이다.

다른 팀에서는 만족스런 성적으로 여길 만한 한국시리즈 준우승이 삼성에서는 감독 경질의 사유가 되었다. 3대 김영덕 감독이 1986년 준우승 뒤 재계약에 실패한 것을 시작으로, 박영길 감독도 플레이오프 탈락 뒤 곧바로 옷을 벗었다. 정동진 감독은 1990년 한국시리즈에서 LG에 4전 전패한 뒤 물러났고, 김성근 감독은 1992년 준플레이오프 진출을 끝으로 물러나야 했다. 이후에도 서정환 감독, 김용희 감독 등이 팀을 포스트시즌에 올려놓고도 자리에서 물러난 사례가 됐다.

감독의 잦은 교체는 감독과 함께한 코치진의 물갈이를 의미한다. 이는 선수들에게 혼란을 가져오는 것은 물론, 팀내에서 감독의 권위를 크게 약화시키는 좋지 않은 영향을 끼쳤다.

삼성의 숱한 한국시리즈 도전이 실패한 또 하나의 이유다.

구경백 일구회 사무총장은 "만약 삼성이 좀 더 일찍 한국시리즈 우승을 경험했다면 프로야구가 더 발전했을지도 모른다"며 아쉬움을 표한다.

창단 초기만 해도 삼성은 OB와 함께 선진적인 운영으로 본보기가 되는 구단이었다. 1985년 국내 최초로 미국 LA 다저스의 베로비치 캠프에 선수단을 보내 선진 야구를 배워오게 한 것이 대표적인 예다. 그해 삼성은 수비 전술은 물론 주루플레이에서 한 차원 높은 야구를 펼치며 통합우승을 달성했고, 프로야구 전체의 수준이 향상되는 결과를 낳았다. 선수단에 대한 아낌없는 투자와 지원도 돋보였다.

하지만 우승은 늘 삼성이 아닌 해태나 롯데 등 '인색한' 구단의 차지였고, 이는 다른 구단들이 투자의 필요성을 과소평가하게 만드는 원인으로 작용했다.

다른 관계자는 "삼성이 프로 초기에 우승했다면 지금쯤 낙후된 대구구장 대신 번듯한 야구전용구장을 쓰고 있을지도 모른다"고 얘기한다. 실제로 1981년 창단작업 당시 삼성 관계자는 "대구 시민은 물론 김천, 경주, 구미 등 위성도시 야구 팬들의 교통 편의를 위해 적절한 곳을 물색해서 야구전용구장을 오는 83년 착공, 85년에 완공하겠다"고 언론에 공표한 바 있다.

하지만 번번이 한국시리즈에서 물을 먹으며 구장 신축 계획은 없던 이야기가 되었고, 그 결과 대구시민운동장이 지금까지도 홈구장으로 쓰이는 비극이 벌어지게 되었다는 것이다.

4대 박영길 감독 시즌별 성적(1986.11.24~1988.11.13)

연도	경기수	승리	패배	무승부	승률	최종순위
1987년	108	64	44	0	0.593	2위

1988년	108	56	50	2	0.528	3위
합계	216	120	94	2	0.561	

5대 정동진 감독 시즌별 성적(1988.11.14~1990.11.01)

연도	경기수	승리	패배	무승부	승률	최종순위
1989년	120	57	58	5	0.496	4위
1990년	120	66	52	2	0.558	2위
합계	240	123	110	7	0.528	

6대 김성근 감독 시즌별 성적(1990.11.02~1992.10.04)

연도	경기수	승리	패배	무승부	승률	최종순위
1991년	126	70	55	1	0.560	3위
1992년	126	67	57	2	0.540	4위
합계	252	137	112	3	0.550	

암흑기의 도래

1993년 삼성은 또 한 차례 한국시리즈 우승 기회를 맞이했다.

이해 삼성은 기존의 김상엽과 성준에 2년차 좌완 김태한과 신인 박충식이 각각 14승을 따내며 강력한 마운드를 구축했다. 기존 베테랑에 양준혁, 동봉철, 정영규 등 젊은 타자들이 가세한 타선도 막강했다. 시즌 순위는 해태에 7게임 뒤진 2위.

한국시리즈에서 해태와 맞붙은 삼성은 4차전까지 2승 1무 1패로 먼저 앞서 나갔다. 1차전을 내준 삼성은 2차전에서 김태한이 완봉 역투를 펼치며 지긋지긋한 한국시리즈 12연패 사슬을 끊었고, 3차전에서는 신예 박충식이 연장 15회를 혼자 버티며 무승부를 기록했다. 4차전도 삼성의 8-2 완승.

하지만 삼성의 우승 꿈은 잠실로 장소를 옮긴 5~7차전에서 물거품이 됐다. 나갔다 하면 뛰는 해태 신인 유격수 이종범의 빠른 발에 내야가 완전히 유린당하며 3연패를 당한 것. 결국 삼성은 통산 여섯 번째 준우승에 머물렀고, 지독한 징크스를 또 한 번 확인해야 했다.

그리고 암흑기가 찾아왔다. 이듬해인 1994년, 삼성은 주전들의 잇단 부상과 부진 속에 시즌 5위를 기록하며 포스트시즌 진출에 실패했다. 6팀 중 4위에 그친 1983년을 제외하고는 단 한 번도 포스트시즌 진출에 실패한 적이 없는 삼성에게 5위라는 성적은 큰 충격으로 받아들여졌다.

1995년 정확히 5할 승률을 기록하고도 또 다시 5위에 그친 삼성은, 1996년에는 54승 5무 67패(승률 .448)로 창단 이래 최악의 성적을 내기에 이른다. 3년 연속 포스트시즌 진출 실패도 처음 겪는 일이었다. 1994~6년의 3년간은 삼성 라이온즈 역사상 가장 암울했던 시기로 지금까지 남아 있다.

7대 우용득 감독 시즌별 성적(1992.10.05~1995.09.28)

연도	경기수	승리	패배	무승부	승률	최종순위
1993년	126	73	48	5	0.599	2위
1994년	126	60	64	2	0.484	5위
1995년	126	60	60	6	0.500	5위
합계	378	193	172	13	0.529	

무엇이 문제였을까.

가장 큰 문제는 80년대 후반부터 90년대 초까지 삼성을 이끈 주전 멤버들의 노쇠화였다. 1993년 준우승 당시에도 김성래, 류중일, 이만수, 이종두 등 베테랑들 대다수가 30대를 훌쩍 넘긴 노장 축에 들었다. 분명 세대교체가 필요한 시점이었다.

하지만 1990년대 초반 대구와 경북 지역 아마야구의 침체로 삼성에는 쓸 만한 신예가 드물었다. 실제 1991년 이후 삼성의 1차 지명 선수 명단을 보면 이영재(1991년), 감병훈(1994년), 안윤호(1995년), 황성관(1997년), 정성열(1999년) 등 1군에서 별다른 보탬이 되지 못한 선수가 대부분이다. 1996년부터 도입된 고졸 우선 지명에서도 김헌수, 김성훈, 권영철(1996년), 설재호, 황영구(1997년), 이준민(1998년), 이성훈(1999년) 등 실패의 연속이었다.

특히 마운드 쪽에서는 쓸 만한 선수가 아예 없을 정도로 문제가 심각했다. 이에 삼성은 미국으로 눈을 돌려 최용희, 최창양 등을 영입했지만 모두 실패로 끝났다.

긴긴 암흑기 속에서 삼성 팬들의 유일한 낙은 이승엽과 양준혁 등 새로운 스타들이 선보인 활약이었다. 양준혁(1993년), 김한수(1994년), 이승엽(1995년), 정현욱, 정경배(1996년) 등이 이 시기에 삼성 유니폼을 입고 등장했다. 1997년에 주전으로 발돋움하는 최익성, 신동주 등도 비슷한 시기 연습생으로 입단해 2군에서 구슬땀을 흘렸다.

또한 1996년에는 최신식 전용훈련장 「경산볼파크」가 개장하며 2군과 신인 선수들의 기량 향상에 가속도가 붙었다. 스타 군단이던 삼성이 뒤늦게나마 선수 발굴과 육성의 중요성을 깨달은 것이다.

실제 삼성은 경산 개장 이듬해인 1997년부터 2군에서 좋은 선수들을 계속 배출하며 2008년까지 12년 연속 포스트시즌에 진출하는 수확을 거두었다. 현재 삼성에서 주전으로 뛰고 있는 선수들 대부분은 신인으로 입단한 뒤 여러 해 동안 경산에서 훈련을 받은 「경산팜」 출신이다.

1997년, 삼성은 긴 암흑기를 벗어나 4년 만에 포스트시즌 진출에 성공했다. 기존의 이승엽과 양준혁, 김한수는 물론 연타석 만루 홈런의 주인공인 정경배와 동반으로 20-20 클럽에 가입한 연습생 출신 최익성, 신동주 등의 활약이 돋보였다.

비록 플레이오프에서 LG에 2승 3패로 패하면서 한국시리즈 진출은 실패했지만, 젊은 선수들로 세대교체를 이루며 거둔 성과이기에 그 의의는 더 커다란 것이었다. 그리고 이듬해인 1998년에도 삼성은 정규시즌 2위로 플레이오프에 진출, 점점 강해지는 전력을 확인했다.

8대 백인천 감독 시즌별 성적(1995.09.29~1997.06.23, 1997.08.01~1997.09.03)

연도	경기수	승리	패배	무승부	승률	최종순위
1996년	126	54	67	5	0.448	6위
1997년	85	44	36	5	0.484	중도퇴진
합계	211	98	103	10	0.488	

조창수 감독대행 시즌 성적(1997.06.24~1997.07.31, 1997.09.04~1997.10.29)

연도	경기수	승리	패배	무승부	승률	최종순위
1997년	41	22	17	2	0.564	4위

「쩐」의 전쟁

1998년, 삼성의 참을성을 시험하는 사건이 벌어졌다.

재계 라이벌 현대가 팀을 창단한지 불과 3년 만인 1998년에 한국시리즈에서 우승을 차지한 것이다. 현대는 창단 초기부터 과감한 투자와 공격적인 선수 영입으로 프로야구 판을 뒤흔들었다. 특히 1998년에는 자금난에 시달리는 쌍방울의 주축 선수들을 현금 트레이드로 대거 영입, 막강 전력을 과시하며 정규시즌 1위와 한국시리즈 우승을 달성했다.

"프로야구는 재벌 대기업의 대리전과도 같다. 아침 신문 표지에 '현대, 삼성에 완승'이란 제목이 큼지막하게 나와 있을 때 그룹 고위층과 직원들이 어떤 기분일지 생각해 보면 된다."

현대 유니콘스 전성기를 코치로 함께 한 모 아마야구 지도자의 말이다.

이에 삼성은 유망주를 육성해서 팀의 체질을 개선하려는 장기적인 목표를 뒤로 하고, 자금력을 앞세운 현대의 방식을 뒤따르게 된다. 간판타자 양준혁을 해태 임창용과 3:1 트레이드로 맞바꾼 것을 시작으로, 그해 12월 25일에는 쌍방울 간판타자 김기태와 20승 투수 김현욱을 현금 20억 원+선수 2명과 맞바꿨다.

삼성과 현대의 경쟁적인 현금 트레이드로 쌍방울은 핵심 전력을 전부 잃고 최약체로 전락했다. 또한 두 팀의 무분별한 현금 트레이드는 프로야구 팀 간 전력 균형이 무너지면서 리그의 근간이 흔들리는 폐해를 남겼다.

그러나 '쩐'의 전쟁에서 승리를 거둔 쪽은 현대였다. 같은 현금 트레이드라도 현대는 박경완, 이명수 등 팀에 꼭 필요한 선수들을 적절하게 영입한 반면, 삼성의 영입은 '잘하는 선수는 무조건 데려오고 본다'에 가까웠다.

이는 포지션 중복과 수비력 저하라는 악재로 이어졌다. 1루수만 세 명(이승엽, 김기태, 스미스)이던 1999년이 대표적인 예다. 중심타자 셋이 포지션이 겹치면서 어쩔 수 없이 그때까지 외야 수비라고는 단 한 번도 해본 적이 없는 스미스가 좌익수를 봐야 하는 사태가 벌어졌고, 이로 인해 삼성은 수비에서 엄청난 손해를 봐야 했다.

또한 전력 보강이 주로 타선 쪽에 집중된 반면, 마운드는 임창용, 김현욱이 가세했는데도 여전히 수적으로나 질적으로나 열세를 면치 못했다. 그 결과 임창용은 1999년에는 마무리 투수로 주로 나서면서도 $138\frac{2}{3}$이닝을 던지며 혹사에 시달렸고, 이는 롯데와의 플레이오프에서 충격의 역전패를 당하는 결과를 낳았다.

9대 서정환 감독 시즌별 성적(1997.10.30~1999.11.10)

연도	경기수	승리	패배	무승부	승률	최종순위
1998년	126	66	58	2	0.532	2위
1999년	132	73	57	2	0.562	3위
합계	258	139	115	4	0.547	

10대 김용희 감독 시즌 성적(1999.11.11~2000.12.01)

연도	경기수	승리	패배	무승부	승률	최종순위
2000년	133	69	59	5	0.539	3위

김용희 감독을 영입한 2000년에도 우승과는 연을 맺지 못한 삼성은, 시즌이 끝나자 해태에서 9차례 우승을 거둔 명장 김응룡 감독을 제11대 사령탑에 선임했다. 김응룡 감독은 해태에서 삼성의 우승 도전을 수없이 가로막은 장본인. 어제의 '적'을 감독 자리에 앉힐 만큼 삼성의 우승에 대한 열망은 강했다.

김응룡 감독은 부임 첫해인 2001년 정규시즌 1위를 기록, 팀을 한국시리즈로 이끌며 기대에 부응하는 듯 보였다. 하지만 한국시리즈에서는 두산과 난타전을 벌인 끝에 2승 4패로 패배하며 자신의 감독 생활 첫 한국시리즈 실패를 맛봤다. 당시 두산에서 한국시리즈를 경험한 안경현 SBS-ESPN 해설위원은 "1차전 삼성이 이긴 뒤 비가 와서 2차전이 하루 연기된 것이 두산에게 유리하게 작용했다"고 회상한다. 또한 삼성이 외국인 선수 갈베스의 관리에 실패했던 것도 패착 중 하나였다.

시즌 뒤 김응룡 감독은 SK에서 브리또와 오상민을 영입하고 김상진, 김태한 등 베테랑 선수 6명을 보내는 초대형 트레이드를 단행했다. 팀에 꼭 필요한 유격수와 좌완 불펜을 영입하는데 성공하면서 선수진 운영에 숨통이 트였다. 또한 LG에서 FA로 풀린 양준혁을 다시 삼성으로 데려와 팀의 구심점으로 삼았다.

결과는 달콤했다. 삼성은 전년도의 실패를 딛고 또 한 번 한국시리즈 직행에 성공했다. 또한 한국시리즈에서는 김성근 감독이 이끄는 LG의 끈질긴 추격을 뿌리치고 4승 2패로 우승, 드디어 숙원이던 한국시리즈 우승의 감격을 맛봤다.

특히 마지막 6차전에서는 9-6으로 뒤진 9회말, 시리즈 내내 18타수 1안타로 부진하던 이승엽의 동점 3점 홈런과 마해영의 끝내기 홈런으로 이어지는 백투백 홈런으로 역대 한국시리즈 중 가장 극적인 승리를 맛봤다. 경기를 지켜본 대구 팬들의 눈에서는 기쁨의 눈물이 그치지 않았다.

2003년에는 이승엽이 시즌 56홈런의 최다홈런 신기록을 달성했다. 이승엽의 신기록 달성이 다가오면서 삼성이 가는 구장마다 외야에는 홈런볼을 잡으려는 관중들의 경쟁이 치열했다.

하지만 지나치게 이승엽 한 사람만 스포트라이트를 받은 탓인지, 삼성의 팀 분위기는 시즌 내내 어수선했다. 3위로 진출한 준플레이오프에서는 한 수 아래 전력으로 평가된 SK에 제대로 힘 한번 쓰지 못하고 무너졌다.

당시 한 선수는 취재진이 있는 앞에서도 노골적으로 "우리 팀이 승엽이 팀입니까?"라고 불만을 표할 정도로 분위기가 좋지 않았다.

이승엽은 시즌 뒤 일본 프로야구 지바 롯데 마린스로 진출했다.

명문 구단으로의 도약

2004년 처음이자 마지막으로 삼성과 현대가 한국시리즈에서 만난 해다. 삼성은 시즌 초반만 해도 연패의 늪에 빠지면서 하위권을 맴돌았지만, 새로운 에이스로 등장한 배영수의 호투에 힘입어 결국은 2위로 시즌을 마감했다.

현대와의 한국시리즈는 무려 세 차례나 무승부가 나오면서 9차전까지 가는 혈전이었다. 결과는 4승 3무 2패로 현대의 우승이었다.

비록 우승은 내줬지만 삼성은 시즌 뒤 오랜 숙원을 풀어준 김응룡 감독을 야구인 최초로 구단 사장으로 승진시켰고, 선동열 수석코치를 새 감독에 선임했다. 역대 프로야구 사상 최고 스타를 감독으로 얻게 된 삼성은 FA로 심정수와 박진만 영입이라는 큰 선물을 선동열 감독에게 안겨주었다.

11대 김응룡 감독 시즌별 성적(2000.12.02~2004.11.08)

연도	경기수	승리	패배	무승부	승률	최종순위
2001년	133	81	52	0	0.609	2위
2002년	133	82	47	4	0.636	1위
2003년	133	76	53	4	0.589	3위
2004년	133	73	52	8	0.584	2위
합계	532	312	204	16	0.605	

선동열 감독은 부임 초기 막강 공격력에만 의존하던 삼성의 팀 컬러를 바꾸는 데 주력했다. 「지키는 야구」를 표방한 선동열 감독의 야구는 화끈한 타격에 익숙한 기존 삼성 팬들에게 '재미없는 야구'라는 반발을 사기도 했지만, 결과는 2005년, 2006년 2년 연속 한국시리즈 우승이라는 확실한 성공으로 나타났다.

실제 두 번의 우승 동안 삼성이 보여준 경기 내용은 허약한 투수력 때문에 큰 경기 때마다 무너지던 과거와는 확연히 다른 모습이었다. 특히 마무리 오승환을 비롯하여 권오준, 권혁, 정현욱, 안지만 등으로 구성된 막강한 불펜의 힘을 앞세운 삼성의 야구는 프로야구 전체 판도에도 큰 변화를 가져왔다. 많은 팀이 삼성을 통해 불펜의 중요성을 새롭게 발견하고 구원 투수진 강화에 나선 것이다.

또한 선동열 감독은 가급적 FA를 통한 선수 영입보다는 자체적으로 육성한 선수들에게 많은 기회를 주는 쪽을 선호했다. 그 결과 2005년 이후 삼성은 외부 FA 영입에서 완전히 손을 뗀 모습이다. 히어로즈에서 현금 트레이드로 영입한 장원삼을 제외하면, 현재 삼성의 주력 선수 대부분은 드래프트로 삼성에 입단해 2군에서 실력을 쌓은 '팜 출신'이다. 삼성은 현재 프로야구에서 가장 선수층이 두터운 구단 중 하나로 손꼽힌다.

또한 1998년 양준혁 트레이드로 팬들의 질타를 받은 뒤에는 프랜차이즈 스타 관리에도 많은 정성을 기울였다. 그 결과 김한수, 김재걸 등 2000년대 이후 삼성에서 은퇴한 스타들 대부분이 현재 삼성에서 1, 2군 코치로 후배들을 지도하고 있다.

2010년 대구에서 벌어진 올스타전 식전행사에서는 이만수, 김시진, 김성래, 강기웅 등 한때 구단과 관계가 소원했던 레전드 스타를 대거 초청해 올드 팬들의 큰 호응을 얻기도 했다.

숙원인 한국시리즈 우승을 여러 차례 이뤄낸 삼성에 남은 과제는 딱 하나. 낙후된 대구구장을 떠나 명문 구단의 이름에 어울리는 최신식 구장에서 팬들을 맞이하는 것이다. 다행히 프로야구 열풍에 힘입어 대구시와 삼성 구단이 새 구장 건립에 적극적으로 나선 결과, 약 1,500억 원 규모의 최신식 야구장을 곧 선 보일 전망이다.

한편 선동열 감독이 2010시즌을 끝으로 사임한 뒤 삼성은 프랜차이즈 스타 출신의 류중일을 13대 감독으로 선임했다.

12대 선동열 감독 시즌별 성적(2004.11.09~2011.01.04)

연도	경기수	승리	패배	무승부	승률	최종순위
2005년	126	74	48	4	0.607	1위
2006년	126	73	50	3	0.593	1위
2007년	126	62	60	4	0.508	4위
2008년	126	65	61	0	0.516	3위
2009년	133	64	69	0	0.481	5위
2010년	133	79	52	2	0.549	2위
합계	770	417	340	13	0.551	

류중일 감독은 전임 감독의 유산을 훌륭하게 계승하였다.

2011시즌 팀을 정규시즌과 한국시리즈 우승으로 이끈데 이어 아시아시리즈에서도 일본 프로야구의 소프트뱅크 호크스를 꺾으며 한국 프로야구 구단 최초로 우승을 차지하며 완전한 통합 우승을 일궈내는 뛰어난 지도력을 발휘했다.

13대 류중일 감독 시즌 성적(2011.01.05~)

연도	경기수	승리	패배	무승부	승률	최종순위
2011년	133	79	50	4	0.612	1위

삼성은 2011년 9월 11일 LG 전에서 프로야구 구단 최초로 팀 통산 2000승의 대기록을 작성했다.

그 뿐만 아니라 삼성은 팀 통산 최다홈런과 최다안타 등 대부분의 공격 지표 팀 최고 기록을 보유하고 있다.

그와 함께 프로야구 구단 중 가장 많은 가을야구 진출 기록을 세우는 등 꾸준하게 강팀으로 자리잡아 왔다.

오랜 시련과 시행착오를 거쳐 진정한 명문 구단으로 발돋움한 사자 군단의 질주는 앞으로도 계속될 것이다.

삼성 라이온즈 연도별 관중 현황(인원 : 명)

구분	총관중 수	경기 당 관중 수
1982년	330,467	8,262
1983년	332,942	6,659
1984년	330,205	6,604
1985년	347,286	6,314
1986년	274,050	5,075
1987년	261,137	4,836
1988년	177,774	3,292
1989년	394,893	6,582
1990년	436,610	7,277
1991년	357,852	5,680
1992년	315,708	5,011
1993년	539,102	8,557
1994년	518,504	8,230
1995년	623,970	9,904
1996년	474,663	7,534
1997년	542,957	8,618

구분	총관중 수	경기 당 관중 수
1998년	462,777	7,346
1999년	551,349	8,354
2000년	403,414	6,021
2001년	418,612	6,343
2002년	247,698	3,697
2003년	356,712	5,405
2004년	195,872	2,923
2005년	360,386	5,720
2006년	247,787	3,933
2007년	336,936	5,348
2008년	387,231	6,147
2009년	387,389	5,782
2010년	455,246	6,898
2011년	508,611	7,591
30시즌	11,578,140	6,564

만딩고 김상엽

1970년 5월 11일생
현 NC 다이노스 투수코치

경력	삼성 라이온즈(1989~1999)
	LG 트윈스(2000~2001)
	영남대 야구부 코치(2002~2010)
	오릭스 버팔로스 2군코치(2011)
수상	최다탈삼진 1회(1993년)
기록	통산 258경기 출장
	78승 56패 49세이브 방어율 3.39

1989년, 영화 속에서 보던 「만딩고」가 대구구장 마운드에 나타났다. 큰 키에 떡 벌어진 체격조건, 까무잡잡한 피부, 두툼한 입술, 그러면서도 앳되고 곱상한 얼굴이 영락없이 영화 속 「만딩고」였다. 대구고를 졸업한 삼성 신인 투수 김상엽.

나중에 「달구벌의 폭격기」라는 그럴싸한 별명이 붙기도 했지만, 팬들은 언제나 그를 「만딩고」라 불렀다. 본인도 그걸 원했다. 인터넷에서 쓰는 아이디도 「딩고」일 정도다.

"달구벌 폭격기라는 건 별로예요. 무등산 폭격기 흉내낸 거 같잖아요. 하지만 만딩고는 저 하나밖에 없으니까요."

하지만 운명이 별명을 따라간 것일까.
현역 시절 김상엽은 혹사의 대명사였다. 요즘 하는 말로 「노예」의 원조였다. 팀이 자신을 필요로 할 때마다 몸을 아끼지 않고 마운드에 올랐다.

"중학교, 고등학교 때부터 거의 혼자 다 던졌습니다. 프로 들어와서도 많이 던졌죠. 선발, 중간, 마무리 전부 다 하면서 160이닝, 180이닝씩 던지고 했으니까요."

데뷔 2년차인 1990년에는 무려 44경기에서 12승 6패 18세이브를 기록했다.
"제가 선발 가면 마무리가 없고, 마무리를 가면 선발이 없고, 일단 선발로 나가면 뒤가 없으니까 길게 던져야 하고. 한번은 더블헤더 1차전에서 3이닝 세이브한 뒤 2차전에 선발로 나가 완투해야 한 적도 있었죠."

혹사와 함께 부상도 김상엽을 괴롭혔다.
1991년 시즌을 앞두고 전지훈련이 한창이던 어느 날. 술에 취해 한밤중에 숙소에 돌아온 룸메이트가 곤히 잠들어 있던 김상엽의 발을 밟는 사고가 났다.
다행히 예상보다 회복이 빨라 4월 5일 시즌 개막전에는 나설 수 있었지만, 진짜 문제는 그때부터였다.
"처음 두 달 정도는 힘으로 밀어붙여서 그럭저럭 던질 만 했어요. 그런데 나중에 밸런스가 안 맞기 시작하니까, 내 스스로가 조금씩 자신감이 떨어지더라고요. 그때부터 던질 때 손이 말리고, 공이 안 가기 시작하고. 일종의 스티브 블래스 증후군(Steve Blass Syndrome, 아무 이유 없이 투수가 스트라이크존에 공을 던지지 못하는 증상) 같은 게 생긴 거죠. 한창 잘 던질 때도 머릿속에서는 이러다 또 안 되겠지, 무조건 부정적인 생각이 들었어요."

「격년제 에이스」라는 달갑지 않은 딱지가 붙은 것도 그래서다.
1990년 최고의 활약을 펼친 뒤 1991년에 부진했고, 1993년에도 13승 8세이브를 따낸 뒤 이듬해는 7경기 2승에 그쳤다. 1995년에는 17승으로 생애 최다승을 거뒀지만 1996년 8경기 3승으로 또다시 주저앉았다.
"시즌 초반에 운이 맞아 갖고 성적 좋고 잘 풀리면 그해는 잘했어요. 그런데 시즌 초에 몇 번 말아 먹고 꼬이고 하면, 그해는 어김없이 그 증세가 나오는 겁니다. 물론 많이 던진 탓에 한 해 걸러 아프고 했던 것도 원인이고요. 항상 자고 일어나도 개운하지가 않고 목욕탕 가면 팔이 안 들리고 했으니까요."

12승을 거둔 1997년은 마지막 불꽃을 태운 시즌. 고질적인 허리 통증을 참고 역투한 끝에 팀을 4년 만에 포스트시즌 무대로 이끌었다.
하지만 다음해인 1998년, 허리 디스크와 어깨 관절 부상이 도졌고 '어김없이' 8경기 3승에 머물렀다.
그리고 1999년 12월, 삼성과 FA 계약한 김동수의 보상선수로 LG로 팀을 옮겼고, 재활과 수술을 거듭하다 2001년 아쉽게 유니폼을 벗었다.
"야구를 더 했어야 하는데, 재활이 너무 힘들더라고요. 몸도 그렇지만 정신적으로 워낙 힘들었으니까. 그때는 어린 마음에 경솔한 생각을 하지 않았나 싶어요. 지금 돌아보면 계속 했어야 하는데 왜 그만뒀을까 하는 아쉬움이 있죠."

김상엽 코치는 은퇴 후 2003년부터 영남대학교에서 투수코치를 맡아 야구와의 끈을 이어갔다. 삼성 시절 스승인 권영호 감독(삼성 스카우트)과 함께 8년 동안 선수들을 가르쳤다.
2004년에는 야구 인생 처음으로 소속팀 우승의 감격을 누렸고, 손승락과 이재영 등 프로 선수도 여럿 배출했다.
그리고 지난해는 「코리안 특급」 박찬호를 통해 일본 프로야구 오릭스 블루웨이브에서 1년간 지도자로 연수하는 기회를 가졌다.
"처음 제안을 받았을 때 무척 좋은 기회라고 생각했습니다. 그전부터 공부가 하고 싶었거든요. 물론 걱정도 됐죠. 연봉이 따로 나오는 게 아니기 때문에 가족의 생계가 걱정됐죠. 그런데 아내는 무조건 가야 한다고 하더군요. 온 식구가 일 년 동안 라면만 먹더라도 공부해야 한다고. 만약 아내가 안 된다고 했으면 고민을 했을지도 모르는데, 덕분에 결정을 내리기가 어렵지 않았습니다."

김상엽은 일면식도 없던 자신에게 기회를 제공한 박찬호에 대한 고마움을 지금도 잊지 않고 있다.

"미국야구에서 경험한 이야기들을 자주 들려 줬는데, 그 얘기를 듣는 게 정말 좋았습니다. 박찬호는 야구를 정말로 좋아하는 선수에요. 뭐가 아쉬워서 그 나이에 한국까지 와서 선수 생활을 하려고 하겠어요. 야구가 정말 좋아서죠. 대단한 선수입니다. 매우 아름다운 생각을 갖고 있는 사람이라고 생각해요."

공부를 마치고 돌아오자, 또 다른 기회가 열렸다.
신생 구단 NC 다이노스의 투수코치로 은퇴 11년 만에 프로야구에 복귀하게 된 것. 김상엽 코치는 NC에서 젊은 선수들과 호흡하며 훈련하는 일이 '재미있다'고 말한다.
"기존 구단에는 기량이 어느 정도 완성된 선수가 많지만, NC는 신생팀이다 보니 신인급 선수들이 많잖아요. 어린 선수들 가르치는 게 또 재미가 쏠쏠하거든요."

그는 선수를 지도자가 가르치고 뜯어고쳐서 '만든다'고 생각하지 않는다. 그보다는 자신도 함께 배우고, 선수와 대화하며 '돕는다'는 자세다.
"저도 최일언 코치님과 선배 코치들께 많이 배우고 있습니다. 코치가 할 일은 선수에게 자신감 심어 주고, 대화 나누고, 성실하게 운동하도록 돕는 거라고 생각해요. 그러다 보면 시속 140㎞ 던지던 선수가 자연스럽게 150을 던지게 되는 거죠. 저 역시도 그랬으니까요."

달구벌 에이스로 출발해 부상과 슬럼프, 긴긴 재활, 정신적인 고통, 방황 등 숱한 우여곡절을 겪은 김상엽.

이제 그는 자신이 누린 성공과 실패의 경험을 토대로, 새로 시작하는 NC의 선수들과 함께 호흡할 참이다.

5

삼미-청보-태평양-현대

프로야구 사상 가장 다이내믹한 역사의 팀

_1982년 02월 05일 창단
_1985년 06월 29일 변경
_1988년 03월 08일 변경
_1996년 03월 10일 변경
_2008년 03월 10일 해체

한 시즌 최저 승률(삼미, 1982년 0.188)
단일팀 최다 연패(삼미, 1985년 18연패)
정규시즌 1위 4회(현대, 1998, 2000, 2003~04)
한국시리즈 우승 4회(현대, 1998, 2000, 2003~04)
한국시리즈 준우승 2회(태평양, 현대 각 1회)
한국시리즈 노히트노런(현대, 1996년 4차전 정명원, 유일)
단일시즌 팀 최다승(현대 2000년, 91승)
통산 총관중 8위(2007시즌, 누적 6,339,786명)

BASEBALL CHRONICLE

통산 정규시즌
(PO=플레이오프, 준PO=준플레이오프)

연도	포스트시즌	정규시즌	경기	승	패	무	승률
1982		전기 6위 후기 6위	80	15	65	0	0.188
1983		전기 2위 후기 3위	100	52	47	1	0.525
1984		전기 6위 후기 6위	100	38	59	3	0.392
1985		전기 6위 후기 4위	110	39	70	1	0.358
1986		전기 6위 후기 7위	108	32	74	2	0.302
1987		전기 7위 후기 6위	108	41	65	2	0.389
1988		전기 6위 후기 7위	108	34	73	1	0.319
1989	PO 패	3위	120	62	54	5	0.533
1990		5위	120	58	59	3	0.496
1991		5위	126	55	69	2	0.444
1992		6위	126	56	67	3	0.456
1993		8위	126	34	82	10	0.310
1994	준우승	2위	126	68	55	3	0.552
1995		7위	126	48	73	5	0.401

연도	포스트시즌	정규시즌	경기	승	패	무	승률
1996	준우승	4위	126	67	54	5	0.552
1997		6위	126	51	71	4	0.421
1998	우승	1위	126	81	45	0	0.643
1999		드림 3위 (통합 5위)	132	68	59	5	0.535
2000	우승	드림 1위 (통합 1위)	133	91	40	2	0.695
2001	PO 패	2위	133	72	57	4	0.558
2002	준PO 패	3위	133	70	58	5	0.547
2003	우승	1위	133	80	51	2	0.611
2004	우승	1위	133	75	53	5	0.586
2005		7위	126	53	70	3	0.431
2006	PO 패	2위	126	70	55	1	0.560
2007		6위	126	56	69	1	0.448
통산	26시즌		3137	1466	1594	78	0.479

통산 포스트시즌
69전 34승 32패 3무 (한국시리즈 39전 18승 18패 3무)

연도	최종 결과	라운드	상대	결과 승/패	승	패	무
1989	PO 패	준플레이오프	삼성 라이온즈	승	2	1	0
		플레이오프	해태 타이거즈	패	0	3	0
1994	준우승	플레이오프	한화 이글스	승	3	0	0
		한국시리즈	LG 트윈스	패	0	4	0
1996	준우승	준플레이포	한화 이글스	승	2	0	0
		플레이오프	쌍방울 레이더스	승	3	2	0
		한국시리즈	해태 타이거즈	패	2	4	0
1998	우승	한국시리즈	LG 트윈스	승	4	2	0
2000	우승	플레이오프	삼성 라이온즈	승	4	0	0
		한국시리즈	두산 베어스	승	4	3	0
2001	PO 패	플레이오프	두산 베어스	패	1	3	0
2002	준PO 패	준플레이오프	LG 트윈스	패	0	2	0
2003	우승	한국시리즈	SK 와이번스	승	4	3	0
2004	우승	한국시리즈	삼성 라이온즈	승	4	2	3
2006	PO 패	플레이오프	한화 이글스	패	1	3	0

역대 감독
(대행 포함 13명)

	성명	재임 기간	경기	승	패	무	승률
삼미	박현식	1982.01.08~1982.04.26 1983.09.02~1983.10.25	33	11	21	1	0.344
	이선덕(대행)	1982.04.27~1982.11.10 1983.07.05~1983.09.01	97	29	68	0	0.299
	김진영	1982.11.11~1983.06.03 1984.02.14~1985.04.28 1985.06.25~1985.10.16	208	85	119	4	0.417
	이재환(대행)	1983.06.04~1983.07.04	14	5	9	0	0.357
	신용균(대행)	1985.04.29~1985.06.24	38	14	24	0	0.368
청보	허구연	1985.10.17~1986.05.11 1986.06.18~1986.08.06	57	15	40	2	0.273
	강태정	1986.05.12~1986.06.17 1986.08.07~1988.04.22	174	59	113	2	0.343
태평양	임신근	1988.04.23~1988.09.09	93	33	59	1	0.360
	김성근	1988.09.10~1990.10.31	240	120	113	7	0.515
	박영길	1990.11.01~1991.10.22	126	55	69	2	0.444
	정동진	1991.10.23~1995.10.21	504	206	277	21	0.427
현대	김재박	1995.11.02~2006.10.19	1427	778	613	36	0.559
	김시진	2006.11.06~2007.11.30	126	56	69	1	0.448

삼미 슈퍼스타즈 –
크립토나이트 행성의 슈퍼맨

「삼미는 결국 끝까지 걸어갔고, 그 리그의 한복판에서 비로소 '자신의 야구'를 완성했으니까. 이는 정말 위대한 업적이야. 전성기의 뉴욕 양키스나 요미우리 자이언츠도 결코 '자신의 야구'를 완성하지는 못했어. 아니, 결코 그 어떤 프로 팀도 '자신의 야구'를 완성한 적은 없었지. 왜? 그들의 목표는 한결같이 우승이었으니까. (중략) 그 '자신의 야구가 뭔데?' 그건 '치기 힘든 공은 치지 않고, 잡기 힘든 공은 잡지 않는다'야. 그것이 바로 삼미가 완성한 '자신의 야구'지. 우승을 목표로 한 다른 팀들로선 절대로 완성할 수 없는 – 끊임없고 부단한 '야구를 통한 자기 수양'의 결과야.」
-『삼미 슈퍼스타즈의 마지막 팬클럽』에서 발췌

소설『삼미 슈퍼스타즈의 마지막 팬클럽』에 나오는 한 대목이다. 삼미 슈퍼스타즈는 그런 팀이었다. 슈퍼맨처럼 나타나 한국 프로야구의 출범을 도왔지만 맹수와 거인이 우글거리는 정글에서 그들의 먹이가 되어 사라졌다.

1981년 8월 프로야구 창설 움직임이 본격화되면서 겪은 가장 큰 어려움은 구단을 창단할 기업이었다. 특히 인천은 어느 기업도 나서지 않는 '사고 지역'이었다. 창단 제1순위였던 현대에 이어 한국화장품, 대한항공이 잇따라 창단 거부 의사를 분명히 밝힘으로써 인천 지역 야구단 창단은 난항에 휩싸였다. 이에 인천을 공석으로 두고 이미 참여가 확정된 5개 구단만으로 프로야구를 출범하자는 의견도 나왔다.

그럴 때 구세주처럼 등장한 이가 김현철 삼미 회장이었다. 인천 지역을 맡을 연고 기업이 없어서 프로야구 출범이 난항을 겪고 있다는 소식을 듣고 스스로 나선 것이다.

팀명은 악의 무리로부터 지구를 지키는 슈퍼맨에서 따온 「슈퍼스타즈」. 그러나 1982년 프로야구 개막전에 등장한 것은 '치어리더' 원더우먼이었는데 당시는 여성이 피켓을 들고 나오는 게 상식이었기 때문에 슈퍼맨과 동급 내지는 동료로 인식되는 원더우먼이 대신 참석한 것이다.

우여곡절 끝에 1982년 2월 5일 인천상공회의소 강당에서 23명의 슈퍼맨이 참가한 삼미의 창단식이 열렸다.

삼미 슈퍼스타즈 창단 멤버

감 독	박현식
코 치	이선덕, 이춘근
투 수	인호봉, 이동주, 박경호, 김동철, 이하룡, 한상연, 김재현

포 수	최영환, 금광옥, 김진철
내야수	이철성, 송경섭, 조흥운, 장정기, 허운, 이찬선, 김경남, 한인철, 김무관
외야수	양승관, 문주모, 김호인, 김구길

삼미는 선수가 부족해서 직장 야구 삼미특수강에서 뛰던 감사용을 보강할 정도로 누가 봐도 6개 구단 중 최약체였다. 하지만 강팀을 한 번씩 잡아내며 도깨비팀으로 불렸다. 그 첫 제물은 강력한 우승 후보 삼성이었다.

3월 30일 프로야구 데뷔 경기인 삼성 전에서 에이스 인호봉이 이만수에게 연타석 홈런을 맞으면서도 5-3으로 완투승을 거뒀다. 첫 단추를 아주 기분 좋게 끼웠지만 이내 전력의 한계를 드러내며 최하위로 추락했다.

특히 4월 25일 춘천에서 열린 OB 전에서는 경기 초반 8-0으로 앞서다가 11-12로 대역전패 당하며 분위기가 급락했다. 이것이 계기가 되어 4월 27일 박현식 창단 감독이 성적 부진의 책임을 지고 프로야구 사상 최초로 퇴진했고, 이후 이선덕 코치가 감독대행이 되어 팀을 이끌었지만 탈꼴찌는 안드로메다만큼이나 멀리 있었다.

이해 전·후기리그에서 거둔 승률 0.188(15승 65패)은 프로야구 역대 최저 기록으로 남아 있다.

1982년, 삼미가 원년 우승팀 OB에 단 한 번도 이기지 못하고 16전 전패를 기록하는 등 상위권과 하위권의 전력 차가 크게 나타나자 KBO는 결단을 내렸다. 해외 동포 선수에게 문호를 개방하기로 한 것. 애초 1985년부터 시행할 방침이었지만 전력 균형을 위해 1983년으로 앞당겼다.

이에 삼미는 일본 프로야구에서 통산 91승(84패)을 거둔 장명부와 1982

년 2군 웨스턴리그 타율 2위(0.339)에 오른 이영구를 영입했다. 여기에 1982년 세계야구선수권대회 우승 멤버인 임호균, 김진우, 정구선, 이선웅 등이 가세하면서 전력이 탄탄해졌다.

또 박현식 초대 감독과 함께 '인천 야구의 대부'이며 맹장인 김진영 인하대 감독을 사령탑에 올리는 등 일련의 움직임은 재창단을 방불케 했다.

계약금과 연봉을 합쳐 1억3천만 원에 부대비용으로 5천만 원을 받은 장명부는 「1억 원의 사나이」로 불렸다. 그러나 시범경기 때만 해도 기대보다는 우려가 더 컸다. 특유의 엉거주춤한 투구폼과 아리랑 볼에 가까운 구속에 야구인들은 입을 모아서 "일본 프로야구의 퇴물을 너무 비싸게 사 왔다"고 지적했다. 하지만 주변의 지적에 "타자들을 테스트하고 있을 뿐"이라며 대수롭지 않게 대꾸하던 장명부의 진가는 시즌 경기에서 나타났다.

삼미가 치른 100경기 중 60경기에 출장해 30승 16패 6세이브를 올린 것. 최다선발(44), 최다완투(36), 최다이닝(427$\frac{1}{3}$이닝), 최다타자 상대(1,712), 최다실점(175) 등 각종 단일 시즌 기록을 세웠다.

다양한 구종을 구사했지만 구위 자체가 좋은 것은 아니었다. 당시 코치였던 이재환 일구회 회장은 "볼 스피드의 완급 조절과 제구력, 그리고 마운드 운영 능력이 아주 뛰어났다"고 밝혔다.

1983년 '원투 펀치' 장명부와 임호균은 42승을 합작했다. 이해 삼미가 거둔 승수는 52승이었다. 그럼에도 삼미는 한국시리즈를 밟지 못했다. 전·후기리그 모두 2위에 그쳤기 때문이다.

6월 6일 전기리그 우승까지 매직넘버 11을 기록하며 유리한 고지에 올랐으나 남은 12경기에서 3승 9패로 추락하며 해태의 추월을 지켜봤다. 6월 1일 MBC 전에서 심판 판정을 둘러싼 격렬한 항의로 김진영 감독이 구속된 것이 결정적이었다.

후기리그에서도 선두를 달렸지만 8월 22일 백인천 코치 겸 선수가 가정사로 구속되며 동력을 상실했다.

빛이 강하면 어둠도 짙은 법이다. 1983년 삼미에 장명부의 빛이 발했다면 1984년에는 장명부의 어둠이 짙게 내렸다.

"장명부가 감독 이상으로 팀을 좌지우지했다. 투수 육성은 그렇다고 해도 트레이드, 전지훈련까지 깊숙이 개입하면서 삼미의 장명부가 아니라 장명부의 삼미가 됐다."

당시 사정에 밝은 어느 야구 관계자의 지적이다.

1983년 10월 27일, 삼미는 이해 12승을 올린 임호균을 롯데로 보내고 박정후(투수), 김정수(1루수), 권두조(유격수), 우경하(외야수)를 받는 트레이드를 단행했다. "전력 강화를 위해서는 센터 라인을 강화해야 한다"는 장명부의 주장에 따른 것이었다.

임호균의 공백은 박정후, 신태중, 정성만으로 메우겠다는 복안이었지만 1984년 시즌에 이들이 거둔 성적은 14승 27패에 그쳤다. 여기에 장명부 또한 전년도 30승에 따른 1억 원 보너스를 주겠다는 약속이 지켜지지 않자 1984시즌은 태업성 플레이로 일관하며 13승 20패 7세이브로 추락했다.

필드에 나서기 전부터 내부 싸움에 지친 삼미는 전·후기리그에서 다시 꼴찌로 떨어졌다.

1985년은 더 비참했다. 3월 30일 롯데와 치른 개막전에서 5-1로 승리를 올릴 때만 해도 분위기는 'Again 1983'이었다. 그러나 이후 한 달간 단 1승도 추가하지 못하며 18연패라는 프로야구 사상 최다 연패의 늪에서 헤어 나오지 못했다. 4월 30일에서야 MBC를 상대로 최계훈이 4-0 완봉승을 거두며 기나긴 연패의 악몽에서 겨우 벗어날 수 있었다. 이날 인천 도원구장은 한국시리즈 우승이라도 한 듯한 분위기였다.

하지만 연패 탈출의 기쁨도 잠시 5월 1일 경영난을 겪던 삼미는 청보에 구단을 70억 원에 매각한다고 발표했다. 전기리그까지는 삼미 유니폼을 입고 뛰기로 해 6월 21일 롯데전이 고별 무대가 됐다. 삼미로서 치르는 마지막 경기에서 승리를 거두기 위해 선수들은 최선을 다했지만 6-16으로 대패하며 소박한 꿈마저 희망사항으로 끝나고 말았다.

삼미 역대 감독 시즌 성적(1982.01.08~1985.06.02)

성명	재임 기간	경기	승	패	무	승률
박현식	1982.01.08~1982.04.26	13	3	10	0	0.231
이선덕	1982.04.27~1982.11.10	67	12	55	0	0.179
김진영	1982.11.11~1983.06.03	36	22	14	0	0.611
이재환	1983.06.04~1983.07.04	14	5	9	0	0.357
이선덕	1983.07.05~1983.09.01	30	17	13	0	0.567
박현식	1983.09.02~1983.10.25	20	8	11	1	0.421
김진영	1984.02.14~1985.04.28	117	39	75	3	0.342
신용균	1985.04.29~1985.06.24	38	14	24	0	0.368
합계	1982.01.08~1985.06.24	335	120	211	4	0.363

청보 핀토스 – 화제만 몰고 다닌 얼룩말

슈퍼맨을 이어받은 얼룩말의 출발은 불길했다.

6월 29일 후기리그 개막전에서 삼성에 2-5로 진 데 이어 다음날도 4-12로 무너졌다. 유니폼만 바뀌었을 뿐 선수가 그대로였기에 당연한 결과였다.

그래도 7월 2일 MBC 전에서 첫 승을 올렸다. 장단 14안타로 MBC 마운드를 두들기며 9-1로 이겼다. 이러한 분위기에 편승해 후기리그는 전기리그보다 9승을 더 올리며 24승 30패 1무로 4위에 올랐다.

시즌이 끝난 후 청보는 이미지 쇄신을 위해 코치진을 비롯한 선수단에 변화를 줬다.

김진영 감독이 물러나고 허구연 MBC 해설위원이 새롭게 감독이 되었다. 당시 나이 34세7개월로 역대 프로야구 최연소 감독 기록이다.

힘을 잃은 장명부는 방출하고 '또 다른 재일동포 억대 팔' 김기태를 영입했다. 정구선(2루수), 정성만(투수), 우경하(외야수)를 롯데에 주고 임호균, 배경환, 이진우, 양상문(이상 투수), 김진근(내야수)을 받는 대형 트레이드를 성사시켜 마운드 보강에 힘썼다.

그러나 야구는 기대대로 되지 않는 법. 1986년 개막과 함께 7연패에 빠지는 등 삼미 시절과 별반 다를 바가 없었다.

결국, 5월 11일 8승 23패(승률 0.258)의 성적을 남기고 허구연 감독이 강태정 감독대행에게 지휘봉을 일시적으로 넘겼다. 후기리그에 허구연 감독이 사령탑에 복귀했지만 8월 6일까지 7승 2무 17패(승률 0.292)에 그치자 또다시 물러났다.

허구연 해설위원은 당시를 떠올리며 "경험과 역량이 부족한 상태에서 감독이 됐다"며 "초보 감독은 약팀에 부임하면 안 된다"고 강조했다. 강태정 감독이 '대행'을 뗀 1987년에도 최하위를 벗어나지 못했다.

1987시즌이 끝난 후 청보는 프로야구에 뛰어든 지 2년 반 만에 태평양화학에 팔렸다.

1987년 시즌이 개막할 무렵부터 자금난에 시달린 청보는 7월 초부터 태평양화학과 구단 매각을 협의하고 있었다. 3개월간의 밀고 당기는 협상 끝에 10월 6일 50억 원에 구단을 인수인계하기로 정식 계약을 맺었다.

>>> 삼미부터 태평양까지 14년 동안 인천팀은 단 한 번도 한국시리즈 정상에 서지 못했다. 그렇다고 해도 인천 팬들은 항상 삼미와 청보, 태평양을 응원했다. ⓒ 황승식

청보 역대 감독 시즌 성적(1985.06.25~1987.10.05)

성명	재임 기간	경기	승	패	무	승률
김진영	1985.06.25~1985.10.16	55	24	30	1	0.444
허구연	1985.10.17~1986.05.11	31	8	23	0	0.258
강태정	1986.05.12~1986.06.17	23	9	14	0	0.391
허구연	1986.06.18~1986.08.06	26	7	17	2	0.292
강태정	1986.08.07~1987.10.06	136	49	85	2	0.366
합계	1985.06.25~1987.10.05	271	97	169	5	0.365

태평양 돌핀스 – 일회성 돌풍의 주역

이미 청보에서 학습한 것처럼 모기업과 팀 이름이 바뀌었다고 해서 성적이 저절로 오르지 않는다. 태평양도 초반에는 이와 똑같았다. 시즌 개막 이후 15경기에서 1승 14패로 침몰한 것.

강태정 감독이 물러나고 임신근 감독대행이 지휘봉을 잡으면서 전기리그에서는 MBC를 밀어내고 탈꼴찌에 성공했다. 그러나 후기리그에서는 초반 12연패하며 최하위로 주저앉았고, 이후 순위 변동은 없었다.

이에 태평양은 시즌이 끝나고 OB에서 물러난 김성근 감독을 새로운 사령탑으로 영입하며 다음 시즌을 준비했다.

오대산 극기 훈련을 통한 정신 무장과 혹독한 훈련을 견디어 낸 태평양은 1989년 일대 파란을 몰고 왔다.

전기와 후기로 나뉘는 기존 방식에서 벗어나 단일시즌으로 치른 그해에 62승 54패 4무를 기록했다. 감독 한 명 바뀌었을 뿐인데 성적은 최하위에서

3위로 급상승한 것이다.

타격 20위 안에는 단 한 명도 들지 못했지만 신인왕 박정현(19승)을 필두로 정명원(11승), 최창호(10승) 등이 안정된 마운드를 이끈 결과였다.

삼성과 벌인 준플레이오프에서는 1승 1패로 맞선 3차전 연장 10회말 무사 만루에서 곽권희가 끝내기 안타를 치며 플레이오프에 진출했다. 하지만 플레이오프에서는 거함 해태에 막혀 3연패로 물러났다.

인천 팀으로는 최초로 포스트시즌에 진출하며 최고의 성적을 거두자 인천 팬들의 발걸음도 야구장으로 향했다. 그해 태평양이 기록한 관중 수는 전년도 16만 8,000여 명에서 2.5배로 증가한 41만 9,000여 명에 달했다.

그러나 태평양의 돌풍은 이어지지 않았다. 최창호, 정명원, 김동기 등 주축 선수들이 지루한 연봉 싸움으로 전지훈련에 참가하지 못했고, 박정현은 허리 부상으로 전력에서 이탈하면서 전년도 성공의 밑바탕이었던 마운드 3총사가 일제히 빠져나간 것이다. 김성근 감독은 마지막 한 방울까지 짜내며 버텼지만 4강은 너무도 멀리 있었다. 5할에 가까운 승률(0.496)을 기록한 게 기적에 가까웠다.

1990시즌이 끝나고 계약 기간이 1년 남았지만 김성근 감독은 자진해서 사퇴했다. 시즌이 개막하기 전에 쓴 「임호균 각서」에 책임을 진 것이다.

세대교체를 위해 임호균 등 노장 선수들을 정리하라는 구단 지시에 반발하며 "임호균이 5승을 못하면 옷을 벗겠다"는 각서를 작성했던 것. 자신을 믿고 따르는 선수들과의 도리를 위해 감독직을 걸었던 것이다.

1991년 화끈한 공격 야구를 표방한 박영길 감독이 지휘봉을 잡았지만 1

년 만에 지휘봉을 내려놓고 정동진 감독이 부임했다.

1992년 6위에 이어 1993년에는 꼴찌로 떨어졌다. 성적 부진에 따른 중도 퇴진이 예상됐지만 뜻밖에도 팀은 마지막 기회를 줬다. 역대 인천 팀 감독 중 계약 기간을 채운 이가 단 한 명도 없는 점과 주전들의 잇따른 부상으로 전력 공백이 컸던 점을 고려한 것이다.

1994년, 전년도와 마찬가지로 팀 타선은 여전히 솜방망이였지만 정동진 감독의 배려를 받은 마운드가 힘을 냈다.

정명원이 44세이브포인트(4구원승 40세이브)를 올리며 뒷문을 철통같이 걸어 잠갔다. 뒤가 빈틈이 없자 앞(선발)이 철옹성을 쌓았다. 최상덕(13승), 김홍집, 최창호(이상 12승), 안병원(11승) 등 4명의 투수가 두 자리 승리를 챙겼다.

막강 마운드를 앞세운 태평양은 LG에 이어 2위로 시즌을 마감했고, 한화와 치른 플레이오프에서도 철벽 마운드는 빈틈이 없었다. 한 번도 밀리지 않고 내리 3연승으로 한국시리즈 진출을 확정지었다. 인천팀으로서는 처음으로 한국시리즈 무대를 밟은 것이다.

하지만 한국시리즈에서는 LG에 4연패로 무릎을 꿇었다. 정동진 감독은 "전력 자체가 LG와는 비교가 안 됐다"고 회고했다.

막강 마운드를 앞세워 계속될 것 같던 1994년의 영광은, 하지만 일회성으로 끝났다.

1995년 시즌 최창호, 최상덕이 부진했고, 전년도와 다를 바 없는 물방망이 타선이 이어지면서 7위로 추락했다. 게다가 구단 운영에 어려움이 생기

>>> 정동진 전 감독은 LG에 두 번 울었다. 삼성을 이끈 1990년과 태평양을 맡은 1994년. 두 번 다 한국시리즈에서 LG를 만나 4연패로 무릎을 꿇었다. 하지만 부상한 정민태, 정명원 등을 끈기 있게 기다려 주며 현대에서 부활할 밑바탕을 제공했다. ⓒ 손윤

자 모기업은 구단 매각을 결정하고 현대와 협상에 들어갔다.

그리고 9월 1일 현대는 470억 원에 태평양을 인수했다고 발표했다.

이로써 인천 야구는 1982년 삼미 이래 네 번째 주인을 맞이하게 됐다.

태평양 초대 강태정 감독 시즌 성적(1987.10.06~1988.04.22)

연도	경기수	승리	패배	무승부	승률	최종순위
1988년	15	1	14	0	0.067	중도퇴진

임신근 감독대행 시즌 성적(1988.04.23~1988.09.09)

연도	경기수	승리	패배	무승부	승률	최종순위
1988년	93	33	59	1	0.360	7위

2대 김성근 감독 시즌별 성적(1988.09.10~1990.10.31)

연도	경기수	승리	패배	무승부	승률	최종순위
1989년	120	62	54	4	0.533	3위
1990년	120	58	59	3	0.496	4위
합계	240	120	113	7	0.515	

3대 박영길 감독 시즌별 성적(1990.11.01~1991.10.22)

연도	경기수	승리	패배	무승부	승률	최종순위
1991년	126	55	69	2	0.444	5위

4대 정동진 감독 시즌별 성적(1991.10.23~1995.11.01)

연도	경기수	승리	패배	무승부	승률	최종순위
1992년	126	56	67	3	0.456	6위
1993년	126	34	82	10	0.310	8위
1994년	126	68	55	3	0.552	2위
1995년	126	48	73	5	0.401	7위
합계	504	206	277	21	0.427	

현대 유니콘스 – 정상에서 바닥까지

굴지의 재벌그룹인 현대의 「불도저」 야구단 운영은 프로야구계를 뒤흔들었다. 1996년부터 2007년까지 12년 동안 한국시리즈에 6번 나가서 4번이나 우승했다.

현대가 태평양을 인수하자마자 좋은 성적을 거둔 것은 막강한 재력을 앞세워 전력 보강에 힘썼기 때문이다. 실업팀 현대 피닉스를 적극적으로 활용해서 해태에 1차 지명된 박재홍을 영입했으며 문동환을 롯데에 주고 부동의 리드오프 전준호를 넘겨받았다. 여기에 그치지 않고 재정난에 허덕이던 쌍방울에 현금을 주고 '안방마님' 박경완과 조규제를 영입했다. 또 우수한 신인을 데리고 오는 데도 돈을 아끼지 않았다.

그렇다고 해서 단순히 돈만 앞세운 것도 아니다. 프런트는 우승할 전력을 구축하는데 최선을 다하고, 김재박 감독을 중심으로 한 현장은 그 전력을 최대한 활용해서 시즌을 치르는 등 확실하게 서로의 할 일을 분담한 것이 현대 신화의 배경이었다.

프로야구계에 발을 내디딘 1996년 현대는 한국시리즈 우승은 놓쳤지만 준우승을 기록하며 창단 첫해부터 범상치 않은 출발을 보였다.
타선에서는 프로야구 최초로 30-30(홈런-도루)을 달성한 박재홍, 한국야구 유격수 계보를 잇는 박진만의 출현, 100안타를 때려낸 이숭용 등 신예들이 두각을 나타냈다. 마운드에서는 정민태(15승), 위재영(12승) 등의 선발진에 정명원이 8승 5패 26세이브로 부활한 것이 큰 힘이 됐다. 게다가 정명원은 한국시리즈 최초로 노히트노런을 달성했다.
우승에 대한 아쉬움을 해소하는 데에는 그다지 오래 걸리지 않았다. 창단 후 3년만인 1998년 현대는 그 갈증을 풀었다.
쌍방울로부터 박경완과 조규제를 현금 트레이드하면서 전력에서 부족했던 2%를 채운 현대는 4월 26일 이후 단 한 번도 선두를 내주지 않은 채 정규시즌 1위를 차지했다.
또 한국시리즈에서는 LG를 4승 2패로 물리치며 인천 팀 최초로 챔피언의 자리에 올랐다.

그렇게 현대는 인천에서 성공 신화를 작성해 나가며 인천 팬들의 전폭적인 지지를 얻었다.
그러나 2000년 1월 프랜차이즈를 서울로 옮기겠다고 폭탄선언을 하며 심상치 않은 기운을 뿜어냈다. 현대가 내세운 명분은 프로야구에 참여할 때 이미 서울로 연고지 이전을 하기로 KBO와 약속했다는 것이었다. 인천시는 물론이고 야구 팬들은 연고지 이전 반대를 외쳤지만 현대는 외면으로 일관했다.

  곧바로 서울로 옮기지 못한 현대는 그 징검다리로 수원을 홈구장으로 삼으며 경기를 가졌다. 그해 역대 최강팀 중 하나로 손꼽히는 전력을 바탕으로 단일시즌 최다승을 거두며 91승 40패 2무라는 압도적인 성적을 거뒀지만 현대의 경기를 찾은 관중은 고작 12만8,000여 명에 그쳤다. 지역 밀착을 외면한 대가였던 것이다.

  화무십일홍(花無十日紅)이라 했던가. 무서울 것이 없이 밀어붙이던 현대에 먹구름이 끼기 시작한 것은 2001년이었다.
  구단 최대 주주인 현대전자는 부도가 났고 현대그룹 자체도 심각한 자금난에 시달렸다. 이전과 같은 수준의 지원은 기대하기 어려운 상황이 되었다.
  그러자 현대는 선수를 사들이는 구단에서 파는 구단으로 전락했다. 정민태가 요미우리로 이적했고 조웅천, 박재홍 등이 잇따라 현금으로 팔려나갔다.

  그런 가운데에서도 2003년과 2004년에는 2년 연속 정규시즌 1위와 한국시리즈 우승을 달성하는 저력을 발휘하기도 하였다.
  만약 현대가 계속 유지가 되었다면 2000년대의 프로야구 판도는 지금과는 다른 색다른 형태로 진행되고 있을지도 모를 일이다.

현대 초대 김재박 감독 시즌별 성적(1995.11.02~2006.10.19)

연도	경기수	승리	패배	무승부	승률	최종순위
1996년	126	67	54	5	0.552	2위
1997년	126	51	71	4	0.421	6위
1998년	126	81	45	0	0.643	1위
1999년	132	68	59	5	0.535	5위
2000년	133	91	40	2	0.695	1위
2001년	133	72	57	4	0.558	3위
2002년	133	70	58	5	0.547	4위
2003년	133	80	51	2	0.611	1위
2004년	133	75	53	5	0.586	1위
2005년	126	53	70	3	0.431	7위
2006년	126	70	55	1	0.560	3위
합계	1427	778	613	36	0.559	

　2005년 5월 현대그룹 현정은 회장은 KBO에 구단 매각을 요청했다. 이에 따라 KBO는 구단 매각에 나섰는데 2007년 새해 벽두부터 인수 의사를 나타낸 농협을 비롯해 STX, KT 등이 매각 협상을 벌였지만 좀처럼 실현되지 않았다.

　결국, 2008년 1월 30일 센테니얼 인베스트먼트가 현대를 대신할 새로운 제8구단 창단에 관해 KBO와 협약을 조인하고 현대 선수단과 프런트를 승계했다.

　이로써 현대 유니콘스는 완전히 역사 속으로 사라지게 됐다.

「돈으로 흥한 자 돈으로 망한 것」이다.

한편 2005년부터 일어난 구단 매각의 움직임과는 별개로 김재박 감독이 이끄는 현대는 2006년 3위를 기록하는 등 마지막 저력을 발휘했다.
하지만 그것도 김재박 감독이 물러나고 김시진 감독이 2대 감독으로 취임한 2007년에는 사라져버려 하위권을 맴돌다 결국 6위로 시즌을 마감하면서 12년 역사에 종지부를 찍었다.

2대 김시진 감독 시즌 성적(2006.11.02~2007.11.30)

연도	경기수	승리	패배	무승부	승률	최종순위
2007년	126	56	69	1	0.448	6위

삼미-청보-태평양-현대 연도별 관중 현황(인원 : 명)

구분	총관중 수	경기 당 관중 수
1982년	120,951	3,024
1983년	332,436	6,649
1984년	164,947	3,299
1985년	163,980	2,981
1986년	176,542	3,269
1987년	153,395	2,841
1988년	168,726	3,125
1989년	419,498	6,992
1990년	272,200	4,537
1991년	342,593	5,438
1992년	336,967	5,349
1993년	304,673	4,836
1994년	476,277	7,560
1995년	441,957	7,015

구분	총관중 수	경기 당 관중 수
1996년	475,910	7,554
1997년	323,123	5,129
1998년	310,766	4,933
1999년	234,455	3,552
2000년	128,013	1,940
2001년	148,136	2,211
2002년	118,582	1,797
2003년	174,915	2,611
2004년	129,036	1,955
2005년	160,764	2,552
2006년	126,197	2,006
2007년	134,559	2,136
26시즌	**6,339,786**	**4,212**

141구 역투 김홍집

1971년 1월 30일생
현 인천부평리틀야구단 감독

경력	태평양 돌핀스(1993~1995) 현대 유니콘스(1996~2001) 한화 이글스(2001~2003)
수상	승률 1위(1994년)
기록	통산 255경기 출장 29승 25패 7세이브, 방어율 4.08

해마다 가을이면 야구 팬들은 저마다 기억 속 전설을 불러내 이야기꽃을 피운다. 김유동의 만루 홈런, 최동원의 한국시리즈 4승, 가을까치 김정수, 이종범의 한국시리즈 도루 신기록, 이승엽과 마해영의 백투백 홈런….
대부분은 승자의 기억이다. 패자의 눈물이 전설로 남은 예는 흔치 않다. 1994년 한국시리즈 1차전 '141구 역투'의 주인공, 전 태평양 투수 김홍집을 제외하면 말이다.
"요즘에도 포스트시즌 때만 되면 다들 그 얘기를 하세요."

그가 멋쩍게 웃으며 말했다.
"방송이나 신문에서도 인터뷰 요청이 들어오고요. 솔직히 저한테는 곤욕이죠. 잊을 만하면 어김없이 그 얘기가 나오니까요."

그날 김홍집은 '라이벌' LG 이상훈과 한국시리즈 1차전에서 선발 맞대결을 벌였다. 이상훈과는 대학 시절부터 팀으로서나 개인으로서나 물러설 수 없는 승부를 펼쳤다.
"LG만 만나면 저도 모르게 승부욕이 발동하곤 했어요. 게다가 상훈이랑 붙게 되니까 더 이기고 싶더라구요."

선발 대결에서는 김홍집이 완승을 거뒀다. 이상훈이 7회를 넘기지 못하고 마운드에서 물러난 반면, 김홍집은 구석구석을 찌르는 컨트롤과 완급 조절로 LG 타선을 농락하며 9회까지 마운드를 지켰다. 하지만 태평양 중심 타선이 찬스마다 병살타로 물러난 탓에 경기는 1-1 동점인 채 연장전으로 접어들었다.

"9회 끝나고 내려왔는데 김시진 투수코치(현 넥센 감독)님이 '오늘만 할 거 아니니까 이제 바꾸자'고 하시더라고요. 그런데 그날따라 이상하게 미련이 남지 뭐예요. '코치님 저도 지기 싫습니다. 던져서 이기고 싶습니다'하고 제 주장을 폈죠."

결국 정동진 감독은 김홍집으로 계속 밀어붙이기로 결정을 내렸다. 훗날 정동진 감독은 "홍집이가 워낙 잘 던지고 있어서 바꾸기가 어려웠다"고 당시 상황을 설명했다. 그만큼 그날 김홍집의 투구는 완벽했다, 140구째까지는. 그리고 통한의 141구.

"사실 볼을 던져야 하는 상황인데, 밋밋하게 스트라이크를 잡으려고 던진 공 하나가 경기를 끝내 버렸죠. 공이 손에서 딱 떨어지는 순간에 '아차' 싶더라고요."

연장 11회말, 선두타자 대타로 나온 김선진의 홈런 한 방에 기나긴 1차전 승부가 끝이 났다. 그리고, 사실상 그해 한국시리즈의 우승팀이 갈렸다.

"마지막까지 던진 것에 대해서는 후회하지 않아요. 다만 아쉬움은 많이 남죠. 그 경기만 이겼으면 태평양이 충분히 우승할 수 있었으니까요. 그랬다면 팀이나 제 운명도 많이 달라지지 않았을까요. 어쩌면 지금까지도 계속 야구를 하고 있을지도 모르죠."

그는 그날 자신이 던진 140구째까지만 기억하고 싶다고 했다.
"많은 분들이 그렇게라도 지금까지 기억해 주시는 건 고맙죠. 하지만 저 개인적으로는 잊고 싶어요, 그날을. 아니, 그날의 마지막 공만 잊었으면 좋겠어요."

사실 김홍집은 단지 '141구'만으로 기억되기에는 아까운 투수였다. 단국대 시절 빼어난 제구력을 앞세워 구대성-이상훈과 함께 「좌완 투수 3총사」로 평가됐고, 프로 입단 첫해에는 시즌 후반 부상으로 이탈하기 전까지 김상엽-선동열과 탈삼진 1위 경쟁을 펼쳤다.

입단 2년차에는 방위병 복무로 인천 홈경기에만 주로 나오면서도 12승을 따는 활약을 보였다. 전문가들 중에는 강속구를 던지는 이상훈보다 오히려 김홍집을 투수로서 한 수 위로 평가하는 이들도 많았다.

"손가락 장난을 잘 치는 타입이었어요. 공을 한두 개 정도 빼면서 타자를 요리하는 피칭을 했죠. 처음부터 제구에 자신이 있는 건 아니었는데, 대학 2학년 때 국가대표가 된 뒤부터 자신감이 붙어서 마음껏 제 공을 던질 수 있게 됐어요."

그가 피칭에서 제일 중요하게 생각하는 요소도 '자신감'이다.

"같은 140㎞를 던져도 자신감 있게 던진 공과 그렇지 않은 공은 공 끝의 힘이 달라요. 자신 있게 던진 공은 맞더라도 배트가 밀리거든요. 제구력도 자신감에서 나오는 거구요."

인천 야구를 이끌 좌완 에이스로 주목받던 김홍집을 가로막은 것은 고질적인 어깨 부상이었다. 그는 1994년부터 방위병으로 복무하며 이틀에 한 번 꼴로 밤샘 보초를 서는 생활을 했다. 그러면서도 인천 홈경기에 출전하고, 휴가 때는 혼자 기차를 타고 지방 구장으로 이동해 원정 경기에 등판했다. 제대로 몸 관리를 하기 힘든 여건이었다.

"한창 혈기왕성할 때는 잘 몰랐는데, 밤새고 운동하는 생활이 계속 누적되니까 결국엔 몸에 무리가 오더라구요. 그러다 보니 부상이 왔죠."

어깨 통증이 심해지자 제대로 된 공을 던질 수가 없었다.

"공을 채는 순간에 힘을 팍 줘야 하거든요. 그런데 던질 때마다 뜨끔뜨끔 아프니까 그럴 수가 없는 거에요. 재활도 오랫동안 했는데, 결국은 그 감각이 안 돌아오더라구요."

결국 김홍집은 한화에서 뛴 2003년을 끝으로 유니폼을 벗었다. 은퇴 이후 한동안 김홍집은 야구와 떨어져 지냈다. 2004년에는 새로운 인천의 주인인 SK에 입단 테스트를 받기도 했지만, 너무 오래 공을 손에서 놓고 지낸 탓에 뜻을 이루지 못했다.

"2~3년을 야인으로 지내면서 온갖 일을 다 해 본 것 같아요. 그러다 인천고 양후승 감독님(현 NC 스카우트)의 제안으로 모교에서 인스트럭터 일을 하게 됐죠. 아까운 재능을 썩히지 말고 후배들을 위해 사용해 보라고 권하시더군요. 나중에는 중국으로 건너가서 1년 동안 선수 겸 플레잉코치 활동도 했고요. 돌아와서는 인천고 정식 코치로도 일했어요. 그러다 리틀야구단을 창단하면서 감독으로 오게 된 거죠."

현재 김홍집의 소속은 인천부평리틀야구단. 아이들과 웃고 즐기면서 야구할 수 있는 지금이 그에게는 가장 행복한 순간이란다.
"애들 야구하는 거 보고 있으면 저도 다시 선수 때로 돌아가고 싶어요."

목표는 1년에 1승. 우승은 못해도 좋으니까 다치지 않고 즐겁게 야구를 배우는 것, 아이들이 어디 가서 야구 선수는 공부 못한다거나 예의 없다는 소리 듣지 않게 지도하는 것, 지금 당장 유명한 리틀야구 선수가 되기보다는 먼 훗날에 훌륭한 선수가 될 수 있게 가르치는 게 '감독'으로서 김홍집의 목표다.

그가 던진 141구째는 담장 너머로 날아간 지 오래지만, 김홍집은 인생이라는 무대에서 자기 자신과의 연장전을 계속하고 있다.
그의 142번째 공은 이제 막 손에서 떠난 참이다.

-6-

롯데 자이언츠
가장 열정적인 팬을 가진 최고 흥행 구단
_1982년 02월 12일 창단

유이한 원년 팀명 유지 구단(롯데, 삼성)
한국시리즈 우승 2회(1984, 1992), 한국시리즈 준우승 2회
역대 최초 준플레이오프 팀 우승(1992)
역대 최다 올스타 MVP 배출(11회)
팀 1600승 달성(2011시즌, 5번째)
한 시즌 팀 최다 패배(97패 2002, 역대 공동 1위)
통산 총관중 2위(2011시즌, 누적 20,344,165명)
한 시즌 최다 평균관중(2008, 21,901명)
역대 최초 4년 연속 100만 관중 돌파(2008~2011)

영구결번 11(2011년 최동원)

BASEBALL CHRONICLE

통산 정규시즌
(PO=플레이오프, 준PO=준플레이오프)

연도	포스트시즌	정규시즌	경기	승	패	무	승률
1982		전기 5위 후기 5위	80	31	49	0	0.388
1983		전기 4위 후기 6위	100	43	56	1	0.434
1984	우승	전기 4위 후기 1위	100	50	48	2	0.510
1985		전기 4위 후기 2위	110	59	51	0	0.536
1986		전기 3위 후기 5위	108	50	52	6	0.490
1987		전기 4위 후기 3위	108	54	49	5	0.523
1988		전기 4위 후기 3위	108	57	49	2	0.537
1989		7위	120	48	67	5	0.421
1990		6위	120	44	71	5	0.388
1991		4위	126	61	62	3	0.496
1992	우승	3위	126	71	55	0	0.563
1993		6위	126	62	63	1	0.496
1994		6위	126	56	67	3	0.456
1995	준우승	3위	126	68	53	5	0.560
1996		5위	126	57	63	6	0.476
1997		8위	126	48	77	1	0.385

연도	포스트시즌	정규시즌	경기	승	패	무	승률
1998		8위	126	50	72	4	0.410
1999	준우승	드림 2위 (통합 2위)	132	75	52	5	0.591
2000	준PO 패	매직 2위 (통합 5위)	133	65	64	4	0.504
2001		8위	133	59	70	4	0.457
2002		8위	133	35	97	1	0.265
2003		8위	133	39	91	3	0.300
2004		8위	133	50	72	11	0.410
2005		5위	126	58	67	1	0.464
2006		7위	126	50	73	3	0.407
2007		7위	126	55	68	3	0.447
2008	준PO 패	3위	126	69	57	0	0.548
2009	준PO 패	4위	133	66	67	0	0.496
2010	준PO 패	4위	133	69	61	3	0.519
2011	PO 패	2위	133	72	56	5	0.563
통산		30시즌	3662	1671	1899	92	0.468

통산 포스트시즌
68전 32승 35패 1무(한국시리즈 24전 12승 12패)

연도	최종 결과	라운드	상대	결과 승/패	승	패	무
1984	우승	한국시리즈	삼성 라이온즈	승	4	3	0
1991	준PO 패	준플레이오프	삼성 라이온즈	패	1	2	1
1992	우승	준플레이오프	삼성 라이온즈	승	2	0	0
		플레이오프	해태 타이거즈	승	3	2	0
		한국시리즈	빙그레 이글스	승	4	1	0
1995	준우승	플레이오프	LG 트윈스	승	4	2	0
		한국시리즈	OB 베어스	패	3	4	0
1999	준우승	플레이오프	삼성 라이온즈	승	4	3	0
		한국시리즈	한화 이글스	패	1	4	0
2000	준PO 패	준플레이오프	삼성 라이온즈	패	1	2	0
2008	준PO 패	준플레이오프	삼성 라이온즈	패	0	3	0
2009	준PO 패	준플레이오프	두산 베어스	패	1	3	0
2010	준PO 패	준플레이오프	두산 베어스	패	2	3	0
2011	PO 패	플레이오프	SK 와이번스	패	2	3	0

역대 감독
(대행 포함 14명)

성명	재임 기간	경기	승	패	무	승률
박영길	1982.01.30~1983.07.05	130	53	76	1	0.411
강병철	1983.07.26~1986.11.30 1990.11.01~1993.10.30 2005.10.07~2007.11.25	998	479	501	18	0.489
성기영	1987.01.10~1987.10.28	108	54	49	5	0.523
어우홍	1987.10.29~1989.11.02	228	105	116	7	0.475
김진영	1989.11.03~1990.08.28	96	36	56	4	0.396
도위창(대행)	1990.09.01~1990.10.31	24	8	15	1	0.354
김용희	1993.11.20~1998.06.16 2002.06.21~2002.06.24	561	249	294	18	0.459
김명성	1998.06.17~2001.07.24	336	170	156	10	0.521
우용득	2001.07.24~2002.06.21	110	44	64	2	0.407
백인천	2002.06.25~2003.08.06	163	41	119	3	0.256
김용철(대행)	2003.08.06~2003.10.02	41	16	25	0	0.390
양상문	2003.10.03~2005.10.06	259	108	139	12	0.437
제리 로이스터	2007.11.26~2010.10.13	392	204	185	3	0.524
양승호	2010.10.22~	133	72	56	5	0.563

Baseball Chronicle
롯데 자이언츠

최동원에 울고 웃고
윤학길에 위안을 삼다

「대체 이 팀을 그토록 특별하게 만든 것은 무엇일까. 그것은 바로 야구와 팀에 미쳤다고 밖에 표현할 길 없는 열정적인 팬들의 존재다. 팀의 성적이 나쁘면 나쁜 대로 좋으면 좋은 대로 그들의 깊은 애정을 활화산처럼 뿜어내는 팬들이 있었기에 롯데 자이언츠는 특별한 야구단이 될 수 있었다. 팀이 7년을 바닥에서 헤맬 때도 '신은 부산에 최고의 야구 팬과 최악의 야구팀을 주셨다'는 말이 나올 만큼 팬들의 사랑은 각별했다.」
— 『자이언츠 네이션』 발췌

『자이언츠 네이션』의 글처럼 지구상에서 가장 열광적인 팬의 지지를 받는 구단, 그것이 바로 롯데 자이언츠다.

롯데가 처음 한국야구와 인연을 맺은 것은 1975년. 그해 5월 6일 롯데그룹은 김동엽 전 공군 감독을 사령탑으로 한 10번째 실업야구팀이자 최초의

>>> 롯데를 상징하는 엠블렘과 마스코트. ⓒ 롯데 자이언츠

기업야구팀인 롯데 자이언츠(이하 실업 롯데)를 창단한다고 발표했다. 실업 롯데는 실업야구단이 아닌 세미프로에 가까웠다.

"공개 테스트로 신인을 발굴하고 여성 치어리더 응원단도 조직했다. 또 일본 가고시마로 전지훈련을 가서 일본 롯데와 합동 연습을 하는 등 선진 야구를 배웠다. 한국야구에 수비 포메이션이 도입된 게 이때다. 완전한 프로구단은 아니지만 실업야구 그 이상이었다. 프로야구를 준비한 것으로 보면 된다."

유남호 KBO 운영위원의 얘기다.

실업야구에 참가한 1976년 하계리그 우승에 이어 추계리그도 제패하며 종합 우승을 거머쥐었다. 롯데의 출범과 성공에 자극 받아 한국화장품, 포

항제철 등 기업야구팀이 잇달아 창단하며 프로화의 기틀을 마련했다. 그리고 1981년 프로야구 창설에 동참하여 부산·경남을 연고지로 한 롯데 자이언츠가 창단됐다.

1982년 2월 12일 롯데호텔 크리스탈 볼룸에서 박영길 실업 롯데 감독을 사령탑으로, 김용희, 김용철, 노상수, 김성관 등을 주축으로 한 22명으로 선수단을 구성하여 6개 구단 가운데 가장 늦게 창단식을 거행했다.

롯데 자이언츠 창단 멤버

감 독	박영길
코 치	김명성, 최주억
투 수	김덕열, 김문희, 노상수, 방기만, 이윤섭, 이진우, 천창호, 최규옥
포 수	차동렬, 최순하
내야수	권두조, 김용철, 김용희, 김일환, 김정수, 이성득, 정학수
외야수	김성관, 김재상, 박용성, 엄태섭, 정문섭

시즌 전 대다수 전문가는 롯데를 중위권 전력으로 점쳤다. 마운드가 약하지만 김용희, 김용철, 박용성, 김성관, 김정수 등으로 구성된 타선은 어느 팀에도 뒤지지 않는 화력을 자랑했기 때문이다.

시즌 출발은 좋았다. 3월 28일 제과업계 라이벌인 해태를 상대로 14-2로 대승을 거둔 데 이어 OB, 삼미를 잇달아 꺾으며 3연승을 내달렸다. 하지만 이후 승리보다 패배하는 일이 더 익숙해지면서 전기리그를 5위(13승 27패)로 마감했다. 후기리그에서는 18승 22패로 해태와 공동 4위. 종합 순위에서는 해태에 뒤진 5위에 머물렀다. 롯데로서는 최동원, 심재원, 유두열 등 프로 진출이 1982년 서울에서 열린 세계야구선수권대회 참가로 유보된 것이 뼈아팠다.

이듬해 1983년에는 믿었던 최동원이 9승 16패로 부진하며 종합 순위 꼴찌로 추락했다. 시즌 도중 성적 부진에 대한 책임을 지고 박영길 감독이 물러나고, 강병철 감독대행이 지휘봉을 잡았지만 추락을 벗어나지는 못했다.

초대 박영길 감독 시즌별 성적(1982.01.30~1983.07.05)

연도	경기수	승리	패배	무승부	승률	최종순위
1982년	80	31	49	0	0.388	5위
1983년	50	22	27	1	0.499	중도퇴진
합계	130	53	76	1	0.411	

한국야구의 전설 최동원의 진가가 나타나기 시작한 것은 1984년부터다. 이해 27승 13패 6세이브를 올렸으며 후기리그에서는 18승 6패 5세이브를 기록하며 팀이 거둔 29승 가운데 23승을 책임지는 대활약을 펼쳤다. 한국 프로야구사 최대 오점인 「져주기 경기」로 성사된 삼성과의 한국시리즈. 최동원은 5경기에 등판하는 투혼을 발휘했으며, 4승 1패를 올려 롯데를 첫 우승으로 이끌었다.

이렇게 최동원과 롯데는 한국시리즈 7차전에서 나온 '공포의 1할 타자' 유두열의 역전 3점 홈런과 함께 한국 프로야구사의 한 페이지를 장식하는 역대 최고의 명승부를 연출했다.

>>> 1984년 롯데 첫 우승은 작고한 최동원의 팔로 이뤘고 역전 3점 홈런을 친 유두열이 힘을 보탰다. ⓒ 손윤

>>> 사직구장 박물관 내 최동원 씨 추모소 사진. ⓒ 호구슬

 1985년에도 변함없는 위용을 뽐내며 20승을 거둔 최동원은 1986년에도 OB와 시즌 최종전에서 3-1로 앞서 3년 연속 20승이라는 대기록을 눈앞에 뒀다. 그러나 안타깝게도 9회말 김형석에게 동점 2점 홈런을 허용한 데 이어 신경식의 3루타와 실책으로 결승점을 내줘 19승에 머물러야 했다. 하지만 이듬해인 1987년까지 5년 연속 200이닝 이상을 소화하는 철완을 자랑했다.

 최동원과 해태 선동열과의 맞대결은 지금까지도 인구에 회자되는 전설 간의 맞대결이다. 1986년 4월 19일 부산 사직구장에서 열린 첫 번째 맞대결에서는 0-1로 최동원이 패했지만 그해 8월 19일에 펼쳐진 두 번째 대결에서 2-0 완봉승을 거두며 멋지게 설욕했다. 그리고 1987년 5월 16일에는 두 투수 모두 연장 15회까지 던지며 2-2 무승부를 기록했다.

한국야구를 대표하는 신구(新舊) 에이스의 맞대결은 승자도 패자도 없이 사이좋게 1승 1무 1패를 나눠 가졌다.

2대 강병철 감독 시즌별 성적(1983.07.26~1986.11.30)

연도	경기수	승리	패배	무승부	승률	최종순위
1983년	50	21	29	0	0.420	6위
1984년	100	50	48	2	0.510	1위
1985년	110	59	51	0	0.536	2위
1986년	108	50	52	6	0.490	5위
합계	368	180	180	8	0.500	

3대 성기영 감독 시즌 성적(1987.01.10~1987.10.28)

연도	경기수	승리	패배	무승부	승률	최종순위
1987년	50	21	29	0	0.420	6위

1988년 11월 23일 프로야구계는 충격에 휩싸였다. 롯데와 삼성이 양팀 에이스인 최동원과 김시진이 포함된 대형 트레이드를 단행했기 때문이다. 롯데에서는 최동원, 오명록, 김성현을 삼성으로 보내고 김시진, 오대석, 허규옥, 전용권을 받았다. 또 12월 21일에는 김용철, 이문한을 보내고 삼성에서 장효조, 장태수를 받는 트레이드까지 벌어졌다.

삼성은 이해 플레이오프에서 빙그레에 3연패하며 포스트시즌 10연패의 수렁에 빠져들었다. 시즌 종료 후 그룹 비서실 감사라는 전대미문의 고초를 겪으며 투수와 포수, 특히 대형 투수를 확보해야 우승할 수 있다는 지적을 받았다. 반면, 롯데는 최동원과 해마다 연봉을 놓고 진통을 겪었고 선수회 파동을 수습하기 위한 팀 분위기 쇄신이 필요한 시점이었다. 트레이드는 서로 간의 이해가 맞아 떨어진 결과였다.

하지만 그렇다고 해도 팬들은 롯데의 상징과 같은 최동원의 트레이드를 받아들이기 어려웠다. 이것은 경기당 관중 수가 전년도와 비교해서 2,266명이 줄어든 것에서도 잘 나타나 있다.

최동원이 사라진 롯데 마운드를 지킨 이는 고독한 황태자 윤학길이었다. 윤학길은 1987년 첫 두 자릿수 승리(13)를 거두며 두각을 나타냈다. 윤학길은 최동원이 연봉 싸움으로 이탈한 이듬해 18승 10패 3세이브를 올리며 일약 롯데 에이스로 발돋움했다. 1989년에도 16승을 올리는 등 1997년까지 구단내 최다승인 통산 117승을 거뒀다. 승수보다 더 대단한 것은 100완투(74완투승).

롯데 마운드를 이야기할 때 항상 빠지지 않는 것이 뒷문 불안이다. 1980년대 후반은 더 심했다. 그 시기 윤학길은 경기 시작부터 끝까지 마운드를 지켜야 했다. 고독하게. 개인 타이틀은 다승왕 1회에 그쳤지만 100완투는 철저한 분업화가 이루어지고 투구 수를 관리하는 현대 한국 프로야구 특성상 불멸의 기록으로 남을 것이 틀림없다.

4대 어우홍 감독 시즌별 성적(1987.10.29~1989.11.02)

연도	경기수	승리	패배	무승부	승률	최종순위
1988년	108	57	49	2	0.537	3위
1989년	120	48	67	5	0.421	7위
합계	228	105	116	7	0.475	

5대 김진영 감독 시즌 성적(1989.11.03~1990.08.28)

연도	경기수	승리	패배	무승부	승률	최종순위
1990년	96	36	56	4	0.396	중도퇴진

도위창 감독대행 시즌 성적(1990.09.01~1990.10.31)

연도	경기수	승리	패배	무승부	승률	최종순위
1990년	24	8	15	1	0.354	6위

남두오성에서 마림포를 거쳐 검은 갈매기까지…

1984년 우승 이후 포스트 시즌에 진출하지 못한 롯데는 1990년 11월 강병철 감독에게 다시 지휘봉을 맡겼다. 그 전 3년간 빙그레 코치로 와신상담한 강병철 감독은 마무리 투수 부재 속에서도 선발 로테이션을 꾸준히 지켜 나갔다.

>>> 1992년 롯데가 포스트시즌에 진출할 수 있었던 것은 타선에서는 「남두오성」이, 마운드에서는 윤학길과 염종석이 각각 17승을 올리며 팀을 이끌었기 때문이다. ⓒ 손윤

그 결과 윤학길(17승), 박동희(14승), 김태형(11승), 김청수(10승) 등 4명의 10승대 투수가 탄생했다. 타선에서는 기존의 장효조, 김민호, 김응국 등에 신인 박정태, 전준호가 가세하며 짜임새를 갖췄다. 시즌 4위로 7년 만에 포스트시즌에 진출했지만 준플레이오프에서 만난 삼성에 1승 1무 2패로 안타깝게 무릎을 꿇었다. 그 중 3차전은 박동희와 삼성 김성길의 투수전이 전개되어 연장 13회 3-3 무승부가 될 정도로 명승부가 펼쳐지기도 했다.

1992년 롯데는 성적과 흥행이라는 두 마리 토끼를 모두 잡았다. 마운드에서는 신인 염종석이 17승을 거두고, 평균자책점 1위(2.33)에 오르는 대활약을 펼치며 롯데 출신으로는 2011년까지 유일한 신인왕이 됐다.

타선에서는 기관총으로 무장한 「남두오성(南斗五星)」이 빛났다. 박정태(0.335), 김민호(0.322), 김응국(0.319), 이종운(0.314), 전준호(0.300) 등 다섯 명의 3할 타자를 배출한 팀 타선은 8개팀 가운데 가장 적은 팀홈런(85개)을 기록했지만 팀타율 0.288(당시는 역대 2위, 현재는 역대 4위. 1위는 1987년 3할을 기록한 삼성)을 기록하며 상대 마운드를 무너뜨렸다.

정규시즌 3위로 진출한 포스트시즌에서는 삼성과 해태, 그리고 빙그레를 잇달아 꺾으며 한국시리즈 정상에 올랐다.

2년 연속 포스트시즌에 진출하자 사직구장은 연일 인산인해. 1991년 역대 최초로 100만 관중(1,001,920명)을 돌파한 데 이어 1992년에는 120만 9,632명이 사직구장을 찾았다. 그러나 1993년에는 84만여 명으로 줄어들었고, 1994년에는 더 떨어져서 63만여 명에 그쳤다. 「V2」에 따른 충분한 대가를 원하는 선수들과 연봉 협상이 지지부진하면서 우승 후유증을 제대로 앓은 탓에 6위로 추락했기 때문이다. 팀 성적은 팬의 마음을 재는 온도계이며 관중 수로 나타나는 법.

1993년을 끝으로 두 번의 우승을 진두지휘한 강병철 감독이 물러나고 「미스터 올스타」 김용희 감독이 새로운 사령탑으로 부임했다.

6대 강병철 감독 시즌별 성적(1990.11.01~1993.10.30)

연도	경기수	승리	패배	무승부	승률	최종순위
1991년	126	61	62	3	0.496	4위
1992년	126	71	55	0	0.540	3위
1993년	126	62	63	1	0.496	7위
합계	378	194	180	4	0.519	

** 「만만디」 강병철 감독의 롯데 감독 재임시 성적

구분	연도	경기수	승리	패배	무승부	승률	최종순위
제1기	1983년	50	21	29	0	0.420	감독대행
	1984년	100	50	48	2	0.510	1위
	1985년	110	59	51	0	0.536	2위
	1986년	108	50	52	6	0.490	5위
제2기	1991년	126	61	62	3	0.496	4위
	1992년	126	71	55	0	0.563	1위
	1993년	126	62	63	1	0.496	6위
제3기	2006년	126	50	73	3	0.407	7위
	2007년	126	55	68	3	0.447	7위
합계	9년	998	479	501	18	0.489	

"좋은 팀을 만드는 게 우선 목표이며 우승은 그 결과로 나타나는 것 아닌가. 구단과 코칭 스태프, 선수가 합심하면 좋은 결과를 얻을 것으로 믿는다."

허구연 전 청보 감독에 이어 역대 두 번째로 젊은 나이(38세)에 사령탑에 오른 김용희 감독이 밝힌 포부다. 김용희 감독은 창단 멤버로 시작해서 코치를 거치며 누구보다 롯데의 문제점을 잘 알았고, 미국에서 연수한 경험을 살려 자율야구를 표방했다.

그러나 1994년 롯데는 주축 선수들이 대거 입대하는 등 전력 누수를 극복하지 못하고 전년도와 같은 6위에 그쳤다.

1995년에도 대다수 야구 전문가는 하위권을 예상했지만 68승 53패 5무로 3위에 오르는 이변을 연출했다. 플레이오프에서는 반 경기 차이로 시즌 2위에 머문 LG를 4승 2패로 꺾고 한국시리즈에 올랐다.

최종 6차전에서 주형광은 단 1안타만을 허용하는 완벽한 투구로 팀의 3번째 한국시리즈행을 확정지었다. 한국시리즈에서는 김경환이 역투했지만 OB에 3승 4패로 지며 아쉬운 준우승에 머물렀다.

마운드는 두 자릿수 승리를 올린 베테랑 윤학길(12승)과 신인 주형광(10승)이 이끌고, 박동희가 31세이브를 거두며 뒤를 받쳤다. 타선에서는 뛰는 야구가 빛을 발하며 당시로서는 역대 1위인 한 시즌 최다 팀도루 220개를 기록했다.

또 마해영(18홈런)과 임수혁(15홈런)의 대포에 전준호, 김응국, 공필성 등의 소총이 절묘한 하모니를 이뤘다. 이듬해도 두 자릿수 홈런을 기록한 마해영과 임수혁은 「마림포」로 불리며 팬들의 사랑을 받았다.

1996년에는 팀타율(0.274)과 팀득점(566점)이 1위에 올랐지만 시즌 순위는 5위에 머물렀다. 믿었던 마운드가 무너졌기 때문이다. 주형광이 다승왕(18승)과 탈삼진왕(221개)을 차지했지만 윤학길, 박동희가 부상을 당했고, 5억팔 차명주가 부진하며 팀 평균자책점(4.16) 7위에 그친 것이 컸다.

1997년에는 더욱 하락하여 투타가 모두 부진을 면치 못하고 3할대(0.385) 승률로 추락하며 최하위를 기록했다. 이는 1998년에도 마찬가지여서 시즌 도중 김용희 감독이 해임되고 김명성 감독대행 체제로 탈바꿈했지만 2년 연속 최하위를 막기에는 역부족이었다.

7대 김용희 감독 시즌별 성적(1993.11.20~1998.06.16)

연도	경기수	승리	패배	무승부	승률	최종순위
1994년	126	56	67	3	0.456	6위
1995년	126	68	53	5	0.560	2위
1996년	126	57	63	0	0.476	5위
1997년	126	48	77	1	0.385	8위
1998년	55	20	32	3	0.385	중도퇴진
합계	559	249	292	12	0.455	

    1999년은 기적의 한 해였다. 시즌 전 대다수 야구 전문가는 롯데를 하위권으로 분류했다. 뚜렷한 전력 보강이 없었기 때문이다. 그러나 롯데는 팀 타율 2할9푼1리(역대 2위)를 기록하는 가공할 공격력으로 드림리그 1위에 올랐다.

    롯데의 대반전을 이끈 것은 「검은 갈매기」 펠릭스 호세였다. 타율 3할2푼7리 36홈런 122타점을 올리며 팀의 중심에 우뚝 섰다. 호세 우산 속에 마해영은 타율 3할7푼2리 35홈런 119타점이라는 뛰어난 성적을 거뒀고 정신적 지주 박정태는 타율 3할2푼9리 11홈런 83타점을 기록했다. 또한 마운드에서는 문동환, 주형광, 박석진 등이 맹활약하며 팀 평균자책점 1위(4.18)에 올랐다.

    삼성과 벌인 플레이오프는 한 편의 드라마였다. 4차전까지 1승 3패로 벼랑 끝에 몰렸지만 5, 6, 7차전을 잇달아 6-5, 한 점 차로 승리했다.

    특히 7차전은 역대 최고의 명승부 가운데 하나로 꼽힌다. 관중 난동과 호세의 퇴장으로 어수선한 가운데 롯데는 8회까지 3-2로 앞서나갔다. 하지만

>>> 롯데는 1992년 우승에 이어 1995년과 1999년에도 한국시리즈 무대를 밟았다. 그러나 이후 2011년까지 한국시리즈에 오르지 못할 것으로 예상한 이는 거의 없다. ⓒ손윤

삼성은 김종훈의 역전 2점 홈런에 이어 이승엽의 솔로 홈런으로 경기를 5-3으로 뒤집었다.

9회초 롯데의 마지막 공격. 1사 1루에서 임수혁이 「애니콜」 임창용을 홈런으로 두들겨 극적인 동점을 만들며 승부를 연장으로 끌고갔다. 그리고 운명의 11회초 김민재의 적시타가 터지고 삼성의 마지막 공격을 막아내며 극적으로 승리했다.

한국시리즈에서는 한화에 밀려 준우승에 머물렀지만 부산 갈매기가 끝없이 울려 퍼지는 성공적인 한해였다.

2000년에는 승률 5위(0.504)에 그쳤지만 매직리그 2위에 오르는 행운으로 포스트시즌에 진출했다. 그러나 준준플레이오프에서 삼성에 1승 2패로 덜미를 잡히며 전년도의 기세를 이어가지 못했다.

8대 김명성 감독 시즌별 성적(1998.06.17~2001.07.24)

연도	경기수	승리	패배	무승부	승률	최종순위
1998년	71	30	40	1	0.430	8위
1999년	132	75	52	5	0.591	2위
2000년	133	65	64	4	0.504	5위
2001년	83	32	48	3	0.400	별세
합계	419	202	204	13	0.498	

암흑기가 낳은 888-8577과 69, 96

2년 연속 포스트시즌에 진출하며 「V3」에 대한 기대도 커져만 갔다. 그러나 2001년부터 2007년까지 7년간 롯데가 손에 넣은 것은 888-8577이라는 암울한 전화번호였다. 2001년 7월 24일 매일 피 말리는 승부에 김명성 감독이 심근경색으로 별세하는 슬픔도 겪었다.

김명성 감독 이후 우용득, 김용희, 백인천, 김용철, 양상문, 강병철 등이 감독직에 올랐지만 포스트시즌은 그림의 떡이었다. 가을야구와 멀어지면서 사직구장을 찾는 관중도 격감했다. 2002년 10월 19일 한화와 경기에 입장한 관중 수는 손가락으로 헤아릴 수 있는 69명에 불과했고, 이는 불과 며칠 전인 10월 16일에 사직구장을 찾은 관중 수 96명보다도 적은 수였다. 그리고 이해 롯데는 구단 역대 최소인 12만7,995명을 동원하는 데 그쳤다.

역대 한 경기 최소 관중

순위	일자	경기	구장	관중 수
1	1999.10.07	쌍방울-현대	전주	54명
2	2002.10.19	롯데-한화	사직	69명
3	1999.10.06	쌍방울-LG	전주	87명
4	2002.10.16	롯데-현대	사직	96명
5	1999.10.08	쌍방울-LG	전주	107명
6	1987.07.02	해태-빙그레	무등	132명
7	2000.10.12	해태-롯데	무등	134명
8	2000.10.05	해태-롯데	무등	145명
9	2002.10.15	롯데-현대	사직	147명
10	2000.10.01	해태-한화	무등	156명

전화번호를 기록하는 암흑기에 팀을 지탱한 이는 손민한이었다. 1997년 에이스가 될 재목으로 기대를 모으며 입단했지만 부상으로 3년간 단 1승에 그쳤던 그는 2000년 12승을 거두며 재기의 날갯짓을 펼쳤고, 2001년에는 다승왕(15승)에 올랐다. 2005년 18승을 거두며 두 번째 다승왕에 올랐고, 2008년까지 4년 연속 두 자릿수 승리를 챙겼다.

그러나 2009년 어깨 수술을 받으며 그마저도 쇠락하기 시작했다.

롯데가 끝없는 어둠의 터널에서 헤맨 이유는 무엇일까.

롯데 내부 사정에 정통한 어느 야구인은 '콩 심은 데 콩 나고 팥 심은 데 팥 난다'며 "투자를 안 했기 때문"이라고 지적했다.

선수 계약금, 연봉, 격려금 등이 다른 구단과 비교해서 천일염보다도 더

졌다. 기념비적인 누적 기록을 세운 어느 선수는 비슷한 성적을 남긴 다른 구단의 선수와 비교해서 20분의 1도 되지 않는 격려금을 받고 격분했으며 해마다 연봉 협상 테이블은 감정싸움을 벌이는 자리가 됐다.

이런 열악한 선수단 처우에 실망한 백차승, 송승준, 추신수, 채태인, 이승학 등 지역 출신의 고교·대학생은 롯데를 외면하고 태평양을 건넜다.

그 와중에 실업야구 현대 피닉스에 입단한 문동환의 계약 권리를 아끼기 위해 부동의 리드오프 전준호를 트레이드하는 우도 범했다. 전준호 이후 1번 타자의 부재로 고생하던 롯데는 2003년 6년간 최대 40억6천만 원에 정수근과 FA 계약을 맺었다. 소 잃고 외양간 고치는 격이었다. 미리 투자했다면 프랜차이즈 스타도 잃지 않았을 것이며 리드오프 부재로 고심할 필요도 없었을 것이다. 선수협 파동으로 주포 마해영을 잃은 것도 뼈아팠다. 게다가 「마림포」의 한 축이었던 임수혁은 2000년 4월 18일 경기 도중 갑자기 쓰러져서 의식불명에 빠지기까지 했다(임수혁 선수는 끝내 깨어나지 못하고 지난 2010년 2월 7일 유명을 달리했다).

또한, 허술한 선수단 관리도 빼놓을 수 없다. 주형광, 손민한, 염종석, 문동환 등 부상자가 속출했으며 유망주가 성장하는 것은 언감생심이었다.

그래도 2007년 전용구장과 숙소 등 편의시설을 갖춘 상동구장을 건립하며 유망주의 체계적인 관리·육성 시스템을 갖추기 시작했고, 이것이 로이스터 매직의 중요한 원천이 된 것은 말할 필요가 없다.

암흑기의 롯데 감독별 성적(2001.07.24~2007.11.25)

성명	재임 기간	경기	승	패	무	승률
우용득	2001.07.24~2002.06.21	110	44	64	2	0.407
김용희	2002.06.21~2002.06.24	2	0	2	0	0.000
백인천	2002.06.25~2003.08.06	163	41	119	3	0.256
김용철	2003.08.06~2003.10.02	41	16	25	0	0.390
양상문	2003.10.03~2005.10.06	259	108	139	12	0.437
강병철	2005.10.07~2007.11.25	126	50	73	3	0.407
합계	2001.07.24~2007.11.25	701	259	422	20	0.380

사직 노래방에 울려 퍼진 로이스터 매직과 「양승호굿」

롯데를 미로와 같은 어둠의 터널에서 밝은 광명의 세계로 인도한 이는 메이저리그 밀워키의 지휘봉을 잡았던 제리 로이스터 감독이었다.

로이스터 감독은 실력과 소통, 그리고 원칙이라는 세 가지 키워드로 선수단의 패배 의식을 일소하고 승리의 길로 이끌었다. 학연과 지연 등에서 자유로운 그는 이름값에 얽매이지 않고 실력 위주로 선수를 기용했으며 선수 자신이 즐거워서 훈련하고 경기하는 분위기를 조성했다.

또 선발 로테이션을 엄격하게 지켰다. 선발 투수가 일찍 무너져도 가능한 5회 이상 소화하게끔 했으며 중심 타자가 부진해도 컨디션을 회복할 때까지 절대 타순에서 빼지 않았다. 훈련을 위한 훈련이 아닌 경기를 위한 훈련에 초점을 맞춘 로이스터 야구는 3년 연속 가을야구라는 성적으로 이어졌다.

13대 제리 로이스터 감독 시즌별 성적(2007.11.26~2010.10.13)

연도	경기수	승리	패배	무승부	승률	최종순위
2008년	126	69	57	0	0.548	4위
2009년	133	66	67	0	0.496	4위
2010년	133	69	61	3	0.519	4위
합계	392	204	185	3	0.524	

그러나 매번 준플레이오프를 넘지 못하여 2010년 계약이 만료되었지만 끝내 재계약에 실패했다. 그리고 롯데는 「V3」를 목표로 양승호 감독을 새로운 사령탑에 올렸다.

그러나 기대가 크면 실망도 큰 법. 양승호 감독의 롯데는 2011시즌 전반기 내내 투타에서 부진하며 우승은커녕 가을야구도 불투명한 상태가 이어졌고, 한때 「양승호구」라는 팬들의 비난이 쏟아졌다. 이는 롯데 감독의 숙명이었다.

"4월에 아주 안 좋았고, 5월엔 조금 올라갔다가 6월에 다시 안 좋았다. 그때는 나도 그렇고 선수들도 그렇고 모두가 '7월이 고비'라고 생각했다. 그래서 주장인 홍성흔을 불러서 '내가 정식 감독은 처음인데 그래도 올스타 전까지는 하고 그만두게 해달라'라고 말했다."

양승호 감독의 말이다.

그런데 후반기에 롯데는 투타가 안정되며 거침없이 앞만 보고 내달렸다. 1989년 단일리그로 전환된 후 처음으로 정규시즌 2위에 오르며 4년 연속 포스트시즌에 진출했다. 「양승호구」가 「양승호굿」이 된 것은 당연지사.

그러나 플레이오프에서는 SK와 최종 5차전까지 가는 접전을 펼쳤지만 끝내 2승 3패로 무릎을 꿇으며 한국시리즈를 밟는 데는 실패했다.

14대 양승호 감독 시즌 성적(2010.10.22~)

연도	경기수	승리	패배	무승부	승률	최종순위
2011년	133	72	56	5	0.563	3위

롯데의 상승 분위기를 이끈 주역은 「조선의 4번 타자」 이대호다.

이대호는 2001년 2차 1순위로 입단했을 때 포지션은 투수였지만 어깨 부상으로 말미암아 타자로 전향했다. 이후 타고난 체구와 유연성을 바탕으로 성장하던 그는 2004년 20홈런을 치며 두각을 나타내기 시작해 2006년과 2010년에 타격 3관왕에 올랐다. 특히, 2010년에는 9경기 연속 홈런의 위업을 달성하는 등 도루를 제외한 타격 7개 부문(타율, 최다안타, 홈런, 타점, 득점, 장타율, 출루율)에서 1위를 차지하며 시즌 MVP가 됐다.

경기 초반은 물론이고 중, 후반에도 "진격 앞으로"를 외치는 로이스터식 공격 야구는 획일적인 한국야구의 생태계에 다양성을 가져왔다. 야구 팬이 매료된 것은 말할 필요도 없다. 국제대회에서 거둔 우수한 성적과 SK · 두산의 한 단계 더 업그레이드된 고급 야구, 그리고 로이스터 야구가 더해지며 프로야구는 3년 연속 500만 관중 시대를 열었다. 그 중심에는 부산 사직구장이 있었다.

로이스터 감독 이후 응원 문화도 크게 바뀌었다. 이전까지 관중석으로 날아든 야구공을 아이에게 주라는 「아주라」와 파도타기가 사직구장의 상징이었다. 하지만 지금은 쓰레기 봉지를 머리에 쓰고 잘게 찢은 신문지를 흔들며 부르는 부산 갈매기로 인해 사직구장은 거대한 노래방이 되었다.

롯데 성적이 좋으면 대학 진학률이 떨어진다는 말이 있을 정도로 부산에서 롯데는 「모태 신앙」이다. 롯데 팬에게 전화번호를 찍던 시절은 천형의 굴레였지만 메시아 로이스터의 등장으로 구원을 받았다.

이제 '신은 부산에 최고의 야구 팬과 최고의 팀을 주었다'고 해도 이상할 게 없다. 4년 연속 포스트시즌에 오른 팀은 그렇게 많지 않기 때문이다.

롯데 자이언츠 연도별 관중 현황(인원 : 명)

구분	총관중 수	경기 당 관중 수
1982년	264,295	6,607
1983년	397,429	7,949
1984년	429,070	8,581
1985년	377,971	6,872
1986년	523,082	9,687
1987년	583,601	10,807
1988년	648,661	12,012
1989년	584,781	9,746
1990년	654,950	10,916
1991년	1,001,920	15,903
1992년	1,209,632	19,201
1993년	843,451	13,388
1994년	630,883	10,014
1995년	1,180,576	18,739
1996년	787,889	12,506
1997년	461,196	7,321

구분	총관중 수	경기 당 관중 수
1998년	409,735	6,504
1999년	770,260	11,671
2000년	451,095	6,733
2001년	400,573	6,069
2002년	127,995	1,910
2003년	150,722	2,284
2004년	307,537	4,590
2005년	652,475	10,357
2006년	441,133	7,002
2007년	759,513	12,056
2008년	1,379,735	21,901
2009년	1,380,018	20,597
2010년	1,175,665	17,813
2011년	1,358,322	20,273
30시즌	20,344,165	11,533

ⓒ 배지헌

호랑나비 김응국

1966년 1월 14일생
현 김해고등학교 타격코치

경력 롯데 자이언츠(1988~2003)
현대 유니콘스 타격코치(2006~2007)
서울 히어로즈 타격코치(2008~2009)

수상 올스타 MVP 1회(1991년)
골든글러브 외야수 2회(1992, 1996년)
통산 인사이드 더 파크 홈런 1위(3개)

기록 통산 1440경기 출장
1452안타 86홈런, 타율 0.293

이승엽, 이대호, 추신수. 투수에서 타자로 전향해 대성공을 거둔 선수들이다. 하지만 원조는 따로 있다. 부드러운 스윙과 빠른 발로 롯데 기관총 타선을 이끌었던 '호랑나비' 김응국이 먼저였다.

프로 입단 당시만 해도 김응국의 포지션은 투수였다. 고교 시절 투수가 부족한 팀 사정 때문에 본인 의사와는 관계없이 마운드에 섰다가, 어쩌다 보니 투수로 보직이 굳어졌다.
"저 자신은 투수보다는 타자 쪽이 하고 싶었어요. 방망이로 때리는 게 더 재미있잖아요. 또 고3 때 추운 날씨에 던지다가 어깨를 다치는 바람에, 그 이후로는 계속 아픈 상태로 공을 던져야 했죠. 사실 투수를 하면서는 별로 좋았던 기억이 없었던 것 같아요."
김응국의 말이다.

고려대에 입학한 뒤에는 선동열, 박노준 등 쟁쟁한 선배들에 가려 실력을 발휘할 기회조차 없었다. 그러다 1987년 신인드래프트에서 롯데의 2차 지명을 받아 '생판 모르는 동네'인 부산에 발을 디디게 됐다.

"원래는 태평양의 지명을 받을 줄 알았어요.

롯데에서 지명할 줄은 생각도 못했죠. 서울에서 태어나 서울서만 자랐는데 과연 적응할 수 있을까 걱정이 많았습니다. 관두고 모교에서 체육교사나 할까 하는 생각까지 했어요."
그렇게 내려간 지가 벌써 25년. 부산은 그에게 고향이나 다름없는 곳이 됐다. 구수한 경상도 말씨가, 모르는 사람이 들으면 영락없는 부산 토박이다.

프로에서 출발은 나쁘지 않았다. 입단 첫해 시범경기에서 호투한 뒤 개막 3연전 삼성전에는 선발 투수로 기회를 얻었다. 하지만 몇 경기 부진하자 더 이상 기회가 주어지지 않았고, 이후에는 1군과 2군을 들락거리는 생활이 시작됐다.
과거에는 '한번 2군은 영원한 2군'이었다. 2군으로 내려간 선수는 운동할 의욕을 잃고, 2군의 분위기에 젖어 그대로 선수 생활이 끝나는 경우가 대부분이었다.
하지만 김응국은 달랐다. 2군에 있는 동안 야구 인생 역전홈런의 기회가 찾아온 것이다.
"그때만 해도 2군은 선수가 부족해서 투수도 타자로 나설 때가 많았어요. 어느 날 선배랑 연습 배팅에서 누가 홈런을 많이 치나 아이스크림 내기를 했는데, 제가 10개 중 3개를 담장 밖으로 날렸죠. 그때 처음 팀에서 타격 쪽의 재능을 인정받았죠. 그 이후 2군 경기에서 종종 안타를 쳤고, 한번은 투수로 나선 경기에서 만루 홈런을 기록하기도 했어요."

결국 2년차 시즌인 1989년 말미, 롯데는 김응국을 다시 1군으로 불러올렸다. 그의 머리엔 모자 대신 헬멧이, 손에는 공 대신에 배트가 쥐어져 있었다. 10경기 출장에 타율 4할8푼3리. 고려대 선배 정삼흠(LG)을 상대로는 데뷔 첫 홈런도 뽑아냈다. 방출 대상이던 '투수' 김응국이 사라진 자리에, '타자' 기대주 김응국이 나타난 것이다.

그해 겨울, 김응국은 야구를 시작한 이래 가장 혹독한 훈련을 소화했다. 스스로가 '정말 미친 듯이 야구에 몰두했다'고 말할 정도다.
"투수만 하다 타자로 바로 경기에 나서게 됐으니 정말 좋은 기회잖아요. 무엇보다 제가 정

말로 하고 싶었던 타자를 하게 된 거니까, 신이 나서 더 열심히 했죠."
노력은 신뢰로 돌아왔다. 김응국은 1990년 개막전부터 중심 타선에 배치됐고, 시즌 초반 3할대의 고타율을 기록하며 벤치의 믿음에 답했다.

"운이 좋았죠. 김진영 감독님도 전폭적으로 밀어주셨고. 또 저 역시도 감독님이 밀어 주신 만큼 보여 줬구요."
시즌 최종 성적은 2할9푼2리에 7홈런 47타점 21도루. 타자 전향 2년째라고는 믿기 힘들 만큼 뛰어난 기록이었다. 타자 변신은 대성공이었다.

1440경기 5673타석 1452안타 타율 2할9푼3리 86홈런 667타점 207도루.
통산 16년 동안 김응국이 프로야구에 남긴 위업이다. 타고난 중거리 타자로 수많은 2루타와 3루타를 만들어 냈고, 뛰어난 선구안으로 늘 볼넷 숫자가 삼진보다 많았다. 인사이드파크 홈런 3개는 개인 통산 1위 기록이다. MVP에 선정된 1991년 올스타전에서는 2루타가 하나 부족해서 아깝게 사이클링히트를 놓쳤다.
"타자 전향할 때부터 중거리 타자로 나가야겠다고 의식을 했어요. 당시 사직구장 펜스가 워낙 높아서 아무리 해봐야 홈런을 많이 칠 수 있을 것 같지가 않더라구요. 타율과 출루에 중점을 두고, 일단 나가면 많이 뛰어야겠다고 마음을 먹었죠."

그의 야구 인생에서 가장 기뻤던 기억과 제일 아쉬운 기억은 모두 한국시리즈로 통한다.
기뻤던 순간은 1992년의 우승. 팀도 개인도 최고의 성적을 거둔 시즌이다.
"선수들이 다 미쳤었죠. 한번 분위기를 타기 시작하니까 설마가 진짜가 되더군요."
반대로 1995년은 아쉬운 기억이다.
"그때 우승했으면 롯데가 계속해서 강팀으로 갈 수 있었을 텐데, 준우승에 그치면서 하락세를 타기 시작했죠. 꼴찌를 몇 년을 한 건지."

개인적으로는 부상에 신음한 1997년과 1998년이 아픈 기억이다.
"그 2년이 아니었으면 자유계약선수(FA) 자격을 좀 더 일찍 얻을 수 있었을 거예요. 뒤늦게 FA 신청했을 때는 30대 중반이라 좋은 대우를 받기 어려웠죠. 그런 제도가 생길 줄 누가 알았겠어요. 그것도 다 자기 복이죠. 그러고 보면 요즘 후배들은 정말 좋은 여건에서 운동하는 셈입니다. 솔직히 부러울 때가 많아요."

김응국은 지난 2006년을 끝으로 정든 그라운드를 떠나 지도자 생활을 시작했다. 현재는 김해고등학교에서 타격코치로 제자들을 가르치고 있다.
그 자신이 방출 대상에서 최고의 타자로 변신한 경험을 했기 때문일까, 그는 어떤 선수라도 가망이 없다고 쉽게 포기하는 법이 없다. 숨어 있는 장점을 찾아내기 위해 끈기 있게 돕는 것을 목표로 삼는다.
"신입생 때만 해도 '안 되겠다' 싶던 친구들이 지금은 3학년이 돼 주전으로 활약하고 있습니다. 계속해서 같이 연습을 하니까 결국에는 해내더라고요. 참 신기하죠."

물론 그의 마지막 꿈은 여전히 '친정' 롯데를 향해 있다.
"미우나 고우나 롯데죠. 부산은 저에게는 고향이나 다름없는 곳이니까요. 롯데 유니폼을 입고 후배들과 함께 우승을 해 보는 게 바람입니다."

그 꿈이 이루어지는 날, 김응국의 야구는 마치 '호랑나비' 노래의 마지막처럼 유쾌한 웃음소리로 유종의 미를 거두게 될 것이다.

호랑나비는 지금도 사직구장 어딘가를 날고 있다.

빙그레-한화 이글스

전설을 만든 공포의 다이너마이트 타선

_ 1986년 03월 08일 창단
_ 1993년 11월 01일 변경

7

100승 이상 투수 최다 배출(4명), 최다 영구결번(3명)
정규시즌 1위 2회(1989, 1992)
한국시리즈 우승 1회(1999), 한국시리즈 준우승 5회
팀 통산 1500승 달성(2011시즌, 6번째)
역대 최초 한 시즌 클린업트리오 100홈런-300타점(1999)
역대 최초 한 시즌 20홈런 타자 5명(2000)
역대 최초 3일 연속 만루 홈런(2011.06.14~16, 유일)
통산 총관중 6위(2011시즌, 누적 7,156,478명)

영구결번 35(2005년 장종훈), 21(2009년 송진우), 23(2009년 정민철)

BASEBALL CHRONICLE

통산 정규시즌
(PO=플레이오프, 준PO=준플레이오프)

연도	포스트시즌	정규시즌	경기	승	패	무	승률
1986		전기 7위 후기 6위	108	31	76	1	0.290
1987		전기 6위 후기 7위	108	47	57	4	0.454
1988	준우승	전기 2위 후기 4위	108	62	45	1	0.579
1989	준우승	1위	120	71	46	3	0.604
1990	준PO 패	4위	120	68	50	2	0.575
1991	준우승	2위	126	72	49	5	0.591
1992	준우승	1위	126	81	43	2	0.651
1993		5위	126	61	61	4	0.500
1994	PO 패	3위	126	65	59	2	0.524
1995		6위	126	55	71	0	0.437
1996	준PO 패	3위	126	70	55	1	0.560
1997		7위	126	51	73	2	0.413
1998		7위	126	55	66	5	0.455
1999	우승	매직 2위 (통합 4위)	132	72	58	2	0.554

연도	포스트 시즌	정규 시즌	경기	승	패	무	승률
2000		매직 2위 (통합 7위)	133	50	78	5	0.391
2001	준PO 패	4위	133	61	68	4	0.473
2002		7위	133	59	69	5	0.461
2003		5위	133	63	65	5	0.492
2004		7위	133	53	74	6	0.417
2005	PO 패	4위	126	64	61	1	0.512
2006	준우승	3위	126	67	57	2	0.540
2007	PO 패	3위	126	67	57	2	0.540
2008		5위	126	64	62	0	0.508
2009		8위	133	46	84	3	0.346
2010		8위	133	49	82	2	0.391
2011		6위	133	59	72	2	0.450
통산	26시즌		3139	1563	1638	71	0.489

통산 포스트시즌
74전 31승 42패 1무(한국시리즈 31전 9승 21패 1무)

연도	최종 결과	라운드	상대	결과 승/패	승	패	무
1988	준우승	플레이오프	삼성 라이온즈	승	3	0	0
		한국시리즈	해태 타이거즈	패	2	4	0
1989	준우승	한국시리즈	해태 타이거즈	패	1	4	0
1990	준PO 패	준플레이오프	삼성 라이온즈	패	0	2	0
1991	준우승	플레이오프	삼성 라이온즈	승	3	1	0
		한국시리즈	해태 타이거즈	패	0	4	0
1992	준우승	한국시리즈	롯데 자이언츠	패	1	4	0
1994	PO패	준플레이오프	해태 타이거즈	승	2	0	0
		플레이오프	태평양 돌핀스	패	0	3	0
1996	준PO패	준플레이오프	현대 유니콘스	패	0	2	0
1999	우승	플레이오프	두산 베어스	승	4	0	0
		한국시리즈	롯데 자이언츠	승	4	1	0
2001	준PO 패	준플레이오프	두산 베어스	패	0	2	0
2005	PO 패	준플레이오프	SK 와이번스	승	3	2	0
		플레이오프	두산 베어스	패	0	3	0
2006	준우승	준플레이오프	KIA 타이거즈	승	2	1	0
		플레이오프	현대 유니콘스	승	3	1	0
		한국시리즈	삼성 라이온즈	패	1	4	1
2007	PO패	준플레이오프	삼성 라이온즈	승	2	1	0
		플레이오프	두산 베어스	패	0	3	0

역대 감독
(8명)

성명	재임 기간	경기	승	패	무	승률
배성서	1985.03.01~1987.10.13	216	78	133	5	0.370
김영덕	1987.10.14~1993.11.23	726	415	294	17	0.585
강병철	1993.11.24~1998.07.07	568	270	291	7	0.481
이희수	1998.07.08~2000.11.08	327	148	169	10	0.467
이광환	2000.11.09~2002.10.31	266	120	137	9	0.467
유승안	2002.11.05~2004.10.03	266	116	139	11	0.455
김인식	2004.10.04~2009.09.25	637	308	321	8	0.490
한대화	2009.09.30~	266	108	154	4	0.412

대전-충청을 연고지로 탄생한 일곱 번째 구단

1984년을 끝으로 OB 베어스는 연고지를 대전-충청에서 서울로 이전했다. 이는 '야반도주'가 아닌, 프로야구 출범 당시부터 미리 약속된 사안이었다.

이에 OB가 대전에 있는 동안에도, 수면 아래서는 충청도를 대표하는 새로운 팀을 창단하기 위한 준비 작업이 진행되고 있었다. 충청지역 야구 팬들을 위해서든, 충청권 아마추어 선수들의 졸업 후 진로 때문에라도 당장 1985년부터 새로운 충청팀의 리그 참가가 절실했기 때문이다.

새로운 충청 구단의 창단은 처음에는 순탄해 보였다. 프로야구가 출범 첫해부터 예상을 뛰어넘는 인기를 끌며 대성공을 거두자, 여러 기업에서 신규 구단의 창단을 희망하고 나섰다. 그 중에서도 충청도에 연고가 있는 한국화약(한화그룹)과 동아건설은 가장 유력한 대상으로 꼽혔.

한화는 충청도 토박이인 김승연 회장의 집안 내력과 그룹이 고교야구의 강호 천안북일고의 학교법인 설립주체라는 점을, 동아건설은 최원석 회장이 대전 출신이라는 점을 각각 충청팀 창단의 명분으로 내세웠다. 두 회사 외에도 태평양, 금성사, 농심, 한일합섬, 쌍방울, 한국야쿠르트 등이 1982년 연말 일제히 창단신청서를 KBO에 제출하며 창단 경쟁에 뛰어들었다. 금방이라도 일곱 번째 구단이 창단될 것만 같은 분위기였다.

하지만 프로야구 가입 조건이 발목을 잡았다. 1984년 1월 27일, 기존 6개 구단 구단주들은 이사회를 거친 끝에 다음과 같은 신규 구단 창단 승인 조건을 제시했다.

- 야구회관 건립을 위한 30억 원의 가입금을 KBO에 납부할 것
- 대전구장 관중석을 2만석까지 늘리고 인조잔디를 포설할 것
- 6개인 충청권 고교야구팀을 1988년까지 10개 팀으로 확대할 것
- 1985년부터 프로야구 정규시즌에 참가할 것

위의 조건을 수락하는 기업에게 창단우선권을 주겠다는 게 당시 이사회의 발표 내용이었다. 가입금 30억은 "기존 프로구단이 매년마다 10억 원 이상의 적자를 보며 프로야구 시장을 개척한 만큼, 신규 구단이 그냥 무임승차하게 할 수는 없다"는 논리를 내세워 책정됐다.

문제는 KBO의 조건을 그대로 수용하면 가입금 30억 원을 포함해 적게는 60억에서 많게는 100억 가까운 창단 자금이 소요된다는 것. 이에 과중한 가입금에 부담을 느낀 동아건설이 창단 철회를 결정한 탓에 한국화약은 사실상의 단독 후보로 KBO와 협상 테이블에 앉게 됐다.

이후 가입금 문제를 놓고 양측 간에 1년 가까이 길고 지루한 협상이 펼

쳐졌다. 한국화약이 "가입금 조건 때문에 창단을 포기할 수도 있다"고 밀고 나오면, KBO는 "다른 기업에게 우선권을 줄 수도 있다"고 당기는 식이었다.

결국 협상은 해를 넘겨 이어진 끝에 1985년 1월 11일에 가서야 합의점을 찾았다. 가입금을 현금으로 내놓는 대신 한화에서 강남구 도곡동에 30억 원 상당의 건물을 지어준다는 조건이었다. 건물을 지을 대지 선정, 설계, 시공 등의 모든 사항은 KBO 실행위원회의 승인을 거치도록 했다. 그 결과 1988년 5월 24일 완공된 건물이 현재 KBO와 대한야구협회가 사용하고 있는 야구회관이다.

한편 창단 작업이 난항을 겪은 덕분에 새 충청팀을 당장 1985년부터 리그에 참가시키려던 계획은 무산됐다. 대신 1985년은 창단 준비와 2군 리그 참가로 전력을 다진 뒤, 1986년부터 1군 무대에 참여하는 것으로 결론이 내려졌다.

어렵게 창단 승인을 얻어낸 한화그룹은 곧장 창단준비위를 구성해 구단 설립에 나섰다. 1월 12일에는 구단명을 한화가 아닌 그룹 계열사 중 하나인 빙그레로 정했다. 이는 '프로야구 창설목적의 첫째가 소비자들에게 그룹이미지를 부각, 자사 제품의 판매를 촉진하는데 있는 만큼 소비재 상품명과 관련되는 명칭이어야'하는데 '한국화약 그룹의 유일한 일반소비상품이 아이스크림 빙그레'라는 점에 착안한 것이다.

또한 구단 마스코트는 일반 팬을 대상으로 상금 700만 원을 내걸고 공모한 끝에 「독수리」를 뜻하는 「이글스」로 결정됐다. 그리고 3월 8일에는 창단 사령탑에 배성서 전 한양대 감독을 선임했다. 한때 MBC 청룡 초대 감독으로 거론되기도 했던 배성서 감독은 영남대와 한양대를 여러 차례 우승으로

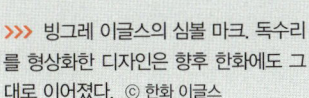
>>> 빙그레 이글스의 심볼 마크. 독수리를 형상화한 디자인은 향후 한화에도 그대로 이어졌다. ⓒ 한화 이글스

이끌며 지도력을 인정받았다. 한화그룹에서는 배성서 감독이 1974년 영남대 야구부 창단 감독을 맡아 단기간에 우승까지 이끈 경력을 높이 샀다.

문제는 선수 수급이었다. 애초 기존 6개 구단은 빙그레에 적극적인 선수 지원을 약속했지만, 막상 창단 작업이 진행되자 하나같이 지원에 난색을 표한 것이다. 기존 구단들도 선수층이 두텁지 못한 실정인데다, 신생구단에 대한 선수 지원이 강제가 아닌 권고 사항인 탓에 적극 협력의 필요성을 느끼지 못한 것이다.

그 결과 1985년 4월말까지 빙그레가 확보한 선수는 고작 8명. 아마야구와의 마찰을 감수하고 영입한 신인 이상군, 민문식, 전대영과 삼성이 지명권을 양보해 데려온 이강돈, 강정길, 그리고 롯데에서 트레이드해 온 이석규, 이광길, 김재열이 전부였다. 청백전은커녕 경기를 위해 필요한 한 팀의 최소 인원 9명도 채우지 못한 것이다.

다급해진 빙그레는 5월 8일과 9일 대전구장에서 「신인 선발대회」라는 이름으로 공개 선수모집에 나섰다. 이를 통해 홍순만(해태), 김호인(삼미)

등의 프로 경력자를 포함한 10여 명의 선수를 추가로 확보할 수 있었다.

그리고 여기에 비교적 선수층이 두터운 편이었던 삼성으로부터 시즌 중 김한근과 박찬을 영입했고, 시즌이 끝난 뒤에는 김성갑, 성낙수, 황병일을 추가로 영입할 수 있었다.

다른 구단도 여기에 동참해 롯데는 투수 천창호를, OB도 김우열과 김일중을 빙그레로 보냈다. 해태 역시 팀내에서 자리가 없어진 유승안과 김종윤을 트레이드 형식으로 빙그레에 지원했다. 청보에서는 재계약 협상에 실패한 「너구리」 장명부가 건너왔다.

그리고 그해 신인 드래프트에서는 특급잠수함 한희민과 대졸 포수 최대어인 김상국을 지명해 어렵사리 주황색 유니폼을 입히는 데 성공했다. 천신만고 끝에 1군 무대에서 정상적인 경기를 할 수 있는 최소한의 선수 구성이 완료된 것이다.

그리고 1986년 3월 8일, 대전 충무체육관에서 빙그레 이글스의 창단 행사가 열렸다. 프로야구 제 7구단의 공식적인 첫 행보가 시작된 순간이다.

빙그레 이글스 창단 멤버

감 독	배성서
코 치	정연회, 이재환, 김윤겸
투 수	영입 : 성낙수, 김재열, 천창호, 임재준, 오문현, 장명부
	신인 : 이상군, 한희민, 손문곤, 김연철, 민문식, 유해덕, 김일중, 박태준, 유해남, 조호표
포 수	영입 : 유승안, 김성호, 배원영, 홍순만
	신인 : 김상국, 김종문, 강규원

내야수	영입 : 황병일, 김성갑, 이석규, 이광길, 김한근, 박재천, 이근식
	신인 : 강정길, 전대영, 김정태, 임순태, 김종수, 김현택, 이군노, 송상진, 이정은, 김수길, 임학빈, 이영일, 장종훈
외야수	영입 : 김우열, 김종윤, 박찬, 김호인, 이성수, 고원부
	신인 : 이강돈, 장훈, 윤홍식

독수리 높이 날다

1986년 4월 1일, 대전구장에서 빙그레의 역사적인 첫 경기가 열렸다. 상대는 MBC 청룡.

경기 내용은 절망과 희망이 교차했다. 개막전 선발로 내보낸 장명부가 5이닝 6실점으로 무너진 것은 절망적이었다. 하지만 6회부터 나온 한희민의 호투는 '앞으로'를 기대하게 하기에 충분했다.

게다가 빙그레 타자들은 하기룡-김용수-유종겸-오영일-김태원 등 주력 투수를 총동원한 MBC를 상대로 막판 맹추격전을 벌였다. 빙그레로서는 7-8, 한 점 차까지 따라붙은 9회말 무사 2, 3루에서 4, 5번 타자가 삼진과 범타로 물러난 것이 아쉬웠다. 1사 2, 3루에서 김상국이 날린 우익수 플라이 때 3루 주자 이군노가 홈에서 태그아웃되며 경기는 그대로 끝났다.

그해 빙그레는 전기리그에서 12승 42패, 후기 19승 1무 34패를 기록하며 종합 순위 최하위(31승 1무 76패, 승률 .290)에 그쳤다. 경험부족과 세밀한 플레이 미숙으로 인해 29번이나 1점차 패배를 당한 게 뼈아팠다. 그나마 후기에는 청보를 제치고 7개 팀 중에 6위를 차지한 것이 위안거리였다. 또 영건 듀오 이상군(12승 17패, 평균자책 2.43)과 한희민(9승 13패, 평균자책 3.13)의 활약은 다음 시즌을 기약할 수 있게 했다.

시즌 뒤 열린 신인지명회의에서 빙그레는 2차 2번으로 대구상고-영남대 출신 외야수 이정훈을 얻는데 성공했다. 1987년 드래프트부터 1차 지명권이 팀당 세 장으로 줄어들었기 때문에 지역 연고팀 삼성이 류중일, 강기웅, 장태수를 지명한 탓에 놓치게 된 이정훈을 빙그레가 지명한 것이다.

1987년 이정훈은 데뷔 첫 시즌부터 타격 3위에 해당되는 3할3푼5리의 높은 타율에 20개의 도루를 기록하는 뛰어난 활약으로 신인왕에 올랐다. 또 마운드에서는 이상군이 18승, 한희민이 13승을 따내며 첫해보다 한층 성숙한 투구를 선보였다.

그 결과 빙그레는 전기리그에서 24승 2무 28패로 청보에 한 계단 앞선 6위, 후기에서도 23승 2무 29패로 청보와 공동 6위에 오르며 창단 2년 만에 탈꼴찌에 성공했다.

초대 배성서 감독 시즌별 성적(1985.03.01~1987.10.13)

연도	경기수	승리	패배	무승부	승률	최종순위
1986년	108	31	76	1	0.290	7위
1987년	108	47	57	4	0.454	6위
합계	216	78	133	5	0.370	

창단 두 번째 시즌을 마친 빙그레는 3년 계약기간이 끝난 배성서 감독과의 재계약을 포기하고, OB-삼성을 거친 김영덕 감독을 새 사령탑에 선임했다. 김영덕 감독은 프로 출범 이전에 천안북일고 감독을 지낸 인연이 감독 선임에 주요하게 작용했다. 여기에 1984년 롯데 우승을 일궈낸 강병철 감독까지 타격코치로 가세했다.

각자 우승 경험을 지닌 새 코칭스태프는 동계훈련 기간 동안 빙그레 선수들을 혹독하게 담금질했다. 특히 항상 지적되던 약점인 수비력과 주루플레이를 집중적으로 가다듬었다. 이재환 코치는 김대중, 이동석, 한용덕, 장정순 등 신예급 투수들을 짧은 시간 안에 마운드의 주력으로 끌어올렸다.

결과는 기적에 가까웠다.

1988년, 빙그레는 초반부터 돌풍을 일으켰다. 해태와의 첫 맞대결에서 완승을 거두는 등 시즌 초반 단독 1위를 질주했다. 전기리그 최종 성적은 34승 20패로 해태에 반게임차 뒤진 2위, 후기리그에서도 28승 1무 25패로 해태-삼성에 이은 3위에 올랐다.

시즌 종합 성적 62승 1무 45패 승률 .579로 창단 3년만에 포스트시즌 진출에 성공한 빙그레는 플레이오프에서도 강호 삼성을 3전 전승으로 제압하고 단숨에 한국시리즈 무대를 밟았다.

코칭스태프의 뛰어난 지도력, 베테랑과 신예의 조화, 마운드에는 확실한 원투펀치의 존재, 정교함과 파워가 조화를 이룬 타선 등이 빙그레 돌풍의 비결이었다. 여기에 더해 구단에서 선수들에게 동기를 부여하기 위해 승리수당을 지급하는 등 전폭적인 지원을 아끼지 않은 것도 큰 힘이 되었다.

하지만 신생 빙그레가 창단 첫 한국시리즈 우승의 제물로 삼기에는, 해태는 너무 강한 상대였다. 3년 연속 한국시리즈 우승에 도전하는 해태 선수들은 큰 경기 경험에서 빙그레 선수들을 압도했다.

게다가 삼성 감독 시절 최동원, 선동열을 상대로 첫 경기에 에이스 김시진을 투입했다가 실패를 맛본 김영덕 감독은 1차전 선발로 에이스 한희민이 아닌 이동석을 내세웠다. 결과는 선동열에게 14개의 탈삼진을 헌납한 끝에 0-2의 완패.

경험이 부족한 빙그레 선수들로서는 1패를 먼저 안고 시작한다는 게 너무도 큰 부담으로 다가왔다.

김영덕 감독은 뒤늦게 한희민을 2차전에 투입했지만 기대와는 달리 초반부터 난타당하며 5-6으로 뼈아픈 역전패를 당했다. 3차전도 해태에게 내준 빙그레는 4, 5차전을 잡아 2승을 올리며 잠시 희망을 갖기도 했지만, 6차전에서 해태 문희수의 호투에 막혀 준우승에 만족해야 했다.

해태와의 악연은 이후에도 계속됐다.

이듬해인 1989년, 빙그레는 6할대 승률로 창단 첫 정규시즌 1위를 차지하며 한국시리즈에 직행, 창단 첫 우승의 꿈에 부풀었다.

해태와 만난 한국시리즈도 1차전에서 이상군이 펼친 역투에 힘입어 승리하며 우승에 한 발 더 다가서는 듯했다. 하지만 2차전에서 실책 3개를 저지르며 역전패한 것이 빌미가 되어 내리 4연패, 2년 연속 해태의 헹가래를 지켜봐야 했다.

2년 뒤인 1991년에는 더 비참했다. 그해 빙그레는 플레이오프에서 삼성을 꺾고 한국시리즈에 진출, 해태와 3번째로 우승을 놓고 대결했다. 하지만

단 1경기도 이기지 못하고 4전 전패하면서, 세 번 한국시리즈 진출해 세 번 모두 해태에 우승을 내주는 비극을 경험해야 했다.

창단 초기에 찾아온 여러 번의 우승 기회가 하필 해태의 최전성기와 일치했던 것이 빙그레에게는 너무도 불운이었다.

당시 빙그레에서 한국시리즈를 경험한 유승안 경찰야구단 감독은 "빙그레와 해태의 우승 경험이 승부를 갈랐다"고 평가한다.

"빙그레 선수들은 아마추어 시절 우승을 많이 경험해본 선수들이 아니다. 자수성가라고 할까, 프로에 와서 열심히 연습한 끝에 스타 반열에 오른 선수들이 많았다. 반면 해태 멤버들은 중고등학교, 대학 때부터 수없이 우승을 경험한 스타 출신들이 많았다. 고기도 먹어본 사람이 먹는다고 하지 않나. 한국시리즈도 결국은 (우승을) 해 본 팀이 잘 하더라."

1992년, 빙그레는 그 어느 때보다도 완벽한 전력을 갖추고 네 번째로 한국시리즈 우승에 도전했다.

정규시즌에서 빙그레는 최강이었다. 마운드에서는 송진우(19승), 정민철(14승), 이상군(10승)이 펄펄 날았고 한용덕(9승)도 힘을 보탰다. 「악바리」이정훈이 3할6푼의 타율로 타격왕 2연패에 성공했으며, 장종훈은 41홈런으로 역대 한 시즌 최다홈런 신기록을 달성했다. 20홈런을 넘기는 타자가 극히 드물었던 시절에 나온 기록이라 그 의미는 더욱 컸다. 여기에 이강돈, 강석천, 강정길 등이 좋은 활약을 펼치면서 빙그레 타선은 모기업의 주력사업(화약)에 빗댄 「다이너마이트」라는 별명을 얻게 된다.

1992시즌 최종 성적은 81승 2무 43패. 2위 해태와 무려 10.5게임이나 차이나는 압도적인 1위였다. 게다가 한국시리즈 상대는 천적 해태 대신 정규 시즌 3위인 롯데자이언츠. 3전 4기 우승을 하기에 이보다 좋은 기회도 없어 보였다.

하지만 삼성과 해태를 연파하고 올라온 롯데 선수들의 기세는 무서웠다. 반면 장기간 휴식을 가진 빙그레 선수들은 시리즈 초반 좀처럼 경기 감각을 찾지 못했다. 빙그레는 홈에서 열린 1차전에서 송진우가 기대 이하의 피칭을 하며 6-8로 패했고, 2차전에서도 잘 던지던 정민철을 빼고 9회 송진우를 구원으로 투입했다가 패배를 당했다. 3차전을 어렵게 잡아내며 시리즈 전패는 면했지만 4차전은 염종석에게, 5차전은 박동희에게 당하면서 또 한 번 「준우승 징크스」에 울어야 했다.

계속된 우승 실패의 후유증일까. 1993년 빙그레는 선수들의 집단 부상과 슬럼프로 정규시즌 5위에 그쳤다. 장종훈과 이정훈의 부상과 큰 기대 속에 입단한 신인투수 구대성의 부진이 뼈아팠다. 여기에 오랜 기간 에이스로 활약한 한희민이 구단과의 갈등 끝에 삼성으로 이적하면서 마운드에 공백이 생겼다. 빙그레 팬들에겐 데뷔 2년차를 맞은 정민철의 활약(13승, 평균자책 2.24)이 유일한 볼거리였다. 팀에 변화가 필요한 시기가 찾아온 것이다.

이에 빙그레는 1993년 11월 9일, 구단 이름을 모그룹과 같은 「한화」로 변경하고 제2의 창단을 선언했다. 팀명 변경과 함께 유니폼은 종전의 주황색에서 빨간색으로 교체됐고 CI와 로고도 전부 변경됐다. 또한 김영덕 감독 후임으로 강병철 전 롯데 감독을 영입하고, 유승안-이충순을 코치로 임명하며 코칭스태프 개편도 단행했다.

2대 김영덕 감독 시즌별 성적(1987.10.14~1993.11.23)

연도	경기수	승리	패배	무승부	승률	최종순위
1988년	108	62	45	1	0.579	2위
1989년	120	71	46	3	0.604	2위
1990년	120	68	50	2	0.575	4위
1991년	126	72	49	5	0.591	2위
1992년	126	81	43	2	0.651	2위
1993년	126	61	61	4	0.500	5위
합계	726	415	294	17	0.585	

짧은 영광, 긴 암흑기

　　　　　강병철 감독이 사령탑을 맡은 1994년부터 1998년까지, 한화는 5년 동안 두 차례 포스트시즌에 진출하는 데 그쳤다. 1994년과 1996년에 두 차례 정규시즌 3위를 차지했지만 우승과는 거리가 멀었고 1995년에는 6위, 1997년과 98년에는 7위까지 추락했다.

　전성기 때 팀의 주축으로 활약한 이정훈, 이상군 등이 일제히 부상과 노쇠화로 인한 하락세를 보인 것이 원인이었다. 여기에 1994년 길배진, 1995년 신재웅 등 1차 지명 선수가 거듭 실패하면서 세대교체 작업도 여의치가 않았다.

　그나마 다행인 것은 1996년 신인 드래프트를 통해 향후 팀의 새로운 주

>>> 한화 이글스 로고와 마스코트. ⓒ 한화 이글스

축이 될 선수들을 대거 지명했다는 점이었다. 그해 한화는 신인 지명에서 이영우, 송지만, 김수연, 임수민, 이상열, 심광호, 홍원기 등을 선택하며 세대교체의 물꼬를 트는데 성공했다. 여기에 마운드에서는 기존의 송진우와 정민철이 좌우 에이스로 확고히 자리를 잡았고, 데뷔 첫해 실망스러웠던 구대성이 「대성불패」로 거듭났다.

팀의 새로운 도약을 위한 발판이 어느 정도 마련된 것이다.

하지만 언제쯤 끝이 날지 기약이 없는 리빌딩에 지친 탓일까. 올스타전이 한창 진행 중이던 1998년 7월 9일 광주구장에서 한화 구단은 강병철 감독에게 해임을 통보했다. 이로써 강병철 감독은 2011년 현재까지 한화 구단 역사에서 유일하게 계약 기간을 채우지 못한 감독으로 남게 됐다.

남은 시즌은 천안북일고 감독 출신의 이희수 수석코치가 감독대행으로 마무리했다. 한화는 시즌 뒤 이희수 대행을 정식 감독으로 임명했다.

3대 강병철 감독 시즌별 성적(1993.11.24~1998.07.07)

연도	경기수	승리	패배	무승부	승률	최종순위
1994년	126	65	59	2	0.524	3위
1995년	126	55	71	0	0.437	6위
1996년	126	70	55	1	0.560	4위
1997년	126	51	73	2	0.413	7위
1998년	64	29	33	2	0.468	중도퇴진
합계	568	270	291	7	0.481	

그리고 1999년. 양대리그가 출범한 이해 한화는 정규시즌에서 매직리그 2위를 차지하며 3년만에 포스트시즌 진출에 성공했다.

이어 드림리그 1위 두산을 플레이오프에서 4전 전승으로 물리친 뒤, 한국시리즈에서도 롯데를 4승 1패로 압도하며 창단 14년 만에 첫 우승의 감격을 누렸다. 1992년의 패배를 완벽하게 설욕한 것은 물론, 지긋지긋한 준우승 징크스까지 끊어낸 통쾌한 우승이었다.

구대성은 한국시리즈에서 혼자 1승 3세이브를 따내며 MVP를 수상했고, 정민철도 선발 2승으로 마운드를 굳건히 지켰다.

이해 타선에서는 노장 장종훈이 27개의 홈런을 치며 중심을 잡았고, 외국인 타자 듀오 데이비스와 로마이어가 75홈런-215타점을 합작했다. 세대교체의 주역인 이영우, 백재호, 송지만, 임수민 등도 각자 제몫을 다했다.

하지만 영광의 순간은 짧았다. 1999년 한 해 '반짝'한 뒤 이듬해부터 한화는 다시 긴 암흑기를 맞았다.

>>> 대전구장에 설치된 1999년 한국시리즈 우승 기념탑. 한화 창단 초기의 독수리 마크가 선명하다. ⓒ 손윤

    우승 다음해인 2000년, 한화는 3할 타자 세 명-20홈런 타자 5명을 보유한 타선을 갖고도 시즌 7위로 추락했다. 급격한 마운드 붕괴가 원인이었다.
    1999년 18승을 기록한 에이스 정민철의 일본 진출과 1998시즌에 14승을 거둔 이상목의 공백 등 투수진에 도저히 메울 수 없는 구멍이 생긴 데다가 시즌 중 터진 외국인 선수 로마이어의 「항명 사건」 등으로 팀 분위기까지 엉망진창이 됐다.
    결국 한화는 시즌 뒤 이희수 감독과 재계약을 하지 않고, 대신에 이광환 전 LG 감독을 새 사령탑에 임명했다. 여기에 최동원, 윤동균, 배대웅 등 오랜 기간 그라운드를 떠나 있던 코치들로 코칭스태프를 구성했다. 팀 분위기 쇄신을 위해 이전까지 한화와는 별다른 인연이 없던 외부 지도자들을 대거 영입한 것이다.

4대 이희수 감독 시즌별 성적(1998.07.08~2000.11.08)

연도	경기수	승리	패배	무승부	승률	최종순위
1998년	62	26	33	3	0.441	7위
1999년	132	72	58	2	0.554	4위
2000년	133	50	78	5	0.391	7위
합계	327	148	169	10	0.467	

하지만 이광환 감독의 한화는 시작부터 큰 악재를 만났다.

마운드의 기둥 구대성이 2000년 12월 일본 프로야구 오릭스 진출을 선언하면서 생긴 공백으로 한화는 이듬해인 2001년 내내 마무리 투수 부재에 시달렸다. 외국인 투수 누네스, 워렌과 조규수 등이 돌아가며 뒷문을 막아봤지만 어느 하나 성공을 거두지 못했다. 탄탄한 마무리는 이광환 감독이 주창하는 「스타시스템」을 위한 최우선 조건이다. 여기에 주전 선수들의 연이은 부상과 체력저하도 한화의 발목을 잡았다.

그해 한화는 61승 4무 68패를 기록하며 5할이 안 되는 승률로 4위에 올랐지만, 준플레이오프에서 두산에 2연패를 당하며 탈락했다.

그리고 2002년에는 59승 5무 69패로 전체 7위로 더 내려앉았다. 특히 주포 장종훈이 생애 최악의 성적(타율 2할4푼8리, 12홈런)을 기록하며 급격한 노쇠화를 보였다는 게 심상치 않았다.

5대 이광환 감독 시즌별 성적(2000.11.09~2002.10.31)

연도	경기수	승리	패배	무승부	승률	최종순위
2001년	133	61	68	4	0.473	4위
2002년	133	59	69	5	0.461	7위
합계	266	120	137	9	0.467	

    2002년 11월 6일, 한화는 제6대 감독으로 미국 유학에서 돌아온 유승안을 선임했다. 한화의 첫 프랜차이즈 스타 출신 사령탑이 된 유승안 감독은 이미 1999년 시즌 중반 건강 문제로 자리를 비운 이희수 감독을 대신해 잠시 감독 역할을 한 경험이 있었다.

    2001년 당시 구단 내에서는 내부승격 형태로 감독에 임명하려는 움직임도 있었지만, 한화는 곧장 감독으로 앉히는 대신 해외연수를 권유했고 유승안 감독도 흔쾌히 받아들였다.

    유승안 감독은 취임과 함께 '리빌딩'을 단행했다. 팬들의 비난 여론에도 불구하고 장종훈 대신 신예 김태균을 중용한 것이 대표적이다. 또 수비와 타격 정확성에 문제가 있는 이범호를 붙박이 3루수로 기용했다. 두 선수는 2004년 이후 한화를 대표하는 최고의 스타로 성장했다.

    마운드에서도 노장들에게 기대는 대신 안영명, 박정진 등 신예들의 비중을 높였다. 투수를 교체할 때 마운드에 직접 나가고, 일명 「유승안 시프트」로 알려진 파격적인 수비대형을 구사하는 등 미국야구에서 배운 노하우를 활용하려는 노력도 눈에 띄었다.

    하지만 리빌딩이 성적으로 연결되지 않으면서 한화는 2003년 5위, 2004년 7위에 그쳤다. 시즌 뒤 한화는 계약기간이 끝난 유승안 감독의 후임으로 김인식 전 두산 감독을 새 사령탑으로 영입했다.

6대 유승안 감독 시즌별 성적(2002.11.05~2004.10.03)

연도	경기수	승리	패배	무승부	승률	최종순위
2003년	133	63	65	5	0.492	5위
2004년	133	53	74	6	0.417	7위
합계	266	116	139	11	0.455	

재활공장장의 시대

「덕장」, 「믿음의 야구」 등의 수식어가 대변하듯 인화와 소통을 중요시하는 김인식 감독은 한화에 딱 어울리는 지도자였다.

김인식 감독은 부임 첫해인 2005년 한화를 정규시즌 4위에 올려놓은 것을 시작으로 2006년에는 시즌 3위로 포스트시즌에 올라 한국시리즈까지 진출하는 성과를 거뒀다. 2007년에도 정규시즌에서 전년도와 같은 67승 2무 57패를 기록하며 3위에 올랐다. 한화로 팀 이름이 바뀐 뒤 첫 3년 연속 포스트시즌 진출을 달성한 것이다.

특히 김인식 감독은 「재활공장장」이라는 별명처럼 재기가 불투명한 노장 선수들을 데려다 요긴하게 활용했다. 문동환, 권준헌, 최영필, 지연규, 조성민 등이 김인식 감독의 믿음을 복용하고 부활에 성공한 선수들이다.

일각에선 노장들을 영입하는 바람에 팀의 세대교체가 늦어졌다는 비판

>>> 한화 이글스는 1985년 창단 이래 수많은 레전드급 스타를 배출하며 숱한 영광과 환희의 순간을 만들어 냈다. 사진은 대전구장 내에 설치된 구단 역사 전시물. ⓒ 손윤

을 하기도 하지만, 사실 김인식 감독 입장에서는 어쩔 수 없는 선택이었다. 한화 구단이 2000년대 이후 전력보강을 위해 별다른 투자를 하지 않았고, 2군 전용구장이 없는 팀 사정상 젊은 선수를 키우는데도 한계가 분명했다.

그런 가운데서도 2006년 류현진이라는 괴물신인의 등장은 그야말로 깜짝 놀랄만한 사건이었다. 동산고를 졸업하고 입단한 좌완 류현진은 신인이라고는 도저히 믿기 힘든 피칭을 선보이며 데뷔 첫해 다승, 평균 자책, 탈삼진 3개 부문에서 전부 1위에 올랐다.

그 결과 프로야구 사상 최초로 신인왕과 MVP를 동시 수상했으며, 팀으로서는 역대 세 번째 신인왕이었다. 류현진은 이후 2011년까지 6년 연속 10승 이상을 기록하며 한국을 대표하는 에이스로 활약하고 있다.

이렇다 할 전력보강이 없는 가운데서도 꾸준히 상위권 성적을 유지하던 김인식 감독의 한화는, 2007년 3위를 마지막으로 한계에 도달했다.

이듬해인 2008년, 한화는 전체 5위로 시즌을 마감하며 김인식 감독 부임 후 처음으로 가을야구 도전에 실패했다. 송진우, 구대성 등 노장 투수들이 급격한 노쇠화 현상을 보였고, 안영명, 박정진, 양훈, 김혁민, 유원상 등 젊은 투수들은 성장하는 대신 퇴보했다. 기대했던 재활공장의 신제품 출시도 없었다.

2009년에는 아예 팀 전체가 와르르 무너져 내렸다. 주포 김태균이 시즌 초반 뇌진탕 부상으로 전력에서 이탈한 게 결정적이었다. 여기에 외국인 선수 디아즈와 에릭 연지도 팀에 아무런 도움이 되지 않았다.

결국 한화는 46승 3무 84패로 빙그레 창단 첫해 이후 처음으로 최하위(8위)를 기록하는 수모를 겪어야 했다. 0.346의 승률은 창단 첫해 승률(.290)에 이어 구단 역사상 두 번째로 나쁜 승률이었으며, 5.70의 팀 평균자책은 빙그레 시절까지 포함해도 최악의 기록이었다.

한편 2009시즌을 끝으로 '레전드' 송진우와 정민철이 은퇴를 선언했다. 한화 구단은 두 선수의 공을 기리는 의미에서 21번과 23번을 영구결번으로 지정했다.

그렇게 한 시대가, 역사가 저물어가고 있었다. 다시 한 번 팀을 재건해야 할 시기가 온 것이다.

7대 김인식 감독 시즌별 성적(2004.10.04~2009.09.25)

연도	경기수	승리	패배	무승부	승률	최종순위
2005년	126	64	61	1	0.512	3위
2006년	126	67	57	2	0.540	2위
2007년	126	67	57	2	0.540	3위
2008년	126	64	62	0	0.508	5위
2009년	133	46	84	3	0.346	8위
합계	637	308	321	8	0.490	

야왕 신드롬

2009년 말, 한화는 김인식 감독의 후임으로 한대화 전 삼성 수석코치를 3년 계약으로 영입했다. 신임 한대화 감독은 한밭중-대전고 출신이자 과거 OB가 대전을 홈으로 쓰던 시절 선수로 활약한 바 있는 지역 대표 스타로 한화 감독으로서는 더할 나위 없는 적임자였다.

하지만 한대화 감독은 취임 선물을 받기는커녕, 무너진 투수진과 김태균-이범호가 빠져나간 타선이라는 '폭탄'을 떠맡아야 했다.

게다가 2010년에는 주전 3루수 송광민이 시즌 중에 입대하는 악재가 터졌고, 시즌이 끝난 뒤에는 김태완과 정현석까지 군입대 대열에 합류했다. 여기에 한국 복귀를 선언한 이범호가 친정 한화가 아닌 KIA 유니폼을 입는 상황까지 벌어졌다.

>>> 한화는 장종훈(35번), 정민철(23번), 송진우(21번)의 은퇴와 함께 그들의 등번호를 영구결번으로 지정했다. 사진은 대전구장에 설치된 영구결번 설치물. ⓒ 손윤

거듭되는 악재 속에서도 「한대화 이글스」는 선전을 펼쳤다. 2010년에는 49승 2무 82패(승률 .368)로 2년 연속 최하위에 그쳤지만, 2011년 시즌에는 구단 운영진이 교체된 5월을 기점으로 무서운 상승세를 타기 시작해 한때 4강 진입까지 노릴 정도로 좋은 경기력을 선보였다.

최종 성적은 59승 2무 72패로 LG와 공동 6위. 2년 만의 탈꼴찌도 기쁜 일이지만, 무엇보다 잃었던 대전 팬들의 사랑을 되찾았다는 점에서 성공적인 시즌이었다. 특히 '레전드' 출신 투수코치들의 지도를 통해 김혁민, 양훈, 안승민 등 젊은 투수들의 기량이 급성장한 것도 반가운 부분이다.

한대화 감독은 팬들이 붙여준 「야왕」이란 별명과 함께 야구 팬들 사이에서 높은 인기를 누렸다.

8대 한대화 감독 시즌별 성적(2009.09.30~)

연도	경기수	승리	패배	무승부	승률	최종순위
2010년	133	49	82	2	0.391	8위
2011년	133	59	72	2	0.450	6위
합계	266	108	154	4	0.412	

선수단의 기대 이상의 분전에 구단도 적극적인 투자로 화답하고 있다. 한화는 한때 인색한 투자와 무능력한 일처리로 팬들의 원성을 사기도 했지만, 2011년 초 구단 수뇌부가 물갈이된 뒤에는 확연히 달라진 모습이다. 특히 구단주가 빙그레 창단 초기 못지않은 관심과 의욕을 야구단에 보여주고 있다는 점이 고무적이다.

2011년 신인드래프트 1순위 유창식에 7억 원의 계약금을 안긴 것이 대표적인 예. 리빌딩을 위한 선수를 스카우트하기 위해 투자를 아끼지 않은 것이다. 여기에 시즌 막판에는 '5위 달성 시 3억 원 지급'을 내거는 등 선수단에 동기 부여를 위한 당근도 빼놓지 않았다.

대전구장과 2군 전용 훈련장의 증축을 확정하며 팀의 미래를 위한 시설 투자에도 나섰다.

독수리의 화려한 날개 짓이 다시 시작될 날이 멀지 않았다.

빙그레-한화 연도별 관중 현황(인원 : 명)

구분	총관중 수	경기 당 관중 수
1986년	198,577	3,677
1987년	148,301	2,746
1988년	211,402	3,915
1989년	298,860	4,981
1990년	309,357	5,156
1991년	377,017	5,984
1992년	380,391	6,038
1993년	297,999	4,730
1994년	316,273	5,020
1995년	359,611	5,708
1996년	369,717	5,869
1997년	226,982	3,603
1998년	208,880	3,316
1999년	218,404	3,309
2000년	155,284	2,318
2001년	233,374	3,536

구분	총관중 수	경기 당 관중 수
2002년	158,650	2,368
2003년	162,735	2,466
2004년	128,387	1,916
2005년	218,333	3,466
2006년	244,664	3,884
2007년	322,537	5,120
2008년	372,986	5,920
2009년	375,589	5,691
2010년	397,297	5,930
2011년	464,871	7,043
26시즌	7,156,478	4,561

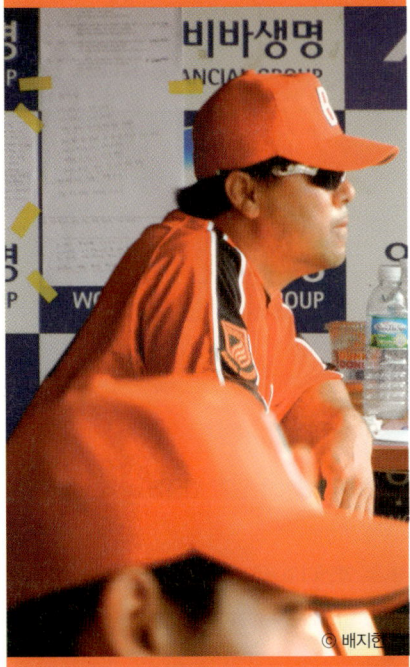

악바리 이정훈

1963년 8월 28일생
현 천안 북일고 감독

경력	빙그레-한화 이글스(1987~1994) 삼성 라이온즈(1995~1996) OB 베어스(1997) LG 트윈스 코치(2008)
수상	최우수신인 수상(1987년) 타격왕 2회(1991~92년) 최다안타 1회(1987년) 골든글러브 4회(1988, 1990~92년)
기록	통산 918경기 출장 918안타 66홈런, 타율 0.299

'악바리'라 불리는 사나이가 있었다. 작지만 다부진 몸에 눈매가 날카로웠다. 타석에 서면 투수를 잡아먹을 듯한 기세로 덤볐다. 번개처럼 빠르고 간결한 스윙에 투수들은 던질 곳이 없었고, 수비수들은 잔뜩 긴장했다. 아무리 강한 상대를 만나도 겁먹지 않았고, 그 어떤 절망적인 상황에서도 절대 포기하는 법이 없었다.
바로 빙그레 다이너마이트 타선의 선봉장, 이정훈 북일고 감독이다.

"경기에 나서기 전에는 항상 '부수자'고 다짐했어요. 상대 투수 부수는 게 내가 할 일이잖아요."
그는 매일 경기 시작 전이면 화장실 거울 앞에서 눈을 감았다. 혼잣말로 스스로에게 다짐했다. '오늘도 부숴 버리자'라고.
그런 마음가짐이 경기장에서 특유의 악바리 근성으로 나타났다. 그리고 온갖 부상과 불운에도 신인왕과 2년 연속 타율왕, 4번의 골든글러브를 차지하는 감격으로 돌아왔다.

빙그레와 한화를 대표하는 프랜차이즈 스타지만, 이정훈의 고향은 대구다. 대구상고(상원고) 시절에는 경북고 류중일, 대구고 강기웅과 함

께 대구 지역 3대 야구 천재로 꼽혔다.
하지만 소속팀 전력이 약해 제대로 실력을 보여 줄 기회가 없었다. 대학도 서울 명문대나 대구 경북쪽이 아닌 부산 동아대로 진학했다.
프로에서는 고향팀 삼성이 아닌 대전 연고의 신생팀 빙그레 이글스에 입단했다. 고향팀에 입단하지 못한 아쉬움은 없었을까.
"오히려 운이 좋았죠."

그는 당시 삼성은 외야에 쟁쟁한 선배들이 많아서 입단해도 기회를 얻기 힘들었을 거라 했다.
"빙그레에 왔으니까 많은 기회를 얻고 신인왕까지 할 수 있었다고 생각합니다. 고향은 대구지만 이정훈 이름 석 자를 날리게 해 준 곳은 대전이고 빙그레죠. 팬들에게 정말로 많은 사랑도 받았구요. 감사할 뿐입니다."

독수리 유니폼을 입은 이정훈은 첫해부터 펄펄 날았다. 1987년 100경기에서 타율 3할3푼 5리로 타격 3위에 최다안타 1위(124개), 22경기 연속 안타 등을 기록했다.
"대학교 3학년 때부터 미리 알루미늄 배트가 아닌 나무 배트로 훈련했죠. 덕분에 적응하는 데 걸리는 시간을 크게 단축할 수 있었어요."

그해 신인왕은 당연히 그의 차지였다. 아마추어 시절 내내 멀찍이 앞에 있던 류중일, 강기웅을 마침내 프로에 와서 추월한 것이다.
"남들과 똑같이 해갖고는 저 같은 신체 조건으로 어떻게 최고가 되겠어요. 항상 '내 라이벌은 지금도 뛰고 있다'는 생각으로 배로 더 열심히 훈련했던 것 같아요. 술 마시고 늦게 들어온 날에도 다른 날과 똑같이 훈련한 뒤에야 잠들었고. 어쩌다 4타수 무안타라도 친 날에는 분해서 밥도 안 먹었어요. 스스로 만족할 때까지 스윙한 뒤에야 직성이 풀렸죠."

독한 야구, 근성의 야구, 악바리 야구는 1991년과 1992년에 화려하게 꽃을 피웠다. 2년 연속 타율 1위. 특히 1992년에는 3할6푼의 고타율에 25홈런과 20도루를 기록하며 20-20 클럽에도 가입했다. 힘과 정확성을 겸비한 완벽한 타자로 한 단계 더 올라선 것이다.

"그 즈음에는 나 스스로가 완전히 야구에 눈을 떴다고 생각했어요. 공을 그렇게 완벽하게 칠 수가 없었죠. 선배 해설자 중에는 충분히 4할을 칠거라는 분도 계실 정도였으니까요."

기량뿐만 아니라 정신적으로도 성숙해졌다.

"더 이상 한 경기 결과를 갖고 일희일비하지 않았죠. 안타 두세 개 친다고 좋아하지도 않았고, 못한 날 노여워하지도 않았고, 잘한 날도 차분하게 다음 경기를 준비했죠. 항상 평상심을 유지하면서 내 페이스를 이어가는 법을 터득했어요. 야구가 딱 6년 만에 그걸 저한테 주더군요."

운명의 장난일까. 하필이면 바로 그때, 타자에게는 가장 치명적인 손목 부상이 도둑처럼 갑자기 찾아왔다. 항상 몸을 사리지 않는 플레이로 온갖 부상을 달고 산 이정훈도 손목 부상은 이겨 내지 못했다.

"부상, 많았죠. 허리 부상으로 불구가 될 뻔한 적도 있고, 어깨 인대가 끊어지고 발목이 돌아가는 부상도 있었고. 그런데 손목 부상 때는 이제 힘들겠다는 생각이 들더군요. 아마 요즘의 재활치료 시스템이라면 달랐을지 몰라요. 그때는 제대로 치료하고 재활하는 방법도 몰랐고, 제 딴에는 빨리 경기에 나가고 싶은 욕심이 앞섰죠."

결국 이정훈은 1997년 OB에서 기록한 타율 2할3푼7리를 끝으로 유니폼을 벗었다. 장효조의 모든 기록을 갈아 치울 것으로 기대했던 강타자의 퇴장치고는 쓸쓸한 마무리였다.

이후 이정훈은 한화와 LG의 코치를 거쳐 2008년부터 야구 명문 북일고 감독으로 제자들을 양성하고 있다.

"아쉽죠. 팀이 한 번도 우승하지 못한 것도 아쉽고, 더 많은 기록을 남기고 은퇴할 수도 있었는데 그러지 못한 것도 아쉽구요."

하지만 다시 그때로 돌아가도, 몸을 사리면서 야구할 생각은 없단다.
"프로 선수가 몸 사리는 게 어딨어요. 항상 운동장에서 온 힘을 다했으니까 제가 지도자 하면서도 후배들에게 할 말이 있는 거죠. 프로는 자기가 힘닿고 할 수 있는 데까지는 최선을 다해야 합니다."

이는 그가 가르치는 북일고 선수들에게도 마찬가지다.
"아이들을 강인하게 키우려고 합니다. 대학이나 프로에 가면 더 높은 벽이 기다리고 있는데, 고교에서 대충 하면 그 벽을 부수고 올라설 수가 없어요."

이정훈은 프로에서 활약하는 후배들을 향한 따끔한 충고도 잊지 않았다.
"요즘 선수들은 조금만 잘해도 많은 연봉이 나오니까, 어느 정도만 하고서는 만족하는 경향이 있어요. 야구에 대한 절실함이나 목표의식이 예전보다 약한 것 같아요. 엄청난 대기록이나 슈퍼스타가 나오지 않는 이유죠. 이렇게 좋은 시기에 야구하는 것에 대해 후배들이 감사하게 생각하고, 지금보다 더 좋은 환경을 후배들에게 물려주겠다는 포부를 가졌으면 합니다."

원조 「악바리」는 지금, 프로야구에 새로운 악바리의 등장을 기대하고 있다.

8

쌍방울 레이더스
짧지만 강력했던 돌격대의 봄날

_1990년 03월 31일 창단
_2000년 01월 07일 해체

한국 프로야구 최초 공식 해체 구단
정규시즌 2위 1회(1996), 3위 1회(1997)
역대 한 시즌 팀 최다 구원승(1996, 42승)
역대 2번째 한 시즌 팀 최저 승률(1999, 0.224)
한 시즌 팀 최다 97패(1999, 역대 공동1위)
팀 최소 관중 54명(1999.10.07, 역대 1위)
역대 한 시즌 최소 관중(1999, 49,956명)
팀 통산 400승 달성(1998시즌, 8번째)
통산 총관중 10위(1999시즌, 총 1,419,875명)

BASEBALL CHRONICLE

통산 정규시즌
(PO=플레이오프, 준PO=준플레이오프)

연도	포스트시즌	정규시즌	경기	승	패	무	승률
1991		6위	126	52	71	3	0.425
1992		8위	126	41	84	1	0.329
1993		7위	126	43	78	5	0.361
1994		8위	126	47	74	5	0.393
1995		8위	126	45	78	3	0.369
1996	PO 패	2위	126	70	54	2	0.563
1997	준PO 패	3위	126	71	53	2	0.571
1998		6위	126	58	66	2	0.468
1999		매직 4위 (통합 8위)	132	28	97	7	0.224
통산		9시즌	1140	455	655	30	0.412

통산 포스트시즌
9전 3승 6패(한국시리즈 전적 없음)

연도	최종 결과	라운드	상대	결과 승/패	승	패	무
1996	PO 패	플레이오프	현대 유니콘스	패	2	3	0
1997	준PO 패	준플레이오프	삼성 라이온즈	패	1	3	0

역대 감독
(대행포함 6명)

성명	재임 기간	경기	승	패	무	승률
김인식	1989.11.04~1992.09.23	252	93	155	4	0.375
신용균	1992.09.24~1993.10.26	126	43	78	5	0.361
한동화	1993.10.27~1995.05.15	150	56	89	5	0.386
김우열(대행)	1995.05.16~1995.10.18	102	36	63	3	0.368
김성근	1995.10.19~1999.07.15	459	216	232	11	0.482
김준환(대행)	1999.07.16~2000.03.31	51	11	38	2	0.224

천덕꾸러기 막내동생 쌍방울

「방울 방울 방울 쌍방울 쌍방울.
방울 방울 방울 쌍방울 쌍방울.
빅토리 빅토리 야!」

1990년대 전주구장에는 쌍방울 소리가 요란하게 울려 퍼졌다. 프로야구 최초로 미아가 된 8번째 구단 쌍방울 레이더스.

1989년 2월 9일 KBO 이사회는 '제8구단은 1990년에 창단해서 1991년 출범한다'는 원칙에 합의했다. 제8구단 창단은 당시 프로야구계의 숙원 사업 가운데 하나였다. 제7구단 빙그레가 1986년부터 참가하면서 홀수 팀이 돼 경기 일정이 들쭉날쭉했기 때문이다. 선수 수급과 경기의 질적 저하 문제로 난항을 겪다가 1989년 제8구단의 필요성이 대두했다.

KBO 이사회가 열린 지 한 달 후인 3월 8일 구단주 회의에서 구체적인 가

>>> 쌍방울이 역사의 뒤안길로 사라지며 마스코트 방울이도 흉물스럽게 전주구장에 방치됐다. 돌격대의 최후를 한동안 증명하다가 지금은 흔적도 찾아볼 수 없다. ⓒ쌍방울 팬클럽

이드라인이 제시되며 신생 구단 창단은 급물살을 탔다.

구단주 회의에서 제시된 신생 구단 가이드라인은 다음과 같다.

- 연간 매출액 5천억 원 이상인 기업
- 3만5천 명을 수용할 수 있는 구장 신축
- 가입금은 50억 원 이상

3월 20일 전북 지역 상공인들이 창단을 희망하는 건의서를 제출한 데 이어 22일에는 경남 마산을 연고지로 한 한일그룹이 창단신청서를 냈다. 지역 안배를 내세운 전북과 야구 흥행에 이점을 가진 경남이 치열한 유치 경쟁을 벌였다.

그러나 4월 11일 미원과 쌍방울이 공동 명의로 창단신청서를 내자 한일합섬은 물러날 뜻을 나타냈고, 이로 인해 제8구단 연고지는 사실상 전북으로 결정됐다. 7월 8일 임시 구단주 총회에서 표결에 부친 결과 전북 6표, 경남 1표, 기권 1표로 전북에 구단 창설권이 주어졌다.

원래 쌍방울은 신생 구단 자격 조건에서 연간 매출액이 모자라 미원과 공동 출자하기로 했다. 하지만 프로구단 가입권을 얻자 단독으로 구단을 창설했고, 8월 31일에는 구단 이름을 쌍방울 레이더스로 확정했다.

시즌이 끝난 11월 14일 김인식 초대 감독과 계약을 맺었으며 이듬해 3월 31일 창단식을 열었다. 각 팀에서 지명 트레이드한 9명과 2년에 걸쳐 특별 우선 지명한 20명 등으로 선수단을 구성한 쌍방울은 2군리그에서 35승 19패 8무로 우승을 차지하며 1군 무대를 향한 마지막 점검을 성공적으로 마쳤다.

1991년 4월 5일 쌍방울은 역사적인 첫 경기를 가졌다. 공교롭게도 상대는 '작은 형님'격인 제7구단 빙그레였다. 프로야구가 출범한 후 새롭게 가입한 처지는 같았지만 팀 전력은 하늘과 땅 차이였다. 빙그레는 한국시리즈 정상에 오르지는 못했지만 1989년 정규시즌 1위를 차지했고 1990년에도 정규시즌 3위로 포스트시즌 무대를 밟은 명실상부한 강팀이었다.

그러나 경기 결과는 누구도 예상하지 못한 11-0, 쌍방울의 완승이었다. 선발 등판한 신인 조규제가 빙그레의 다이너마이트 타선을 6회까지 단 1안타로 봉쇄했으며 7회 마운드에 오른 박진석이 경기를 매조졌다. 타선도 홈런 2개를 포함해 장단 17안타로 독수리 마운드를 두들겼다.

첫 단추를 잘 낀 쌍방울은 기대 이상으로 선전을 펼친 끝에 52승 71패 3

무(승률 0.425)를 기록하며 LG와 공동 6위에 올랐다. 1986년 신생팀 빙그레가 31승 1무 76패(승률 0.290)에 그친 것을 생각하면 이변을 일으켰다고 해도 과언이 아니었다.

쌍방울이 2군 우승에 이어 1군 무대에 연착륙할 수 있었던 것은 김인식 감독을 비롯한 코치진의 뛰어난 지도력과 함께 팀 이름 그대로 투타에 쌍방울이 있었기 때문이다.

개막전 호투를 펼친 조규제는 9승 7패 27세이브를 거두며 세이브왕과 신인왕을 차지했다. 타석에서는 김기태가 신인 최다홈런과 좌타자 시즌 최다홈런 기록을 동시에 경신하는 27홈런에 92타점을 올렸다.

그러나 호사다마라고 1991년 9월 17일 OB 전을 앞두고 임신근 수석코치가 심장마비로 타계했다. 전년도인 1990년에는 대형 교통사고로 운전기사가 숨지고 최태곤, 신대형 등 12명이 중경상을 입기도 했었다. 돌이켜보면 창단 후 잇따른 비보는 쌍방울의 가까운 미래를 나타낸 징조였을지도 모른다.

1992년에는 주력 선수들이 부상과 군대 문제로 전력에서 이탈하며 최하위로 추락했다. 31홈런을 친 김기태가 유일한 위안거리였다. 시즌이 끝나고 성적 부진에 따른 책임을 물어 김인식 감독이 물러나고 신용균 코치가 사령탑에 올랐다.

초대 김인식 감독 시즌별 성적(1989.11.04~1992.09.23)

연도	경기수	승리	패배	무승부	승률	최종순위
1991년	126	52	71	3	0.425	6위
1992년	126	41	84	1	0.329	8위
합계	252	93	155	4	0.375	

감독 한 명 바뀐다고 성적이 오를 일은 그리 많지 않은 법이다. 1993년 삼성과 치른 시즌 개막전에서 0-17로 참패하는 등 시즌 7위에 머물렀다.

암담한 분위기 속에서도 「어린 왕자」 김원형이 4월 30일 OB를 맞아 단 한 개의 볼넷만을 허용하는 완벽한 투구로 역대 7번째로 노히트노런을 달성했다. 유일하게 볼넷을 얻은 OB 김민호도 2루 도루를 시도하다가 아웃되어, 이날 OB 선수 가운데 2루를 밟은 이는 단 한 명도 없었다. 투구 수 96개, 탈삼진 6개, 내야 땅볼 12개, 내야 플라이 3개, 외야 플라이 5개였다.

2대 신용균 감독 시즌 성적(1992.09.24~1993.10.26)

연도	경기수	승리	패배	무승부	승률	최종순위
1993년	126	43	78	5	0.361	7위

1994년과 1995년에는 2년 연속 최하위에 머물렀다. 1994년 김기태가 25홈런을 기록하며 왼손 타자로는 최초로 홈런왕에 올랐고, 1995년에는 OB에서 이적한 김광림이 타율 1위(0.337)를 차지한 게 전부라고 해도 과언이 아니다.

하지만 1995년 시즌이 끝난 후 김성근 감독이 지휘봉을 잡으면서 만년 하위권 쌍방울에 변화가 일기 시작했다.

3대 한동화 감독 시즌별 성적(1993.10.27~1995.5.15)

연도	경기수	승리	패배	무승부	승률	최종순위
1994년	126	47	74	5	0.393	8위
1995년	24	9	15	0	0.375	중도퇴진
합계	150	56	89	5	0.386	

김우열 감독대행 시즌 성적(1995.5.16~1995.10.18)

연도	경기수	승리	패배	무승부	승률	최종순위
1995년	102	36	63	3	0.368	8위

돌격대의 짧은 봄날

그때까지 김성근 감독은 우승을 경험하지는 못했지만 약체팀을 상위권으로 끌어올리는 데 탁월한 능력을 발휘하고 있었다. 그 명성 그대로 쌍방울도 고지대의 공기를 맛본다.

애초 1996년 김성근 감독의 목표는 '최소 60승'이었다. 60승은 전년도 5위 삼성이 기록한 승수와 정확하게 일치한다. 만년 하위팀으로 패배 의식에 찌든 선수단에 승리의 기쁨을 알려 주기 위해 일차적으로 중위권 도약을 꿈꾼 것.

그러기 위해 혹독한 훈련으로 팀 전력을 업그레이드했다. 심성보는 「스포츠춘추」와의 인터뷰에서 그 시절 김성근 감독에 대해 '훈련 귀신'이었다고 밝혔다.

"상상도 못할 훈련이 계속됐다. 타자들은 손바닥이 찢어져 스윙할 수 없는데도 감독님 앞에서 다시 수천 번씩 배트를 휘둘렀다. 내야뿐만 아니라 외야 펑고도 하루 1천 개 이상씩 받았다. 오죽 힘들었으면 휴식일에도 어디 나갈 엄두를 내지 못했다. 조금만 무리하게 놀아도 다음날 몸이 얼마나 힘들지 잘 알기 때문이었다."

겨우내 흘린 구슬땀은 시즌 성적으로 나타났다. 8월까지 목표인 60승을 넘어 61승을 거두었으며, 9월에 9승(4패)을 보태면서 해태의 뒤를 이은 2위로 시즌을 마감하며 창단 후 처음으로 포스트시즌에 진출했다.

비록 플레이오프에서 현대를 상대로 먼저 2승을 거두고 3차전부터 내리 3연패하며 한국시리즈 진출에는 실패했지만 쌍방울의 환골탈태는 프로야구를 더 뜨겁게 달궜다.

전년도와 비교해서 전주구장을 찾은 경기 당 관중이 1천여 명이 늘어났으며 총 관중 수도 26만5,918명에 이르렀다.

돌격대의 돌풍을 주도한 것은 마운드였다. 부상에서 돌아온 마무리 투수 조규제는 20세이브를 올리며 뒷문을 확실하게 걸어 잠갔다. 두 자릿수 승리를 올린 선발 투수는 성영재 밖에 없었지만 올망졸망한 투수들을 잇달아 투입하는 인해전술식 마운드 운용이 빛을 발했다.

창단 이래 5년 연속 최하위였던 팀 평균자책점이 3위(3.33)로 뛰어올랐다. 또 김성근표 재생 공장도 특필할 부분이다. 삼성에서 퇴물 취급을 받으며 쫓겨난 김현욱, 오봉옥, 김실 등이 투타에서 힘을 보탰다.

1997년에도 돌격대의 전진은 계속됐다. 성영재, 박성기, 오봉옥 등 부상자가 속출하는 가운데도 전년도보다 1승 더 많은 71승을 거두며 시즌 3위에 올랐다. 김현욱과 김기태라는 투타의 「쌍방울」을 중심으로 똘똘 뭉친 결과였다.

1996년부터 이미 '믿을맨'으로 거듭난 김현욱은 1997시즌 불펜으로만 뛰면서도 다승(20승), 평균자책점(1.88), 승률(0.909)에서 1위를 차지했다. 이러한 김현욱을 앞세워 쌍방울은 역대 한 시즌 최다 구원승(42) 기록을 작성하

>>> 팀은 사라져도 팬은 영원하다. 한국 프로야구가 잃어버린 쌍방울의 기억과 역사를 공유하기 위해 「쌍방울 레이더스 팬클럽」이 만들어졌다. ⓒ 손윤

며 역전 드라마의 단골 주인공이 됐다. 돌격대의 왕방울 김기태는 26홈런에 26경기 연속 안타 기록을 세우며 타율왕(0.344)에 올랐다.

그러나 삼성과 벌인 준플레이오프에서는 1승 2패로 무릎을 꿇었다. '필승 카드' 김현욱이 1, 3차전에 무너지며 패전 투수가 된 것이 뼈아팠다.

김성근 감독이 약체팀을 대변모시킬 수 있었던 것은 혹독한 훈련 이전에 신뢰가 밑바탕에 있었기 때문이다.

1998년 8월 OB에서 쌍방울로 트레이드되어 김성근 야구를 경험한 박상근 양주리틀 감독은 "매정한 분 같지만 선수에 대한 애정이 각별했다"고 밝혔다.

"팀에서 야쿠르트 캠프에 선수를 파견한다고 해서 감독님한테 사비라도 괜찮으니까 보내달라고 떼를 썼다. 감독님이 '왜 가려고 하느냐'고 해서 '저도 나중에 훌륭한 지도자가 되고 싶습니다. 그러기 위해서 일본야구를 꼭 경험하고 싶습니다'고 했더니 아무 말 않고 명단에 내 이름을 올려 주셨다."

4대 김성근 감독 시즌별 성적(1995.10.19~1999.07.15)

연도	경기수	승리	패배	무승부	승률	최종순위
1996년	126	70	54	2	0.563	2위
1997년	126	71	53	2	0.571	3위
1998년	126	58	66	2	0.468	6위
1999년	81	17	59	5	0.224	중도퇴진
합계	459	216	232	11	0.482	

김성근의 돌격대는 만년 하위팀에 매번 꼴찌라는 예상을 비웃으며 2년 연속 포스트시즌에 진출했다. 그러나 거기까지였다.

1998년에는 6위로 추락했고, 1999년에는 승률 2할대를 기록하던 7월 중순 김성근 감독은 돌격대의 모자를 내려놨다. 이후 김준환 코치가 감독대행으로 남은 시즌을 이끌었지만 현격한 전력 차이를 극복하지 못하고 28승 97패 7무(승률 0.224)로 시즌을 마감했다.

어느 야구인은 당시를 떠올리며 "선수 팔기가 부른 재앙이었다"고 했다.

김준환 감독대행 시즌 성적(1999.07.16~2000.03.31)

연도	경기수	승리	패배	무승부	승률	최종순위
1999년	51	11	38	2	0.224	8위

강요된 돌격대의 최후

1997년 11월 21일 오후 10시 임창열 부총리 겸 재정경제원 장관은 "일단 유동성 조절 자금 200억 달러 이상을 국제통화기금(IMF)에 요청키로 했다"고 발표했다. 한국 경제가 IMF 구제 금융 체제에 편입했고, 모기업에 전적으로 의존하던 한국 프로야구도 심한 몸살을 앓았다.

1998년 국민소득이 8년 전 수준(1인당 6천5백 달러)으로 떨어지며 야구장을 찾는 관중도 격감했다. 전년도보다 130만여 명이 감소한 292만9,572명에 그쳤다.

프로야구에 불어닥친 IMF 한파는 동등하지 않았다. 재벌 구단인 삼성, 현대, LG 등은 오히려 공격적인 투자로 전력 상승을 꾀했지만 모기업의 재정 상태가 빈약한 쌍방울, 해태 등은 벌거숭이로 시베리아 벌판에 내몰렸다. 특히 쌍방울의 상황은 심각했다.

1997년 11월 외국인 선수 드래프트가 열렸지만 12만 달러가 아쉬워서 포기했으며, 오히려 '안방마님' 박경완을 9억 원에 현대로 현금 트레이드하기까지 했다. 거기서 그치지 않고 이듬해인 1998년 7월 31일에는 소방수 조규제를 6억 원에 역시 현대로 현금 트레이드했다. 시즌이 끝난 후인 12월 25일에는 김기태와 김현욱을 삼성으로 넘기며 20억 원을 받았다. 구단이 심각한 재정난에 휩싸이자 선수를 팔아 연명한 것이다.

잇따른 현금 트레이드에 김성근 감독은 "어려운 상황에서도 팀을 잘 꾸려 왔는데 이제는 어떡하라는 말이냐"며 허탈감을 감추지 않았다.

쌍방울 현금 트레이드 역사

일 자	내 용
1997.11.11	쌍방울 : 박경완 ↔ 현대 : 김형남, 이근엽 + 9억 원
1998.07.31	쌍방울 : 조규제 ↔ 현대 : 가내영, 박정현 + 6억 원
1998.12.25	쌍방울 : 김기태, 김현욱 ↔ 삼성 : 양용모, 이계성 + 20억 원
1999.11.02	쌍방울 : 2차 1순위 지명권(마일영) ↔ 현대 : 5억 원

선수들의 생활도 말이 아니었다. 모텔에서 잠을 잤고, 한 끼 식사비도 1인당 1만 원에서 5천 원으로 깎였다. 숙박비를 아끼기 위해 대전과 광주 경기는 당일치기로 했다. 이같은 어려움은 선수들만이 아니었다. 구단 직원들은 3년 연속으로 보너스 한 푼 구경하지 못했고, 월급이 밀리는 것은 다반사였다.

팀을 대표하는 스타 선수들이 현대판 심청이가 되면서 성적도 곤두박질쳤다. 1998년 6위로 추락한 것은 이듬해에 비하면 그야말로 양반이었다.
1999시즌 쌍방울은 한마디로 참혹했다. 28승 97패 7무(승률 0.224)는 1982년 삼미가 기록한 15승 65패(승률 0.188)에 이은 역대 한 시즌 최저 승률 2위의 기록이며, 97패는 2002년 롯데와 함께 시즌 최다 패배 공동 1위로 기록되어 있다. 또 8월 25일부터 19월 5일까지 기록한 1무가 포함된 17연패는 1985년 삼미가 기록한 18연패에 이은 역대 2위 기록이다.

쌍방울을 맡아 2년 연속 포스트시즌에 진출시키며 돌풍을 일으킨 김성근 감독도 현격한 전력 차이는 끝내 극복하지 못하고, 결국 17승 59패 5무라는 최악의 성적을 기록한 채 올스타전이 열리던 날 전격적으로 해임되었다. 이후 김준환 코치가 감독대행이 되어 이끈 남은 경기에서 쌍방울은 11승 38패 2무(승률 0.224)를 기록하는데 그쳤다.
9월 18일 「철인」 최태원이 OB 김형석이 보유하고 있던 연속 경기 출전 기록(622)을 갈아치운 데 이어 시즌 마지막 경기까지 635경기로 이어간 것이 이해 유일한 자랑거리였다.

스타 선수들의 연이은 유출과 팀 성적이 하락하며 전주구장을 찾는 팬들의 발걸음도 뚝 끊겼다. 1998년 총 관중 수는 전년도보다 13만여 명이 감소한 8만5,478명에 머물렀고 1999년에는 4만9,956명에 그쳤다. 경기당 평균 관중 수는 757명. 특히 1999년 10월 7일 현대와 벌인 시즌 최종전을 찾은 관중은 최소 관중 경기 역대 1위인 54명에 불과했다.

프로야구는 제한된 팀이 경쟁을 펼친다. 리그 우승, 혹은 포스트시즌에 진출할 전망이 없으면 팬의 흥미와 관심도 사라진다. 그 이후의 경기는 사실상 '의미 없는 경기'라고 해도 과언은 아니다. 결국 오랫동안 가을야구의 향방을 알 수 없는 상황을 지속하는 게 아주 중요하다.

그렇기 때문에 구단 간의 전력 균형이 리그의 흥망을 좌우한다. 그럼에

>>> 쌍방울의 해체와 함께 전주구장 전광판도 기능을 잃었다. 다시 점등하는 때가 오기는 오는 것일까. 제10구단 유치에 한 가닥 희망을 걸고 있다. ⓒ 쌍방울 팬클럽

도 불구하고 전력 불균형을 가져오는 현금 트레이드가 잇따라 승인되며 쌍방울은 패배자가 됐고, 프로야구도 암흑시대를 맞이했다. 이것이 쌍방울의 역사가 한국 프로야구에 던지는 교훈이다.

2000년 1월 7일 오전 6시 KBO에 한 장의 팩스가 도착했다.

「금일 자로 ㈜쌍방울은 KBO의 쌍방울 레이더스 법정 퇴출을 받아들이기로 했음.」

구단 존속을 위한 쌍방울의 눈물겨운 몸짓이 멈추는 순간이었다.

쌍방울 레이더스 연도별 관중 현황(인원 : 명)

구분	총관중 수	경기 당 관중 수
1991년	160,662	2,550
1992년	158,463	2,515
1993년	152,906	2,427
1994년	140,435	2,229
1995년	189,558	3,009
1996년	265,918	4,221
1997년	216,499	3,436
1998년	85,478	1,357
1999년	49,956	757
9시즌	1,419,875	2,491

완산특급 조규제

1967년 10월 07일생
현 KIA 타이거즈 투수코치

경력
쌍방울 레이더스(1991~1998)
현대 유니콘스(1998~2000)
SK 와이번스(2001~2002)
현대 유니콘스(2003)
KIA 타이거즈(2004~2005)

수상
최우수신인 수상(1991년)
최우수구원 1회(1991년)
최다세이브 1회(1991년)

기록
통산 508경기 출장
54승 64패 153세이브, 방어율 3.08

1991년 4월 5일 대전 한밭구장에서 신생 제8구단 쌍방울 레이더스는 빙그레 이글스를 상대로 역사적인 개막전을 치렀다.

1990년 3월 창단식을 연 쌍방울은 1년 동안 2군 리그에서 경험을 쌓았다. 35승 19패 8무로 2군 리그 우승을 차지한 데 이어 1991년 시범경기에선 5승 1패로 만만치 않은 전력을 자랑했다.

그렇다고 해도 쌍방울이 빙그레를 이길 것으로 생각한 이는 거의 없었다. 투타의 전력에서 빙그레가 우위에 있었기 때문이다. 이상군, 한희민, 송진우, 한용덕 등이 지키는 마운드는 철옹성과 같았고 장종훈, 이강돈, 강정길, 유승안 등이 이끄는 타선은 다이너마이트만큼 폭발력이 강했다.

그러나 한밭구장을 찾은 빙그레 팬들은 하일성 KBS 해설위원의 말을 떠올렸다.

"야구, 몰라요."

11-0. 쌍방울은 공수에서 빙그레를 압도했다. 타선은 홈런 2개를 포함해 장단 17안타를 몰아쳤고, 전년도 구원왕 송진우와 맞대결을 펼친 조규제는 6이닝 1피안타 무실점으로 빙그레 강타선을 틀어막았다.

"특별히 긴장하지는 않았어요. 물론 프로 첫 경기라서 1, 2회 때는 다소 몸이 굳은 것은 있었지만…. 그때 6이닝을 던졌는데 그냥 놔뒀으면 아마 완투했을 겁니다. 경기 후반으로 갈수록 볼이 더 좋았으니까요. 아무 생각 없이 던진 것 같아요. 그냥 김호근 선배님의 미트만 보고 던졌습니다."

개막전 승리로 일약 '신인왕 후보 0순위'로 떠오른 조규제는 5월 4일부터 선발이 아닌 마무리 투수로 나섰다.

"개막전에서 승리하고 이후 4연패했습니다. 물론 잘 던지고 진 날도 있고, 제가 생각해도 참 못 던진 날도 있었습니다. 그 과정에 몸이 좀 안 좋아졌어요. 경기에는 나갈 수 있지만 긴 이닝을 던지기 어려운 상태였죠. 그런 이유로 김인식 감독님이 짧은 이닝을 던지는 마무리 투수로 기용하신 겁니다."

마무리 투수로의 변신은 조규제 야구 인생의 터닝포인트가 됐다. 전도 유망한 왼손 선발 투수에서 난공불락의 소방수가 된 것이다. 5월 4일부터 6월 12일까지 14경기 연속 구원(3승 11세이브)에 성공하며 프로야구 최고의 마무리 투수로 우뚝 섰다.
시즌이 끝났을 때는 9승 7패 27세이브 평균자책점 1.64라는 놀라운 성적을 거뒀다. 세이브왕과 평생 한 번 뿐인 신인왕이 됐다.

"신인왕을 전혀 의식하지 않았어요. 김기태 LG 감독과는 둘도 없는 친구 사이인데 신인왕이나 그런 것에 관해선 얘기한 적이 한 번도 없었어요. 서로 숫자엔 큰 의미를 안 두었던 거죠. 승수나 세이브 숫자 등은 한 경기 한 경기 온 힘을 다하면 부수적으로 따라오는 기념품이라고 생각했으니까요."

프로 2년째인 1992년에는 7승 7패 8세이브로 다소 부진했다. 2년차 징크스라도 있었던 것일까. 그렇지가 않다. 선수 생활 내내 끊임없이 괴롭힌 목 디스크가 원인이었다.

"신인왕 징크스라는 말을 안 들으려고 연습을 정말 많이 했습니다. 근데 되레 목 디스크가 온 겁니다. 목이 아프니까 팔 상태도 나쁠 때가 잦았어요. 그때 심정은 정말 말로 다 표현을 못합니다. '뼈가 부러져서 깁스를 했으면 좋겠다'고 말했을 정도였으니까…. 디스크는 표시가 안 나니까 일부러 아픈 척 한다는 의심을 받는 게 정말 싫었어요. 그래서 경기 전에 항상 30분 정도 마사지를 받았습니다. 그렇게 해도 포수를 향해 목을 돌릴 수 없을 때도 있었어요. 그런 상황에서도 경기에 나갔습니다. 변명하고 싶지 않았어요. 제 성격이 원래 좀 그래요. 허허."

조규제는 쌍방울에서 한국야구사에 남을 김성근, 김인식 두 명감독과 함께 야구를 했다. 쌍방울 초대 감독을 맡은 김인식 감독은 신생 구단 첫해 4할 승률(0.425)을 달성했고, 김성근 감독은 만년 하위팀 쌍방울을 가을 잔치로 이끌었다.

"김인식 감독님은 선수를 믿고 기용하셨어요. 또 어떤 목표가 서면 그걸 겉으로 표현하지는 않지만 흔들림 없이 밀고 나가는 의지가 강했습니다. 심지가 굳은 분이셨죠. 그리고 김성근 감독님은 타협이 없는 분이라고들 말하지만 실제론 선수들을 많이 생각해 주시는 분입니다. 선수한테 한 말은 아무리 힘들어도 어떻게든 지키셨어요. 그래서 선수들이 믿고 따르는 겁니다. 그런 점을 정말 많이 배웠습니다."

김성근 감독이 부임한 1996년 쌍방울은 시즌 2위를 기록하며 프로야구계에 돌풍을 일으켰다. 1997년에도 시즌 3위에 올라 '일회성 이변'이 아니라 '실력'임을 증명했다.
그러나 꼴찌의 반란은 모기업이 흔들리며 사그라졌다. 외환 위기로 극심한 재정난에 시달린 쌍방울은 선수들을 팔기 시작했다. 박경완(1997.11)과 조규제(1998.07)는 현대로, 김기태와 김현욱(1998.12)은 삼성으로 각각 현금 트레이드됐다.
팀의 중심 선수가 하나둘 떠나며 쌍방울의 성적은 곤두박질쳤다.
"현대라는 좋은 팀에 가서 한국시리즈 우승을 3번 경험했어요. 하지만 마음 한켠에는 항

상 아쉬움이 남아 있었어요. 쌍방울이 전력을 어느 정도만 유지했으면 분명히 한국시리즈 무대도 밟아 보고 정상에 서는 기쁨도 누렸을 겁니다. 주축 선수 대부분이 전성기를 맞이할 나이였으니까. 그렇게 어렵게 야구를 했는데 뿔뿔이 흩어져 버린 게 무척 아쉽습니다."

1998년 8월 현대 유니폼을 입은 조규제는 2000년 12월에는 신생 구단의 전력 보강 차원에서 SK로 현금 트레이드됐다가 2003년에는 다시 박경완의 보상선수로 현대에 복귀했다. 30대 초중반에 목 디스크와 팔꿈치 수술을 받은 노장을 두고 현대와 SK가 쟁탈전(?)을 벌인 이유는 무엇일까. 어느 야구인은 "조규제는 항상 자기보다 팀을 먼저 생각했다. 현대나 SK는 그가 투수진의 구심점 역할을 할 것으로 봤다"고 밝혔다.

조규제는 2004년 KIA로 FA 이적한 뒤 2005년 유니폼을 벗었다. 프로 통산 15시즌을 뛰며 54승 64패 153세이브 18홀드 평균자책점 3.08을 남겼다.
쌍방울이 아닌, 전력이 강한 팀이나 지금처럼 1이닝 클로저로 관리를 받았으면 더 많은 세이브 숫자를 기록했을 것은 분명하다. 게다가 한 시대를 풍미한 마무리 투수였지만 은퇴 경기는커녕 은퇴식도 없었다. 정신적 고향인 쌍방울 레이더스가 역사 속으로 사라졌기 때문이다.
은퇴 뒤 현대와 넥센을 거쳐 2011년부터 KIA 투수코치를 맡고 있다.

"쌍방울은 저한테 영광도 줬지만 상처도 준 팀입니다. 그 상처는 저를 현금 트레이드했다는 게 아니에요. 존속했으면 다시 돌아가 함께할 수도 있었을 것이라는 안타까움이랄까⋯ 그런 안타까움에 기인한 상처인거죠. 어떻게 보면 연인의 연민과 같다고 생각해요."

9

SK 와이번스

2000년대 최강으로 발돋움한 신흥 명문
_2000년 03월 31일 창단

역대 최초 5년 연속 한국시리즈 진출(2007~2011)
정규시즌 1위 3회(2007, 2008, 2010)
한국시리즈 우승 3회(2007, 2008, 2010), 한국시리즈 준우승 3회
한 시즌 최다 연승(19연승, 2009.08.25~2009.09.26)
역대 팀 최다 연승(22연승, 2009.08.25~2010.05.11)
역대 최초 4년 연속 승률 0.600 이상(2007~2010)
역대 최초 3년 연속 팀 80승(2008~2010)
통산 총관중 7위(2011시즌, 누적 6,466,288명)

BASEBALL CHRONICLE

통산 정규시즌
(PO=플레이오프, 준PO=준플레이오프)

연도	포스트시즌	정규시즌	경기	승	패	무	승률
2000		매직 4위 (통합 8위)	133	44	86	3	0.338
2001		7위	133	60	71	2	0.458
2002		6위	133	61	69	3	0.469
2003	준우승	4위	133	66	64	3	0.508
2004		5위	133	61	64	8	0.488
2005	준PO 패	3위	126	70	50	6	0.583
2006		6위	126	60	65	1	0.480
2007	우승	1위	126	73	48	5	0.603
2008	우승	1위	126	83	43	0	0.659
2009	준우승	2위	133	80	47	6	0.602
2010	우승	1위	133	84	47	2	0.632
2011	준우승	3위	133	71	59	3	0.547
통산		12시즌	1568	813	713	42	0.533

통산 포스트시즌

58전 30승 28패(한국시리즈 35전 19승 16패)

연도	최종 결과	라운드	상대	결과 승/패	승	패	무
2003	준우승	준플레이오프	삼성 라이온즈	승	2	0	0
		플레이오프	KIA 타이거즈	승	3	0	0
		한국시리즈	현대 유니콘스	패	3	4	0
2005	준PO 패	준플레이오프	한화 이글스	패	2	3	0
2007	우승	한국시리즈	두산 베어스	승	4	2	0
2008	우승	한국시리즈	두산 베어스	승	4	2	0
2009	준우승	플레이오프	두산 베어스	승	3	2	0
		한국시리즈	KIA 타이거즈	패	3	4	0
2010	우승	한국시리즈	삼성 라이온즈	승	4	0	0
2011	준우승	준플레이오프	KIA 타이거즈	승	3	1	0
		플레이오프	롯데 자이언츠	승	3	2	0
		한국시리즈	삼성 라이온즈	패	1	4	0

역대 감독
(4명)

성명	재임 기간	경기	승	패	무	승률
강병철	2000.04.01~2002.10.19	399	165	226	8	0.422
조범현	2002.11.11~2006.10.02	518	257	243	18	0.514
김성근	2006.10.09~2011.08.18	611	372	226	13	0.622
이만수	2011.08.18~	40	19	18	3	0.514

연안부두에 닻을 내리다

「어쩌다 한 번 오는 저 배는 / 무슨 사연 싣고 오길래 / 오는 사람 가는 사람 마음마다 설레게 하나 / 부두에 꿈을 두고 떠나는 배야 / 갈매기 우는 마음 너는 알겠지 / 말해다오 말해다오 / 연안부두 떠나는 배야」
—김트리오의 『연안부두』 中

김트리오의 『연안부두』는 오랫동안 인천 야구를 대표해온 응원가다. 삼미 슈퍼스타즈 시절부터 현재의 SK 와이번스까지, 수차례 주인이 바뀌는 동안에도 항상 인천의 야구장에는 '말해다오'를 외치는 구슬픈 곡조의 노래가 끊이지 않았다. 돌아보면 『연안부두』는 마치 인천 야구의 운명을 예언한 노래처럼 들린다.

노랫말처럼 인천의 야구팀들은 '어쩌다 한번 오는' 배처럼 찾아와 인천 팬들의 '마음마다 설레게' 했지만, 잠깐 머물다 떠나가길 반복했다. 삼미와 청보, 태평양이 정붙일 새도 없이 순식간에 역사 속으로 사라졌고, 현대 유니콘스는 팬들의 사랑을 배신하고 야반도주했다. 인천 팬들의 가슴에는 오래도록 아물지 않을 커다란 생채기가 났다.

'현대' 태풍으로 상처 입은 연안부두에 찾아온 다섯 번째 배의 이름은 SK 와이번스. 2000년 창단한 후 2011년까지 12년간 인천 팬과 함께하고 있다. 12년은 역대 인천 연고 구단 중 가장 오랜 기간이다. SK는 3차례 한국시리즈 우승과 5년 연속 한국시리즈 진출 등 빼어난 성적은 물론, 「스포테인먼트」를 앞세운 관중동원으로 성적과 인기 두 마리 토끼를 잡는 데 성공했다. 인천 야구의 새로운 역사가 SK와 함께 시작된 것이다.

당초 SK가 원한 연고지는 인천이 아닌 서울이었다. 2000년 2월 1일 그룹 고위 관계자가 "신생팀인 우리로서는 시장성과 흥행성이 큰 서울을 연고지로 원하고 있다"고 발언한 바 있고, 같은 달 16일 KBO에 제출한 가입신청서에도 희망 연고지는 서울로 되어 있었다.

하지만 다음날 열린 KBO 정기총회에서는 '신규 구단 SK의 지역권은 수원으로 한다'는 결론이 나왔다. 이는 이미 1999년 KBO 이사회에서 현대 유니콘스의 서울 이전이 결정된 상태였기 때문에 나온 결정이었다. 당시 이사회에서는 '2000년 시즌 후반기부터 현대는 서울을 연고로 한다'는 내용으로 정확한 이전 시기가 정해지지 않은 결정문을 발표했다.

여기에 문화체육관광부 박지원 장관이 "연고지 문제로 난항을 겪고 있지만 총재가 리더십을 발휘해 정상적으로 리그가 시작되게 해달라"고 발언하며 간접적인 압력을 행사하자, SK는 결국 2월 23일 '지역연고를 수원을 포함한 경기도로 변경해 준다면 서울을 포기할 수 있다'고 한 발 물러섰다.

결국 3월 15일 KBO 이사회는 'SK 연고지는 인천, 현대는 2001년 후반기

>>> 삼미-청보-태평양-현대로 이어진 인천 야구의 역사는 2000년 현대의 야반도주로 중단될 위기에 빠졌다. 그때 새로운 인천의 주인공으로 등장한 팀이 SK 와이번스. 가운데는 SK의 창단 당시 유니폼, 오른쪽이 현재 유니폼이다. 인천 야구 100년을 기념해 열린 전시회에서 촬영한 사진이다.
ⓒ 황승식

에 서울로 이전하는 조건으로 수원을 연고지로 삼는다'는 최종 결론을 내리게 되었다. 이에 따라 3월 18일 SK는 연고지를 '인천'으로 표기한 정식 창단신청서를 제출했다.

SK 마스코트는 「비룡」이란 뜻의 「와이번스(Wyverns)」로 정해졌다. 비룡은 「날개가 달리고 두 개의 다리와 화살촉 모양의 꼬리를 가진 상상 속의 동물」로 "용중의 왕인데다 새천년 '용의 해'를 맞아 새로이 도약하자는 뜻에서 팀 이름으로 결정하게 됐다"는 게 안용태 당시 창단준비팀장의 설명이다. 또한 초대 사령탑에는 강병철 전 한화 감독이, 수석코치로는 쌍방울 감독대행으로 마지막을 함께한 김준환(현 원광대 감독)이 각각 선임됐다.

한편 SK의 창단은 기존 쌍방울 레이더스의 인수 형식이 아닌, 새로 팀을 창단하는 방식으로 이뤄졌다.

IMF 직격탄을 맞고 법정 관리 중이던 쌍방울은 야구단 매각을 통해 최대한 많은 금액을 받아낼 계획이었다. 이에 7개 외국기업과 2개 국내기업을 대상으로 협상을 벌였고, 외국기업을 상대로 약 2,000만 달러, 국내기업에게는 약 200억 원의 인수 대금을 요구했다.

당시 한창 프로야구 참여를 타진하던 SK 입장에서는 굳이 그 많은 돈을 쌍방울에 지불하고 야구팀을 만들 이유가 없었다. 그보다는 KBO와 직접 협상을 통해 연고지 이전, 선수보강 등 여러 부차적인 면에서 혜택을 얻는 편이 합리적이었다.

결국 회생에 실패한 쌍방울은 2000년 1월 7일 「금일 자로 ㈜쌍방울은 KBO의 쌍방울 레이더스 법정 퇴출을 받아들이기로 했음」이라는 내용의 팩스 한 통과 함께 역사 속으로 사라졌다.

"사회적 여망을 받아들여 야구단 창단을 검토하겠다"는 손길승 SK 회장의 발언이 나온 것은 그로부터 한 달여 뒤인 2월 1일이었다. 이것이 바로 SK가 쌍방울과 전혀 무관한 팀이 된 사연이다.

KBO에 가입금 250억 원을 납부하고 신생 구단의 자격을 얻은 SK는 전력보강 차원에서 「각 구단 보호선수 23명 외 1명, 2001년 신인 2차 지명 3명, 외국인 선수 3명 보유-2명 출장」 등의 혜택을 얻어냈다. 그리고 7개 구단 보호선수에서 제외된 7명(강병규, 권명철, 김태석, 김종헌, 장광호, 김충민, 송재익)에 대해 지명권을 행사했다. 여기에 웨이버 공시된 쌍방울 선수 50명을 전원 영입해 창단 멤버 구성을 완료했다.

2000년 3월 31일, 서울 쉐라톤 워커힐 호텔에서 인천의 새로운 구단 SK 와이번스의 공식 창단 행사가 열렸다.

SK 와이번스 창단 멤버

감 독	강병철
코 치	김준환, 함학수, 박상열, 김성현, 박철우
투 수	김원형, 오상민, 강희석, 박진석, 배홍철, 김명완(신승현), 이승호, 정수찬, 박주언, 김민환, 권명철, 박정현, 길배진, 김경태, 가내영, 빅터콜, 강병규, 권명철, 김태석, 유현승, 정명수, 김형규
포 수	장광호, 정원배, 양용모, 장재중, 손석민, 김광현, 김충민
내야수	뮬렌, 최태원, 김성래, 이동수, 이민호, 신주일, 장재명, 김상호, 김선섭, 송재익, 장용대, 추성건, 김호, 손차훈
외야수	이진영, 심성보, 조원우, 채종범, 손동일, 조병찬, 김종헌, 혼즈, 박재용, 윤재국, 강민규

오합지졸 창단초기

SK 와이번스의 출발은 상큼했다.

2000년 4월 5일 대구에서 열린 삼성과의 개막 경기. 두 팀 다 유니폼이 파란색이라 관중들이 "누가 홈팀이고 누가 원정인지" 헷갈리는 가운데, SK는 3-2로 승리를 거뒀다. 롯데 출신 김태석이 7이닝을 무실점으로 버텼고, 신인 좌완 이승호가 세이브를 따냈다. 「철인」 최태원은 5회초 삼성 노장진을 상대로 2점 홈런을 쏘아 올려 구단 1호 홈런의 주인공이 됐다.

4월 8일 도원구장에서 열린 홈 개막전도 역시 SK의 승리였다. SK는 선발로 나선 박정현의 호투에 이어 이승호가 또 한 번 마무리에 성공하며 7-3으로 이겼다. 특히 이승호는 1실점하긴 했지만 8개의 아웃카운트를 모두 삼진으로 잡아내는 괴력을 선보였다.

하지만 돌풍은 거기까지였다. 4월 14일 두산 전에서 6-10으로 패한 것을 시작으로, 4월 23일 홈 현대전까지 9연패 늪에 빠졌다. 또 6월 22일부터 7월 5일까지는 11연패를 당하는 등 신생팀의 한계를 드러냈다.

결국 SK는 44승 3무 86패(338) 성적을 기록하며 최하위로 시즌을 마감했다. 신인왕을 따낸 이승호의 활약(10승 9세이브)과 최태원의 「700경기 연속 출장」 대기록(6월 18일 한화전에서 달성)이 팬들에겐 위안거리였다.

최하위로 끝난 창단 첫해지만 소득도 있었다.

2000년 6월 1일, 해태와의 맞트레이드(→ 성영재)를 통해 영입한 이호준은 이후 SK의 중심타자로 성장했다. 또 처음 참가한 신인 드래프트에서는 초고교급 포수 정상호를 비롯해 김희걸, 김강민, 박남섭, 채병용, 조중근, 박재상 등 수준급 선수를 대거 지명하는 성과를 거뒀다. 이들 중 정상호, 김강민, 박재상은 현재 SK의 핵심 선수로 활약하고 있다.

같은 해 7월 7일 현금 트레이드를 통해 영입한 김경기는 성적과는 별개로 인천 팬의 마음을 사로잡기 위한 노력의 일환이었다.

전력 보강을 위한 노력은 그 이후에도 계속됐다.

2000년 11월 29일 열린 KBO 이사회에서 리그 1, 2위 팀인 현대와 두산의 보호선수 1명씩을 받기로 결정되자 SK는 현대에서 투수 조규제와 조웅천을, 두산에서 내야수 강혁을 각각 현금 트레이드로 영입했다. 12월 4일에는 쌍방울 시절 지명한 국가대표 잠수함 투수 정대현이 팀에 입단했고, 베테랑 포수 강성우가 트레이드로 SK 유니폼을 입었다. 2001년 4월에는 거포 내야수 안재만을 LG와 1:2 트레이드로 데려왔다. 5월 31일에는 해태에서 양현석을 받고 이동수와 가내영을 내주는 트레이드가 이뤄졌다.

잇단 전력보강의 효과일까. 2001년 SK는 60승 2무 71패를 기록하며 창단 2년 만에 꼴찌에서 벗어나는 쾌거를 거두었다.

SK 선수 영입의 결정판은 2001년 12월 16일 성사된 삼성과의 6:2 초대형 트레이드였다. SK는 삼성에 브리또와 오상민을 내주고 김기태, 김동수, 정경배, 이용훈, 김상진, 김태한 등 즉시전력감 선수 6명을 받는 데 성공했다. 브리또가 대체 가능한 외국인 선수라는 점을 고려하면, 오상민 한 명과 선수 6명을 맞바꾼 셈이었다.

이 트레이드는 SK가 창단 초기 이른 시간 내에 강팀으로 성장하는 데 크게 도움이 됐다.

비룡 비긴즈 – 문학구장과 박경완

SK 구단 역사에서 2002년은 매우 의미 있는 해다.

2002년부터 SK는 홈구장을 기존 도원구장(숭의야구장)에서 최신식 시설을 갖춘 신설 문학야구장으로 옮겼다. 또한 시즌 티켓 판매, 평생 회원제 도입, 인천 지하철과의 연계 행사 등 본격적인 구단 '마케팅'에 돌입했다. SK

가 자랑하는 「스포테인먼트」가 사실상 이때부터 싹을 틔운 셈이다.

또한 인천팀의 정체성을 부각하기 위한 이벤트가 계속해서 열렸다. 6월 5일에는 인천 프로야구 20년 올스타를 선정해서 발표했고, 9일에는 도원구장 고별전을 치렀다. 또 9월 7일 현대와의 문학 홈경기에서는 「인천 야구 라이벌 이벤트」를 실시했다.

인천의 명문 야구 고등학교인 인천고와 동산고 출신 선수들끼리 맞대결을 벌인 이 행사에서는 2003년 신인 1차 지명 선수인 동산고 우완 송은범이 인천고 출신 내야수 정경배와, 2차 1순위로 지명된 인천고 왼손 투수 정정호가 동산고 출신 포수 정상호와 맞대결을 벌였다. 또 인천고 출신 최계훈 코치와 동산고 출신 김충민-신홍중 코치가, 동산고 출신 박은진과 인천고 출신 김진우가 투타대결을 벌여 인천 팬들을 즐겁게 했다.

하지만 시즌 성적은 61승 3무 69패로 전체 6위에 머물렀고, 이에 시즌이 끝난 뒤 강병철 감독은 구단에 사의를 표했다. 후임으로는 배터리코치 출신의 조범현 감독이 선임됐다.

초대 강병철 감독 시즌별 성적(2000.04.01~2002.10.19)

연도	경기수	승리	패배	무승부	승률	최종순위
2000년	133	44	86	3	0.338	8위
2001년	133	60	71	2	0.458	7위
2002년	133	61	69	2	0.504	6위
합계	399	165	226	8	0.422	

그리고 12월 28일, SK는 당대 최고의 포수 박경완과 계약기간 3년, 계약금 10억 원에 FA 계약을 체결했다. 이 선택은 이후 SK의 운명을 바꿔놓은 역대 최고의 FA 계약이었다.

이듬해 SK는 66승 3무 64패(0.508)로 4위에 오르며, 창단 첫 5할 승률과 첫 포스트시즌 진출에 성공했다. 조웅천, 이진영 등 기존 선수들의 활약도 돋보였지만, 무엇보다 박경완이 젊은 투수들을 효과적으로 이끌면서 투수력이 한층 향상된 덕이 컸다.

SK 돌풍은 포스트시즌에서도 이어졌다. SK는 준플레이오프에서 전년도 우승팀 삼성을 2연승으로 제압한 뒤, 플레이오프에서도 막강 전력의 KIA를 3연승으로 압도했다. 이어진 현대와의 한국시리즈에서도 6차전까지 3승 3패를 기록하며 첫 우승까지 바라봤지만, 운명의 7차전에서 정민태의 구위에 눌려 0-7로 패배하며 준우승에 만족해야 했다.

"선수단 전체의 체력도 떨어진 상태였지만, 무엇보다 정민태의 공이 너무 좋았다."

당시 SK 전력분석팀에 있었던 김정준 SBS-ESPN 해설위원의 회상이다.

하지만 2003년 준우승은 만년 하위권이던 SK의 전력이 일정 궤도에 올랐음을 보여준 것이었다. 이후 계속해서 5할 안팎의 승률을 기록하며 만만찮은 팀으로서의 이미지를 굳혔다.

2004년에는 61승 8무 64패로 5위를 기록, 아깝게 포스트시즌 진출에 실패했다. 홈런왕에 오른 박경완의 활약과 팀 역사상 첫 골든글러브를 수상한 이진영, 김기태의 활약이 돋보인 시즌이었다. 같은 해 11월에는 LG에서 FA로 풀린 김재현을 선수단 리더이자 팀의 구심점이 될 선수로 생각하고 4년 계약으로 영입했다.

2005년에는 「인천 야구 100주년」을 자축하듯, 70승 6무 50패로 창단 최다승-창단 첫 시즌 3위를 기록하며 통산 두 번째 포스트시즌 진출에 성공했다. 또한 박재홍의 200홈런-200도루 달성, 김재현과 박경완의 2000루타, 박경완의 포수 최다홈런 기록(253호) 등 신기록도 쏟아졌다.

2대 조범현 감독 시즌별 성적(2002.11.11~2006.10.02)

연도	경기수	승리	패배	무승부	승률	최종순위
2003년	133	66	64	3	0.508	4위
2004년	133	61	64	8	0.488	5위
2005년	126	70	50	6	0.583	2위
2006년	126	60	65	1	0.480	6위
합계	518	257	243	18	0.514	

스포테인먼트와 야신 시대

2006년 SK는 60승 1무 65패로 6위로 시즌을 마감했다. 또 한 번 변화가 필요한 시점이 찾아온 것이다.

이에 SK는 계약기간이 끝난 조범현 감독과의 재계약을 포기하고, 일본 프로야구 지바 롯데 마린스에서 코치로 있던 「야신」 김성근을 감독으로 영입한다고 발표했다. 또한 메이저리그 시카고 화이트삭스에서 코치로 활동한 이만수를 수석코치로 영입하며 새로운 코칭스태프 구성을 완료했다.

과거 태평양, 쌍방울 등 약체 팀을 맡아 중, 상위권으로 이끄는 능력을 보여준 '김성근 매직'은 SK에서도 발휘됐다.

김성근 감독은 혹독한 강훈련으로 SK 선수단의 기량을 단기간에 끌어올렸고, 스피드와 수비에 중점을 둔 야구로 두산과 함께 '발야구' 돌풍을 이끌었다. 결과는 73승 5무 48패로 팀 창단 이후 첫 정규시즌 1위로 나타났다. 기세가 오른 SK는 두산과 치른 한국시리즈에서도 2연패 후 파죽지세로 4연승하며 창단 8년 만에 한국시리즈 우승의 감격을 누렸다.

이듬해인 2008년에도 SK 돌풍은 이어졌다. 전해보다 더 뛰어난 성적인 83승 43패로 압도적인 정규시즌 1위를 차지했으며, 한국시리즈에서는 두산을 4승 1패로 누르고 2년 연속 한국시리즈 우승을 차지했다.

2009년에는 박경완과 김광현의 부상으로 준우승에 그쳤지만, 2010년 다시 정규시즌 1위와 한국시리즈 4전 전승 우승을 거두며 2000년대를 대표하는 「SK 왕조」를 활짝 열었다.

SK는 성적만이 아니라 흥행에서도 대성공을 거뒀다. 비결은 신영철 사장이 주도한 「스포테인먼트」. 스포츠(Sports)와 엔터테인먼트(Entertainment)를 합성한 스포테인먼트는 우승과 성적만을 강조하던 기존의 야구단 운영과 달리, 팬들에게 '즐거움'을 준다는 새로운 가치를 내세웠다.

그리고 와이번스 걸 선정, 신규 캐릭터 공모, 인천 지하철역 역명 변경,

야구장 투어 등 다채로운 이벤트로 팬들의 마음을 사로잡기 위해 노력했다. 야구장 시설 투자에도 많은 노력을 기울여「바비큐 존」,「커플 존」,「그린 존」등 다양한 관람석이 등장했고, 유소년을 위한 새싹야구장, 여성전용 공간인 파우더룸 등이 속속 야구장 내에 신설됐다. 인천 지역 팀이라는 정체성을 강조하기 위한 노력도 끊이지 않았다.

국내 최고 시설의 야구장과 새롭고 참신한 팬서비스, 지역 밀착, 여기에 성적까지 더해진 결과는 놀라웠다.

첫 우승을 달성한 2007년 SK는 인천 연고지 팀 사상 최초로 60만 관중 돌파에 성공했다. 창단 첫해인 2000년 홈 총관중 수가 8만4,500여 명에 불과했던 것과 비교하면 격세지감이었다. 이후로도 SK는 2008년 70만, 2009년 80만을 돌파한 데 이어 2010년 9월 7일 문학 두산전에서 홈 61경기 만에 홈 총관중 90만7,380명을 기록하며 해마다 관중이 10만 명씩 증가하는 초고속 성장세를 보였다.

야구장에 울려 퍼지는『연안부두』는 더 이상 구슬픈 송가가 아닌, 환희의 찬가가 됐다.

3대 김성근 감독 시즌별 성적(2006.10.09~2011.08.18)

연도	경기수	승리	패배	무승부	승률	최종순위
2007년	126	73	48	5	0.603	1위
2008년	126	83	43	0	0.659	1위
2009년	133	80	47	6	0.602	2위
2010년	133	84	47	2	0.632	1위

2011년	93	52	41	0	0.559		중도퇴진
합계	611	372	226	13	0.622		

하지만 김성근 감독과 SK의 행복했던 동거는 2011년 중반에 파국을 맞았다. 재계약 문제와 구단의 처우 등을 놓고 의견 대립이 계속된 결과였다. SK는 이 과정에서 매끄럽지 못한 일처리로 팬들의 거센 반발을 사면서 아쉬움을 남겼다.

김성근 감독 후임으로는 이만수 2군감독이 감독대행을 맡아 남은 시즌을 마무리했다.

4대 이만수 감독 시즌 성적(2011.08.18~)

연도	경기수	승리	패배	무승부	승률	최종순위
2011년	40	19	18	3	0.514	2위

온갖 내홍에 시달리는 가운데서도 SK의 승리 본능은 여전했다. SK는 시즌 최종 성적 71승 3무 59패로 3위를 지켜냈고, 포스트시즌에서 KIA와 롯데를 꺾고 연전연승하며 「5년 연속 한국시리즈 진출」이라는 기적을 연출했다. 비록 한국시리즈에서 삼성에 패하여 우승에는 실패했지만 SK의 저력을 확인할 수 있었던 시즌이었다.

2011시즌이 끝난 후 이만수 감독이 정식 사령탑에 취임하였으며 새로운 팀 컬러를 만들어 가는 중이다.

SK 와이번스 연도별 관중 현황(인원 : 명)

구분	총관중 수	경기 당 관중 수
2000년	84,563	1,281
2001년	178,645	2,666
2002년	402,732	6,102
2003년	438,966	6,552
2004년	337,674	5,116
2005년	458,121	7,272
2006년	331,143	5,256
2007년	656,426	10,419
2008년	754,247	11,972
2009년	841,270	12,556
2010년	983,886	14,907
2011년	998,615	14,904
12시즌	9,343,447	9,019

넥센 히어로즈

새로운 구단 운영 패러다임의 등장

_2008년 03월 24일 창단

한국 프로야구 최초 네이밍 마케팅 운영 구단
프로야구 최초 선수 출신 구단주 선정(박노준, 2008)
창단 첫 시즌 8위(2011)
팀 통산 200승 달성(2011시즌, 10번째)
통산 총관중 9위(2011시즌, 누적 1,428,715명)

BASEBALL CHRONICLE

통산 정규시즌
(PO=플레이오프, 준PO=준플레이오프)

연도	포스트시즌	정규시즌	경기	승	패	무	승률
2008		7위	126	50	76	0	0.397
2009		6위	133	60	72	1	0.451
2010		7위	133	52	78	3	0.391
2011		8위	133	51	80	2	0.389
통산		4시즌	525	213	306	6	0.410

역대 감독
(2명)

성명	재임 기간	경기	승	패	무	승률
이광환	2008.02.12~2008.10.09	126	50	76	0	0.397
김시진	2008.10.10~	399	163	230	6	0.415

소방수로 등장, 그러나 현실은…

2008년 1월 30일 센테니얼 인베스트먼트가 제8구단 창단을 선언하며, 모기업의 지원 중단으로 어려움을 겪던 현대 선수단을 전원 인수하기로 결정한다.

2005년 현대그룹 재정 악화로 현정은 현대 회장이 더는 야구단을 운영하기 어렵다며 KBO에 구단 매각을 요청한 지 3년 만의 일이다. 2007년 농협을 비롯해 STX그룹, KT 등과의 잇따른 매각 협상 결렬로 프로야구가 18년 만에 7개 구단 체제가 될지도 모른다는 우려도 적지 않았다.

그러한 최악의 상황에서 혜성처럼 등장한 센테니얼 인베스트먼트의 참가로 프로야구는 최악의 사태를 막을 수 있었다.

애초 센테니얼 인베스트먼트는 200억 원을 준비했으며 120억 원의 가입비를 내도 80억 원의 운영자금을 확보하고 있다고 밝혔다. 또한, 네이밍 마케팅이라는 새로운 구단 운영 방안을 통해 스폰서 기업들을 확보해서 구단 운영 자금을 충당하겠다는 계획을 나타냈다. 이렇게 해서 2008시즌이 시작

>>> 넥센의 팀명은 프로야구의 주류인 동물이 아닌 사람(영웅)이다. 영웅은 멀리 있지 않고 우리 주변에 있다며 평범한 일반인을 재조명했다. 그러나 팬들의 영웅인 선수들은 하나둘 넥센의 유니폼을 벗었고 팬들도 실망감을 감추지 않았다. ⓒ 손윤

되었다.

3번째 서울 구단으로 참가한 센테니얼 인베스트먼트는 최초로 프로야구 선수 출신인 박노준을 단장으로 내정한 데 이어 2월 4일에는 이광환 전 감독을 초대 사령탑에 선임했다. 이광환 감독은 OB와 LG에 이어 최초로 서울 3개 구단의 지휘봉을 모두 잡은 이가 됐다. 또 강병철 전 롯데 감독을 2군감독에, 이순철 전 LG 감독을 수석 겸 주루코치에 임명하는 등 호화로운 코칭스태프를 구성했다.

2008년 3월 24일 서울 여의도 63시티 국제회의장에서 히어로즈의 창단식이 열렸다.

다사다난한 넥센의 지난 4년

2월 21일, 네이밍 마케팅의 결과로 민간기업인 우리담배와 3년간 300억 원을 받는 조건으로 메인 스폰서 계약을 체결하며 「우리 히어로즈」가 세상에 태어났다. 그러나 빈약한 재정은 변함없었다.

큰 폭의 연봉 삭감에 이어 2003년 한화 이후 처음으로 제주도에서 전지훈련을 가졌다. 낮에는 영상 10도까지 기온이 올라갔지만 제주도의 칼바람과 실내연습장 등의 기본시설 부족으로 인해 제대로 훈련하기 어려웠다. 이에 이광환 초대 감독은 "창단 과정이 늦어지고 계약도 지연되면서 훈련이 부족하다"며 "차분히 준비하겠다"고 말했다.

목동구장 개보수도 늦어져 3월 11일 두산과의 시범경기가 취소되면서 13일 LG 전이 목동구장 첫 프로야구 경기가 됐다. 시범경기 성적은 2승 1무 8패로 최하위에 머물렀고, 이는 험난한 첫해를 예고하는 듯했다.

하지만 시즌 초반 우리 히어로즈의 기세는 거칠 것이 없었다. 두산과의 개막전은 1-4로 패했지만 이후 5연승을 달리며 선두로 치고 나갔다. "역시 4차례나 우승을 차지한 현대의 저력"이라는 말이 여기저기에서 들려왔다.

하지만 이내 바닥을 드러냈다. 5연승 후 4월 13일부터 6연패를 당하는 등 남은 120경기에서 45승 75패를 기록하며 창단 첫해 시즌 7위에 그쳤다.

성적도 성적이었지만 시즌 중 발생한 가입금 미납 사태로 인해 메인 스폰서 우리담배가 기업 이미지 실추를 우려하여 철수하면서 구단 운영이 어려워지기 시작했다. 또 시즌이 마지막을 향하던 10월 2일에는 박노준 단장이 구단 운영방식을 둘러싸고 경영진과 갈등을 빚은 끝에 전격적으로 사퇴

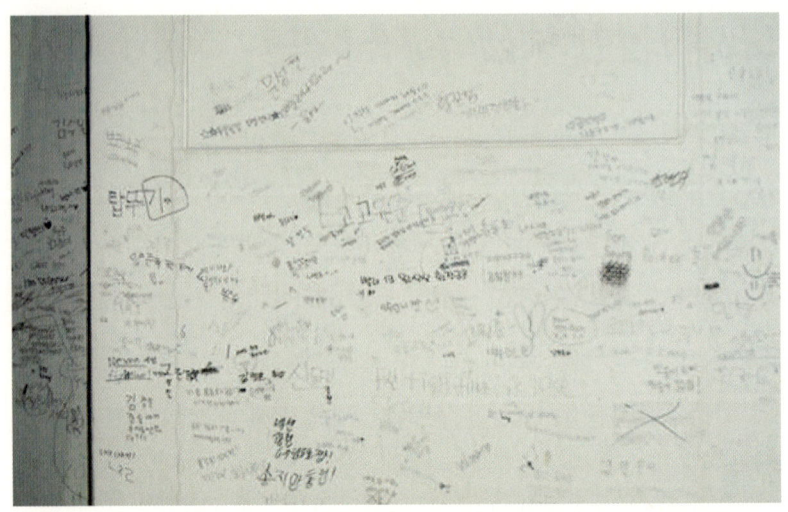

>>> 넥센 팬들의 열정은 누구에게도 뒤지지 않는다. 그러나 잇달아 주축 선수가 트레이드되면서 팬도 지치기 시작했다. 희망이 보이지 않기 때문이다. ⓒ 손윤

하는 사태가 발생해 팀 분위기는 더욱 바닥으로 떨어졌다.

여기에 5년 만에 그라운드에 복귀한 이광환 감독이 10월 3일 김시진 전 현대 감독이 다음 해부터 지휘봉을 잡게 됐다는 소식을 듣는 등 사건사고가 끊이지 않았다. 그래도 이광환 감독은 10월 5일 SK와의 시즌 최종전에서 8-4로 승리하며 유종의 미를 거뒀다.

히어로즈의 문제는 시즌이 끝난 뒤에도 일어났다. 11월 14일에는 에이스 장원삼을 삼성에 내주고 박성훈과 30억 원을 받는 트레이드를 시도하는 사태가 발생한 것이다. 하지만 전력 불균형을 우려한 다른 6개 구단의 거센 반발이 이어지자 21일 신상우 총재가 '트레이드 승인을 거부'하며 이는 없던 일이 되었지만 다음 시즌 히어로즈의 행보는 유난히 걱정스러웠다.

초대 이광환 감독 시즌 성적(2008.02.12~2008.10.09)

연도	경기수	승리	패배	무승부	승률	최종순위
2008년	126	50	76	0	0.397	7위

2008년 10월 10일, 현대의 마지막 사령탑이었던 김시진 감독이 취임했다. 김시진 감독은 '허슬플레이를 강조'하며 "성적 향상을 위해 노력하겠다"고 밝혔다.

실제로 이듬해 히어로즈는 2008년보다 10승을 더 거둔 60승 1무 72패로 시즌 6위로 올라섰다. 8개 구단 중 가장 많은 팀도루(192개)를 기록하는 등 기동력 야구가 빛을 발한 것이다. 또 이현승과 강정호, 황재균 등 새로운 얼굴을 발굴하면서 다음 시즌에 대한 희망을 줬다.

그러나 넥센과 메인 스폰서 계약을 체결하며 「넥센 히어로즈」가 된 2010년에는 오히려 7위로 떨어진 데 이어 2011년에는 최하위로 추락했다. 2009년 말 장원삼과 이현승을 비롯한 주축 선수를 잇달아 현금 트레이드하며 희망의 싹을 싹둑 잘라버렸기에 벌어진 우울한 결과였다.

2대 김시진 감독 시즌별 성적(2008.10.10~)

연도	경기수	승리	패배	무승부	승률	최종순위
2009년	133	60	72	1	0.451	6위
2010년	133	52	78	3	0.391	7위
2011년	133	51	80	2	0.389	8위
합계	399	163	230	6	0.415	

넥센이 가져온 빛과 어둠

넥센과 다른 7개 구단과의 큰 차이는 모기업이 없다는 점이다. 센테니얼 인베스트먼트가 참가하기 전까지 프로야구 구단은 모기업으로부터 매년 홍보비 명목으로 150억 원에서 200억 원을 받아 구단 운영비로 썼다.

이것을 센테니얼 인베스트먼트는 스폰서 기업들을 확보해서 해결하려고 했다. 한때 우리담배의 메인 스폰서 철회 등으로 어려움을 겪었지만 새롭게 넥센을 확보하고 다수의 서브 스폰서 계약을 체결하여 구단을 운영하며 이제는 어느 정도 안정적인 운영이 가능해졌다.

어느 야구관계자는 이를 보고 "이전까지 프로야구단이라고 하면 돈이 많이 든다는 인식이 강했다. 이것을 넥센이 뒤집었다. 저비용으로 운영할 수 있다는 것을 보여줬다"고 지적했다.

그러나 빛이 있으면 어둠이 있는 법이다. 넥센은 재정적으로 어려움을 겪던 2009년 말부터 잇따라 현금을 받았거나, 혹은 의혹을 사는 트레이드를 단행했다.

넥센발 트레이드 일지

일 자	내 용
2009.12.30	넥센 : 장원삼 ↔ 삼성 : 박성훈, 김상수 + 20억 원 넥센 : 이택근 ↔ LG : 박영복, 강병우 + 25억 원 넥센 : 이현승 ↔ 두산 : 금민철 + 10억 원
2010.03.12	넥센 : 마일영 ↔ 한화 : 마정길 + 3억 원
2010.07.22	넥센 : 황재균 ↔ 롯데 : 김민성, 김수화
2010.12.22	넥센 : 고원준 ↔ 롯데 : 이정훈, 박정준
2011.07.31	넥센 : 송신영, 김성현 ↔ LG : 심수창, 박병호

사실 성사되지는 못했지만 센테니얼 인베스트먼트는 우리담배가 메인 스폰서를 철회한 2008년 7월 베테랑 송지만과 이승용의 현금 트레이드를 통해 자금난을 해결하려고 했다. 하지만 접촉한 구단들이 무리한 현금 요구에 난색을 표하며 실현되지 못했다. 그러다가 2008년 11월 장원삼을 삼성에 내주고 박성훈과 현금 30억 원을 받는 트레이드를 감행한 것이다.

2008년까지 세 시즌 동안 31승을 거둔 투수와 1군 무대에서 단 1승도 올리지 못한 무명 투수와의 맞교환은 현금 목적임이 분명했다. 결국 이 사태는 나머지 6개 구단의 강력한 반발을 불러일으켰고, 이에 KBO는 「가입금 미납」을 이유로 트레이드 불가를 선언하며 일단락지었지만 불씨를 남겨둔 미봉책에 불과했다.

장원삼 트레이드가 불발에 그친 넥센은 가입금 납부를 서둘렀다. 이는 곧 넥센발 트레이드가 시작되었음을 알리는 신호탄이었다. 걸림돌이 사라지자 2009년 12월 30일 장원삼을 삼성(20억 원)으로, 이택근을 LG(25억 원)로, 이현승을 두산(10억 원)으로 트레이드하며 총액 55억 원을 손에 넣었다. 하지만 이것은 끝이 아니라 시작이었다. 2010년 3월에는 마일영을 한화(3억 원)로 트레이드한데 이어 7월에는 트레이드 불가 선수라고 천명했던 황재균도 롯데 유니폼으로 갈아입었다.

황재균 트레이드 때부터 넥센과 상대 구단은 현금이 전혀 포함되지 않은 선수 간의 맞교환이었다고 밝혔지만 곧이곧대로 믿는 이는 아무도 없었다. 스마트폰을 주고 피처폰을 받는 것을 합리적인 물물교환이라고 말하는 이는 바보가 아니면 자선 사업가밖에 없기 때문이다.

넥센발 트레이드에 대해 일부에서는 메이저리그 오클랜드를 사례로 들면서 「한국판 머니볼」이라며 옹호하는 목소리도 있다.

그러나 메이저리그에서는 어떤 트레이드도 현금을 목적으로 하지 않는다. 무분별한 현금 트레이드는 구단 간 전력 불균형을 가져와서 리그의 가치를 떨어뜨리기 때문이다.

실제로 1990년대 후반 주축 선수를 잇달아 판 쌍방울이 급격한 전력 약화를 보였으며, 그 여파로 인해 프로야구판 자체도 암울한 시기를 보내야 했다.

팀 핵심 선수의 현금 트레이드는 팀 전력 약화를 부르고 팀 성적과 관중 동원에도 영향을 끼친다.

사실 넥센의 홈구장 관중 수는 매년 상승 곡선을 그리고 있다. 수치상으로 따지면 넥센이 목동야구장에 착실히 정착하고 있는 것처럼 느껴진다. 그러나 그 내면을 살펴보면 서울이라는 거대 시장을 홈으로 사용하면서도 한화보다 더 적은 관중을 동원하는 데 그치고 있다. 게다가 수용 인원 측면에서 보자면 한밭야구장이 목동야구장보다 오히려 더 적다.

여기에 목동야구장을 찾는 대다수 관중은 넥센의 팬이 아니라 상대팀 팬이라는 점은 사태의 심각성을 나타낸다. 어느 야구인은 "목동야구장의 주인은 넥센이 아니라 상대 구단"이라고 지적했다. 구단이 선수를 파는 만큼 팬도 구단을 버린다.

넥센발 트레이드 중 일부는 성공을 거두며 전력 보강에 보탬이 됐다. 그러나 일부의 성공이 전체의 손실을 메우기는 턱없이 부족하다. 이것은 하위권을 벗어나지 못하는 넥센의 성적으로도 증명된다. 또한, 유망주를 받는 정상적인 트레이드라고 해도 항상 성공을 보장하지 않는다. 유망주의 미래는 누구도 예측할 수 없기 때문이다.

영화 「300」에서 스파르타의 300명 용사는 페르시아 100만 대군을 맞이해 믿기 어려운 전투를 이어나갔다. 그들의 용맹에 전율을 느끼지 않은 이는 드물 것이다. 그러나 중과부적. 영화는 300명의 용사 전원이 장렬히 전사하며 끝을 맺는다. 이장석 구단주가 메가폰을 잡은 영화 「넥센」의 결말도 이와 다르지 않을 것 같았다.

그런데 2011시즌이 끝난 뒤 넥센은 극적인 반전을 도모했다. FA 대어 이택근과 핵잠수함 김병현을 영입한 것이다. 어쩌면 이장석 구단주가 그리는 각본은 「300」이 아닌 「유주얼 서스펙트」일지도 모른다.

넥센 연도별 관중 현황(인원 : 명)

구분	총관중 수	경기 당 관중 수
2008년	258,077	4,096
2009년	329,715	4,996
2010년	399,496	5,963
2011년	441,427	6,688
4시즌	1,428,715	5,436

> 장외

NC 다이노스, 고양 원더스
새로운 도전의 기회, 제9구단과 독립구단
_NC 다이노스 2011년 03월 31일 창단
_고양 원더스 2011년 09월 15일 창단

한국 프로야구 9번째 구단(NC 다이노스)
한국야구 최초 독립구단(고양 원더스)

BASEBALL CHRONICLE

한국 프로야구의
아홉 번째 심장으로 탄생

2011년 3월 29일 KBO 이사회는 엔씨소프트가 제출한 창원 연고의 제9구단 창단을 찬성 7표, 반대 1표로 통과시켰다. 1991년 쌍방울 창단 이후 20년 만에 기존 구단의 연고지나 선수단을 승계하지 않은 신생 구단이 탄생하는 순간이었다.

한국 프로야구 아홉 번째 심장인 NC 다이노스가 창단하는 데 빼놓을 수 없는 이가 김택진 구단주다.

김택진 구단주는 '금테 안경' 최동원을 동경한 야구 소년이었다.

"초등학교 시절 만화 '거인의 별'을 보고 주인공처럼 되고 싶은 마음에 모래주머니를 차고 등하교를 했다. 중학교 시절 숱하게 야구장을 드나들었다. 전봇대에 폐타이어를 매달아 놓고 방망이질을 해가며 야구에 대한 열정을 불살랐다. 하지만 체격이 작아 야구 선수의 꿈을 포기하고 사업을 시작했지만 어려울 때마다 야구는 나의 버팀목이 됐다."

>>> 한창 리모델링 중인 아홉 번째 심장 NC의 홈구장이 될 마산야구장. 이곳에 NC를 응원하는 야구 팬들로 가득찰 날이 이제 멀지 않았다. ⓒ NC 다이노스 페이스북(http://www.facebook.com/ncdinos)

강속구 투수의 꿈은 이루지 못한 그가 한국 프로야구 제9구단 구단주가 될 수 있었던 것은 야구에 대한 열정을 한 번도 잊은 적이 없었기 때문이다.

사실 엔씨소프트가 제9구단을 창단한다고 할 때부터 프로야구단을 제대로 운영할 능력이 있는지 의심하는 목소리가 작지 않았다. 그러나 NC는 야구 기자 출신의 이태일 대표를 선임하고, 롯데에서 잔뼈가 굵은 이상구 단장을 선택해 빠르게 프로야구단 운영 체제를 갖췄다.

또 아마추어 야구 지도자들을 스카우트로 영입해 우수한 유망주를 발굴하는 데 힘을 쏟았다. 박동수 당시 스카우트팀장은 "다들 아마추어 야구에 정통해 선수들의 기량뿐만 아니라 사적인 내용까지 훤히 꿰뚫고 있어 좋은 선수를 영입할 수 있었다"고 말했다.

NC는 우선 지명권 2장을 투수(동국대 노성호, 부산고 이민호)에 할애한 데 이어 2012년 신인지명회의에서 휘문고 내야수 박민우를 1라운드에서 뽑았다. 또 2라운드에선 연세대 투수 나성범을 선택하는 등 2라운드 뒤 특별지명 5명을 포함해 10라운드까지 15명을 지명했다. 신인 지명회의가 끝난 뒤 신인 선수 환영회를 열어 팀에 대한 자부심을 높였다.

8월 31일에는 김경문 감독을 초대 사령탑으로 선임했다. 김경문 감독을 선택한 데 대해 이태일 대표는 "'팬 프렌들리(Fan Friendly)'를 강조하는 모습에 마음을 정했다"고 밝혔다.

"미국에서 만나서 창단 팀에 관해 이야기하는 데 두 번째 대답 중에 '팬'이라는 말이 나오는 거다. 다른 감독님들은 '이기는 방법'에 대해 이야기했는데 뜻밖이었다. 그 순간 김경문 감독을 초대 사령탑으로 확정했다."

6월 14일 두산 감독을 전격 사퇴한 김 감독은 NC 초대 감독을 수락한 이유로 「도전정신」을 꼽았다.

"좋은 성적도 얻었지만 승부의 세계에서 꼭 이겨야 한다는 것이 스트레스가 되기 시작했다. 우승만 쫓다 보니 오히려 내 시야가 좁아졌고 승부 세계에서 너무 각박하게 살아서 그냥 쉬고 싶었다. 그런데 곧바로 NC에서 프러포즈가 와서 처음에는 꽤 고민했지만 한 살이라도 젊을 때 새로운 도전을 해보고 싶었다."

>>> 2012년 2월 18일 애리조나 전지훈련 중 두산과 벌인 연습경기 장면. 2013년 1군리그 참여를 목표로 한 단계씩 전력을 업그레이드하고 있다. 이날 경기는 NC가 6-3으로 승리했다. ⓒ NC 다이노스 페이스북(http://www.facebook.com/ncdinos)

김경문 감독을 비롯한 공룡군단은 10월 10일 강진 캠프를 시작으로 제주도, 애리조나에서 구슬땀을 흘렸다.

때로는 결과가 따르지 않지만 땀은 정직하다. NC는 애리조나 연습 경기를 포함해 기존 팀들을 상대로 5승 4패를 거뒀다. 최소한 퓨처스리그에서는 기존 팀들과 대등한 경기력을 나타낸 것이다.

NC는 어떤 야구를 할까? 김경문 감독은 "화끈한 공격 야구에 포기하지 않는 야구가 NC 야구"라고 밝혔다.

"선수들에게 결과를 떠나 타석에서 적극성을 주문하고 있다. 1군 투수들은 2군보다 훨씬 빠르고 정교한 공을 던진다. 지금부터라도 타석에서 적극적으로 치고 한 베이스를 더 가는 야구를 해야 한다. 이는 투수도 마찬가지다. 또 1, 2점을 내서 지키는 야구보다 4, 5점을 내서 이기는 야구를 하고 싶다. 무기력하게 지지 않을 것이다. 애리조나 캠프에서도 선수들에게 '매 경기 이길 순 없다. 대신 지더라도 1점을 따라잡는 야구를 하라'고 말했다. 아직 보완할 내용이 많지만 선수들이 끝까지 포기하지 않고 싸우려는 자세를 보이고 있다."

NC는 2012년 퓨처스리그를 거쳐 2013년 1군 무대에 오르는 것을 목표로 하고 있다.

「NC」의 의미

《New Changwon》

창원시는 제9구단 유치를 위해 마산구장 리모델링 및 신축 구장을 약속했다. 잠실구장 사용료를 계속 올리며 염불보다 잿밥에 더 관심이 많은 서울시 등과는 대조적이다. 창원시가 프로야구단 유치에 전폭적인 지원을 아끼지 않은 것은 사회 통합에 효과가 있을 것으로 봤기 때문이다.

2010년 7월 창원, 마산, 진해가 하나가 돼 인구 1백만 명이 넘는 통합 창원시로 발돋움했다. 하지만 통합 과정에 적지 않은 갈등이 표출됐다. 창원시는 프로야구단 유치가 지역민의 자긍심을 고취시키고, 사회 통합의 구심점이 될 것으로 봤다. 이에 발맞춰 엔씨소프트는 「새로운 창원(New Chang won)」을 뜻하는 영어 머리글자인 NC를 구단 이름으로 정했다. 또 공룡을 뜻하는 다이노스는 창원을 비롯한 경남 지역에 널리 분포한 공룡 화석에서 나온 것이다. 구단 이름부터 지역 밀착형 야구단 운영에 강한 의지를 나타냈다. 김택진 구단주가 "창원은 엔씨소프트의 고향"이라고 말한 것처럼 프로야구단만이 아니라 모기업 차원에서도 각종 지역사회 공헌 활동을 진행하고 있다.

《New Chance》

매년 700여 명의 선수가 프로의 문을 두드리지만 그 가운데 프로 유니폼을 입는 이는 100명 안팎이다. 또 그 인원만큼 프로 유니폼을 벗는 선수가 나온다. 10년 이상을 야구에 '올인'한 이들이 사회에 나가서 할 수 있는 일은 그리 많지 않다. '야구 기계'를 만들어 내는 구조가 '야구 백수'로 이어지는 악순환이 이어지고 있는 것이다. 그렇기에 프로의 꿈을 포기하지 않은 선수들에게 NC 창단은 새로운 기회가 되기에 충분하다.

실제로 NC는 트라이아웃을 통해 선수를 선발해 실패를 딛고 일어설 기회를 줬다. 초대 주장을 맡은 김동건은 "(SK에서 방출되고 나서)야구라면 지긋지긋해서 다시는 돌아보지 않으려 했는데 다시 도전해 볼 수밖에 없었다. 나한테 야구를 빼면 아무 것도 없으니까"라며 "어렵게 잡은 기회를 놓치지 않겠다"고 말했다. 마이너리그 통산 3승 8패 47세이브를 거둔 정성기는 메이저리그의 꿈을 접고 NC 마무리 투수라는 새로운 꿈을 꾸고 있다. KIA에서 방출당한 뒤 일본 독립리그를 거친 이명환도 다르지 않다.

김경문 감독은 "트라이아웃을 거친 선수들 가운데 스타가 나와야 한국야구가 더 발전할 수 있다"며 기대를 숨기지 않았다.

《New challenge》

빙그레, 쌍방울에 이은 프로야구 3번째 신생 구단인 NC는 무에서 유를 만들어 나가야 한다. 프런트는 물론이고 선수단, 그리고 신축 구장 건설까지 백지에 선을 긋고 색을 채워 넣는 작업은 쉬운 일이 아니다. 하지만 NC는 순조롭게 프로야구에 아홉 번째 심장을 이식하고 있다. 프런트와 현장이 「야구」와 「팬 프렌들리」라는 두 DNA로 뭉쳐 끊임없이 도전한 결과다.

도전은 NC의 심장을 뛰게 하는 혈관이다. 김경문 감독은 수시로 선수들에게 「도전」을 강조하고 있다.

"우리 팀에는 어린 선수들도 많고 사연 있는 선수들도 있다. 그런데 나이가 많고 적음에 상관없이 모든 선수의 눈빛에는 하고자 하는 의지가 강하다. 신생팀인 만큼 패기 있게 거침없이 도전해 나갈 생각이다."

NC의 도전을 상징적으로 나타내는 이가 나성범이다. 나성범은 대학 시절 최고의 왼손 투수였다. 하지만 김경문 감독은 나성범을 타자로 바꿔 놓았다. 고연전을 통해 지켜본 결과, 투수보다 타자의 가능성을 더 높게 평가했기 때문이다. 나성범은 강진, 제주도, 애리조나 캠프를 거치며 빠르게 성장해 나가고 있다. 프로야구에 '제2의 추신수'가 나올 날도 멀지 않았다.

도전은 실패 속에서 성장한다. 실패를 두려워하면 지금에 안주할 수밖에 없다. NC는 실패를 두려워하지 않는다. 애리조나 캠프에 걸린 현수막 글귀처럼 거침없이, 두려움 없이 나아간다. NC는 한국 프로야구에 도전 정신을 불어넣을 것이다.

《New Champion》

김택진 구단주는 NC를 「야구를 위한 야구단」이라고 말했다.

지금까지 프로구단의 존재 이유는 모기업의 홍보 수단이었다. 그래서 기업의 흥망성쇠에 따라 구단의 연고지는 하룻밤 사이에 바뀌었다. 이는 연고지를 정할 때 지역 주민의 의사와는 상관없이 구단을 소유한 기업의 연고에 따라 할당해 왔기 때문이다. 연고지가 '항구'라면 구단은 '배'였다. 이해관계에 따라 언제든지 떠날 수 있기에 구단 운영이 근시안적일 수밖에 없었고, 승리지상주의에 목을 맸다.

하지만 NC는 다르다. 지역 밀착을 통해 지역 주민에게 자긍심을 주며 승리보다 감동과 교훈의 야구를 하려고 한다. 우승은 목적이 아니라 「팬 프렌들리」를 위한 수단 가운데 하나로 보고 있는 것이다. 다른 구단, 선수들과 경쟁이 아닌 팬을 위한 야구를 하고 그라운드에서 늘 온 힘을 다하면 야구는 승부 이상의 감동과 교훈을 주는 문화가 된다.

NC가 추구하는 감동과 교훈은 무엇일까? 김택진 구단주는 다음과 같이 말했다.

>>> NC 다이노스의 엠블렘과 워드 마크. ⓒ NC 다이노스

"나에게 야구는 내 마음대로 즐길 수 있는 영화이자 삶의 지혜서다. 투수의 볼 하나 하나에서 드라마를 느낄 수 있다. 한 경기가 가슴을 뛰게 한다. 긴 페넌트레이스를 통해 드라마가 펼쳐질 수 있다. 감독의 용병술, 팀을 키워 낸 여정을 즐길 수 있는 것도 야구다. 구단이 몇십 년 동안 어떻게 가는지 역사를 볼 수 있는 것도 야구다. 그래서 내가 볼 수 있는 대로 잘라 감상할 수 있다. 야구는 다른 스포츠와 달리 삶의 지혜서다. 분야별로 다양한 역할로 이뤄져 있다. 경영 기술이 필요하다. 단기적, 장기적 안목이 어우러져 드라마가 펼쳐진다. 삶을 살아가는 지혜를 배운다."

재도전의 기회를 제공하는 한국야구 최초의 독립구단

"인생은 절대 길지 않다. 실패를 두려워하지 마라. 실패를 두려워하면 아무 것도 못한다. 선수들도 도전해달라. 여기에 앉아 있는 고양 원더스 선수들이 프로 야구 MVP와 신인왕, 그리고 골든글러브를 수상하는 날을 기대한다."

2011년 12월 12일 경기도 고양 킨텍스에서 열린 고양 원더스 창단식에서 구본능 KBO 총재가 한 말이다.

고양 원더스는 국내 첫 독립리그 팀이다. 독립리그는 KBO에 속하지 않은 별개의 프로리그로, 프로 지명을 받지 못했거나 방출당한 선수들이 프로야구로의 복귀를 꿈꾸며 활동하는 무대다.

허민 위메이크프라이스 대표는 고양을 창단한 배경과 관련해 "우리나라는 재도전 기회를 주는 데 인색하다. 나는 대학에 떨어져 재수했고, 사업도

>>> 전주로 창단 첫 전지훈련을 간 고양 원더스 선수단. ⓒ 고양 원더스 페이스북(http://www.facebook.com/baseballwonders)

아주 힘들었다. 그런데 미국에서는 열정만 있으면 작은 틈이지만 다시 도전할 기회가 있었다. 한국에는 이런 시스템이 없다. 한 번 쓴맛을 본 선수들이 다시 일어설 기회를 줘 팬과 국민에게 7전 8기의 성공 스토리를 선사하고자 독립구단을 창단하게 됐다"고 말했다.

프로의 좁은 문을 통과하지 못한 선수들에게 또 한 번의 기회를 주기 위해 고양은 많은 신경을 쓰고 있다. 고양은 창단 뒤 전주 캠프에 이어 일본 고치에서 스프링캠프를 실시했다. 넉넉하지는 않지만 여느 프로야구단이 부럽지 않은 지원이었다. 또 코칭스태프는 어느 프로팀과 비교해도 뒤지지 않는다. 「야신」 김성근 감독을 비롯해 김광수 수석코치, 박상열 코치, 신경식 코치 등 프로야구 최고 지도자들이 한자리에 모였다.

 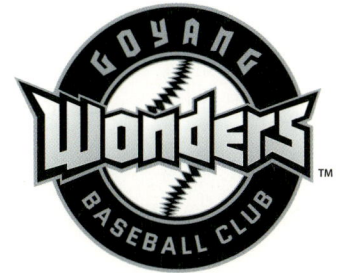

>>> 고양 원더스 엠블렘. ⓒ 고양 원더스

김성근 감독은 고양 감독직을 수락한 이유에 대해 다음과 같이 말했다.

"1964년 우리나라에 와서 야구라는 외길 인생을 살았다. 한국야구로부터 많은 도움을 받았으니까 그 사랑을 되돌려 줄 때라고 봤다. 한국야구의 미래를 위해 고양 원더스와 같은 팀이 잘돼야 한다. 실패를 경험한 선수들에게 새로운 기회를 주는 것이니까."

김성근 감독의 말처럼 고양 선수 한 명 한 명은 사연이 많다. 정영일, 남윤희는 메이저리그에 도전했다가 실패를 맛보았다. 2001년 삼성에 입단할 때 당시 고졸 신인 최고 계약금(5억 3천만 원)을 받은 이정호는 고양 유니폼을 입고 재기를 꿈꾸고 있다. 4번 타자로 출전하고 있는 안태영은 2005년 삼성에서 방출된 뒤 헬스 클럽 트레이너와 사회인 야구 코치를 전전했고, 이승엽은 빌딩 관리인, 음식점 주차 관리 등을 하다가 다시 야구 품으로 돌아왔다. 사연이 많은 만큼 누구나 가슴에 야구에 대한 절박한 마음을 품고 있다. 절박한 마음에 「야신표」 혹독한 훈련이 더해지며 선수들의 기량은 눈에 띄게 성장했다.

"처음에 선수들을 봤을 때 눈앞이 캄캄했다. 기본기는 물론이고 훈련을 소화해 낼 체력조차 갖춰져 있지 않았으니까. 하지만 전주, 일본 고치 캠프를 거치며 프로 선수다운 체력과 기술이 나타나기 시작했다."

김광수 코치의 말이다.

고양은 일본 전지훈련 기간 일본 2군 팀과 사회인 야구 팀을 상대로 10차례 연습 경기를 가져 7승 3패의 좋은 성적을 거뒀다. 혹독한 훈련이 좋은 결과로 이어진 것이다.

또 좋은 결과는 김성근 감독을 비롯한 코칭스태프에 대한 선수들의 믿음을 더 두텁게 했다. '우리가 해낼 수 있을까'가 '우리는 해낼 수 있다'로 바뀐 것이다.

믿음은 한국에서도 이어졌다. 2012년 3월 8일 LG 2군을 상대로 안태영의 3점 홈런에 힘입어 국내 첫 경기를 5-4, 승리로 장식했다.

경기가 끝난 뒤 고양 선수단은 첫 승의 여운을 즐길 틈도 없이 훈련에 들어갔다. 경기는 이겼지만 여전히 부족한 내용이 많았기 때문이다. 오늘의 결과에 만족하지 않고 내일을 준비하는 야구가 바로 김성근 야구다.

앞으로 고양은 승리보다 패배를 기록하는 날들이 더 많을지도 모른다. 하지만 고양의 목표는 승리의 숫자가 아니다. '열정이 있는 이에게 기회를' 주는 희망의 메시지를 사회에 전하는 것이다.

김성근 감독은 고양이 추구하는 야구를 다음과 같이 말했다.

>>> 경기가 끝나고 하이파이브를 나누는 고양 원더스 선수들. 지난 3월 8일 고양은 LG 2군을 상대로 5-4 승리를 거두었다. ⓒ 고양 원더스 페이스북(http://www.facebook.com/baseballwonders)

"고양은 우승을 목표로 하는 팀이 아니다. 프로 2군팀과 1년 동안 48경기를 한다. 대등한 경기를 하며 이 팀의 존재 가치를 유지해 나가는 게 중요하다. 그 다음에 이 선수들이 다시 프로야구 유니폼을 입는 현실을 만들어 줘야 한다. 이것을 통해 사회의 젊은이들에게 좌절은 생각과 방법을 바꾸면 얼마든지 좋은 쪽으로 갈 수 있다는 메시지를 전할 수 있다고 본다. 고양을 통해 야구계를 비롯한 우리 사회에 긍정의 힘이 전파될 것이다."

희망은 그 자체로 존재하지 않는다. 그것을 향해 나아갈 때 존재 가치를 가진다. 고양은 그 길을 향해 힘찬 발걸음을 내디디며 꿈을 현실로 만들어 가고 있다.

BASEBALL CHRONICLE

프로야구 크로니클

초판 1쇄 인쇄 | 2012년 4월 18일
초판 1쇄 발행 | 2012년 4월 25일

지은이 | 손윤 · 배지헌 · 신명철

발행인 | 양원석
편집인 | 이헌상
편집장 | 박정훈
책임편집 | 신관식
표지사진 | 경향포토
마케팅 | 김경만, 주상우, 곽희은, 임충진, 장현기, 권민혁, 김혜연, 이수민, 송기현, 우지연

펴낸곳 | ㈜알에이치코리아
주소 | 서울시 금천구 가산동 345-90 한라시그마밸리 20F
편집 문의 | 02-6443-8868
구입 문의 | 02-6443-8830
홈페이지 | www.randombooks.co.kr
등록 | 2004년 1월 15일 제 2-3726호

ⓒ 손윤 · 배지헌 · 신명철

ISBN 978-89-255-4601-8 13690

※가격은 뒤표지에 있습니다.
※이 책은 ㈜알에이치코리아가 저작권자와의 계약에 따라 발행한 것이므로
본사의 서면 동의 없이는 책의 내용을 어떠한 형태나 수단으로 이용하지 못합니다.
※잘못된 책은 바꿔드립니다.

RHK 는 랜덤하우스코리아의 새 이름입니다. 더 유익한 콘텐츠로 여러분과 함께 하겠습니다.